KB253110

환경보호와 과학기술의
법적 이해

KSI 한국학술정보[주]

환경보호와 과학기술의
법적 이해

조인성 지음

KSI 한국학술정보[주]

머리말(Vorwort)

　본서는 클라우드 컴퓨팅, 유전자변형생물체(GMO), 환경규제의 경제화, 경제위기시대의 환경보호, 상수도의 민영화 정책에 관하여 다루고 있다. 과학기술이 급속도로 발달함에 따라 환경보호와 과학기술에 관해서는 최근 독일에서 그 법적 논의가 매우 활발하게 이루어지고 있다. 그동안 필자는 이 주제와 관련하여 한국연구재단의 등재(후보)지로서 그 위상을 갖고 있는 전문 학술지에 꾸준히 발표해오고 있다. 이런 발표 논문을 본서는 따로 수집하여 수정·가필한 것이다. 아직은 본서의 내용이 천학비재한 글들에 불과하다.

　그럼에도 특히 독일을 중심으로 한 공법으로서 헌법과 행정법 전반을 비교법 측면에서 연구하는 학생들을 위하여 입문서로서 감히 세상에 내놓는다. 왜냐하면 이를 토대로 향후에 우리나라에서도 공법의 기본문제에 관하여 충분히 후속 연구가 이루어지기를 기대하기 때문이다.

　아무튼 본서가 한 알의 밀알이 되어 우리나라의 환경보호와 과학기술에 관한 공법 분야의 발전에 미력하나마 보탬이 되기를 기도할 뿐이다.

2011년 12월

한남대학교 법과대학 연구실에서

조인성

약어표(Abkürzungsverzeichnis)

a.A.	anderer Ansicht(다른 견해)
a.a.O.	am angegebenen Ort(전게서/전게논문)
Abs. 1	Absatz 1(제1항)
Anm.	Anmerkung(각주)
Art. 5	Artikel 5(제5조)
Aufl.	Auflage(판)
AöR	Archiv des öffentlichen Rechts(법학잡지)
BauGB	Baugesetzbuch(건설법전)
Bd. 2	Band 2(제2권)
BGB	Bürgerliches Gesetzbuch(민법전)
BImSchG	Bundes-Immissionsschutzgesetz(연방임미시온방지법)
BVerfG	Bundesverfassungsgericht(연방헌법재판소)
BVerfGE	Entscheidungendes Bundesverfassungsgerichts(연방헌법재판소 판결집)
BVerwG	Bundesverwaltungungsgericht(연방행정법원)
BVerwGE	Entscheidungendes Bundesverwaltungsgerichts(연방행정법원 판결집)
ders.	derselbe(동인)
Diss.	Dissertation(박사학위논문)
DVBl.	Deutsches Verwaltungsblatt(법학잡지)
DÖV	Die Öffentliche Verwaltung(법학잡지)
ebd.	ebenda(동인의 전게서/논문)
EGV	Vertrag zur Gründung der Europäischen Gemeinschaft(유럽공동체조약)
EuGH	Gerichtshof der Europäischen Gemeinschaft(유럽법원)
EUV	Vertrag zur Gründung der Europäischen Union(유럽연합조약)
ESchG	Embryonenschutzgesetz(배아보호법)
f.	folgende Seite(바로 이하 면)
ff.	folgende Seiten(이하 계속되는 면)
Fn. (FN)	Fußnote(각주)
GenTG	Gentechnikgesetz(유전공학법)
GG	Grundgesetz(기본법/독일의 헌법)
H. 12	Heft 12(제12권)
Hg.	Herausgeber(편저자)
JuS	Juristische Schulung(법학잡지)
JZ	Juristenzeitung(법학잡지)

Kap. 4	Kapitel 4(제4장)
Lfg. 5	Lieferung 5(제5보급판)
NJW	Neue Juristische Wochenschrift(법학잡지)
NVwZ	Neue Zeitschrift für Verwaltungsrecht(법학잡지)
Rn.	Randnummer(갓번호/방주)
S.	Seite(면)
StZG	Stammzellgesetz(줄기세포법)
VerwArch	Verwaltungsarchiv(법학잡지)
VwGO	Verwaltungsgerichtsordnung(행정법원법)
VwVfG	Verwaltungsverfahrensgesetz(행정절차법)
VwVG	Verwaltungsvollstreckungsgesetz(행정집행법)
VwZG	Verwaltungszustellungsgesetz(행정송달법)

CONTENTS

제1장 공공 행정에서 클라우드 컴퓨팅에 관한 법적 문제

I. 들어가는 말

최근 IT 분야에서 새로운 기술·산업적 추세를 형성해가고 있는 클라우드 컴퓨팅(Cloud Computing)은 여러 가지 개념으로 정의되고 있으나, "대용량의 확장 가능하고 가상화된 자원들이 인터넷상에서 서비스의 형태로 제공되는 컴퓨팅의 한 형태"라는 Gartner의 정의가 널리 받아들여지고 있다.[1][2] 정보가 인터넷상의 서버에 영구적으로 저장되고, 데스크톱·태블릿 컴퓨터·노트북·넷북·스마트폰 등의 IT 기기 등과 같은 클라이언트에는 일시적으로 보관되는 컴퓨터 환경을 뜻한다. 즉 이용자의 모든 정보를 인터넷상의 서버에 저장하고, 이 정보를 각종 IT 기기를 통하여 언제 어디서든 이용할 수 있다는 개념이다.[3]

다시 말하면 구름(cloud)과 같이 무형의 형태로 존재하는 하드웨어·소프트웨어 등의 컴퓨팅 자원을 자신이 필요한 만큼 빌려 쓰고 이에 대한 사용 요금을 지급하는 방식의 컴퓨팅 서비스로, 서로 다른 물리적인 위치에 존재하는 컴퓨팅 자원을 가상화 기술로 통합해 제공하는 기술을 말한다. 클라우드로 표현되는 인터넷상의 서버에서 데이터 저장, 처리, 네트워크, 콘텐츠 사용 등 IT 관련 서비스를 한번에 제공하는 혁신적인 컴퓨팅 기술인 클라우드 컴퓨팅은 '인터넷

---

1) Gartner says cloud computing will be as influential as e-business, 2008. 6. http://www.gartner.com/it/page.jsp?id=707508.

2) Cloud computing, wikipedia, http://en.wikipedia.org/wiki/Cloud_computing.

3) 클라우드 컴퓨팅에 관한 기본적인 설명은, http://100.naver.com/100.nhn?docid=925188 및 김명호/김재우/장현춘, 클라우드 컴퓨팅의 오늘과 내일, 정보보호학회지 제20권 제2호, 2010. 4, 56면 이하 참조

을 이용한 IT 자원의 주문형 아웃소싱 서비스'라고 정의되기도 한다.

클라우드 컴퓨팅을 도입하면 기업 또는 개인은 컴퓨터 시스템을 유지·보수·관리하기 위하여 들어가는 비용과 서버의 구매 및 설치비용, 업데이트 비용, 소프트웨어 구매 비용 등 엄청난 비용과 시간·인력을 줄일 수 있고, 에너지 절감에도 기여할 수 있다.

또 PC에 자료를 보관할 경우 하드디스크 장애 등으로 인하여 자료가 손실될 수도 있지만 클라우드 컴퓨팅 환경에서는 외부 서버에 자료들이 저장되기 때문에 안전하게 자료를 보관할 수 있고, 저장공간의 제약도 극복할 수 있으며, 언제 어디서든 자신이 작업한 문서 등을 열람·수정할 수 있다. 그러나 서버가 해킹당할 경우 개인정보가 유출될 우려가 있고, 서버 장애가 발생하면 자료 이용이 불가능하다는 단점도 있다.

Amazon의 AWS(Amazon Web Service), EC2(Elastic Compute Cloud), S3(Simple Storage Service)나 Google의 apps 등은 이미 잘 알려진 클라우드 컴퓨팅의 예이며, 최근에 Microsoft, IBM, HP, SUN 등 IT 관련 기업들이 참여하면서 SaaS[4](Software as a Service), Paas[5](Platform as a Service), Iaas[6](Infrastructure as a

---

4) SaaS는 응용 SW를 서비스형태로 제공하는 대표적인 서비스로 Salesforce.com과 구글의 Docs 등을 들 수 있다.
5) PaaS는 HW자원을 추상화하고 그 위에 SW 개발과 수행환경을 제공하는 것으로 구글의 App Engine과 아마존의 Simple Storage Service 등이 이에 해당한다.
6) IaaS는 CPU, Disk 등 컴퓨터 시스템의 HW자원을 가상화하여 여러 사용자에게 제공하는 것으로 아마존의 Elastic Compute 서비스가 이에 해당한다.

Service) 등 다양한 형태의 클라우드 컴퓨팅 서비스 및 제품들이 선보이고 있다.7) 구글·다음·네이버 등의 포털에서 구축한 클라우드 컴퓨팅 환경을 통하여 태블릿 컴퓨터나 스마트폰 등 휴대용 IT 기기로도 손쉽게 각종 서비스를 사용할 수 있게 되었다. 이용 편리성이 높고 산업적 파급 효과가 커 차세대 인터넷 서비스로 주목받고 있는 클라우드 컴퓨팅은 2000년대 후반 들어 새로운 IT 통합관리모델로 등장하였다.

이렇듯 최근 IT 분야에서 '클라우드 컴퓨팅'에 대한 관심과 연구가 고조되고 있다. IT 기술이 기술적이고 산업적으로 성장함으로써 유비쿼터스 컴퓨팅의 실현을 목표로 확장 가능하고 자원의 연동을 위한 클라우드 컴퓨팅에 대한 관심을 높이고 있다. 따라서 클라우드 컴퓨팅, 그것은 IT 산업의 '판매 히트상품'으로서 자리 잡고 있으며 정보통신기술의 최신 동향을 반영하고 있다고 볼 수 있다. 이런 현상의 복잡 다양성을 감안할 때, 또 다른 입장에서 보면 이미 상세히 다루어진 수많은 법적 문제들이 제기되고 있다. 클라우드 컴퓨팅의 실현을 위해서는 물론 이러한 법적인 문제점을 해결하는 것이 선결 과제이다. 클라우드 컴퓨팅을 통해 데이터가 연동되고 자원을 다양하게 활용하는 것에는 데이터 보호와 자원의 관리 정책, 기업 비밀 관리나 개인의 프라이버시 측면에서의 문제점도 존재한다.

향후 다음 몇 년 동안 공공 행정에서도 이러한 새로운 문제 제기에 위축될 가능성이 크다. 팽팽한 예산 상황과 '클라우드' 이용과 관

---

7) 임철수, 클라우드 컴퓨팅 보안 기술, 정보보호학회지 제19권 제3호, 2009. 6, 14면.

련한 비용절감의 잠재성 때문에 확실히 매혹적인 선택의 기로에 설 수도 있는데, 이것은 물론 공공 부문에서도 특별한 법적 문제들과 결부될 수 있다.

따라서 본고에서는 이러한 문제의식에서, 예를 들어 데이터보호법 상으로 우려되는, 공공 주체의 책임에서 '클라우드'의 비전에 관하여 독일에서 진행되고 있는 논의를 중심으로 개략적이나마 고찰함으로써 우리나라에서도 그 시사하는 바를 도출하려고 한다.8)

II. 클라우드 컴퓨팅 일반론

IT의 투입은 공공행정에서도 시간적, 공간적 한계를 극복함으로써 그 특징을 나타내고 있다. 게다가 부분적으로는 예를 들어, 유럽연합 서비스지침9)(EU-Dienstleistungsrichtlinie: DLR)에서 원스톱 정부 구현의 맥락에서 네트워크 행정의 개념을 확인할 수 있다.10) 이러한

---

8) 본고는 특히 김명호/김재우/장현춘의 클라우드 컴퓨팅의 오늘과 내일(정보보호학회지 제20권 제2호, 2010. 4), 은성경의 클라우드 컴퓨팅 보안 기술 동향(같은 학회지 제20권 제2호, 2010. 4), 임철수의 클라우드 컴퓨팅 보안 기술(같은 학회지 제19권 제3호, 2009. 6) 및 Sönke E. Schulz의 최근 논문 Cloud Computing in der öffentlichen Verwaltung-Chancen-Risiken-Modelle(MMR 2010, S. 75 ff.)를 주로 참고하였음을 밝혀둔다.

9) RL 2006/123/EG des Europäischen Parlaments und des Rates v. 12.12.2006 über Dienstleistungen im Binnenmarkt, ABl. EG Nr. L 376 v. 27.12.2006, S. 36; 기본적으로는 Schlachter/Ohler (Hrsg.), Europäische Dienstleistungsrichtlinie - Handkomm., 2008; Schliesky (Hrsg.), Die Umsetzung der EU-Dienstleistungsrichtlinie in der deutschen Verwaltung - Teil I: Grundlagen, 2008, Teil II: Verfahren, Prozesse, IT-Umsetzung, 2009 참조.

10) 네트워크 사고의 법제화에 관해서는, Schliesky, Die Europäisierung der

네트워크의 다양한 관계를 전자적으로 표현하는 것은 여기에서 일정한 공간과 경계를 벗어나는 경향이 있는 장점이 있고(일명 탈공간화, 탈경계화),[11] 따라서 그 네트워크 행정으로 전환하는 것이 독일 행정에서는 전통적인 관할사고에 대한 도전으로 비춰지고 있다. 탈공간화(Enträumlichung)란 외부 행정수범자에 대한 공간적인 근접의 중요성이 상실되는 경우로 정의할 수 있는데,[12] 이와 관련한 맥락에서 보면 사용자와 소프트웨어 또는 하드웨어가 더 이상 물리적으로 같은 장소에 위치해야 할 필요는 없고, 기술 진보를 기반으로 내부 IT 인프라를 더욱더 분업적으로 이용하는 것이 가능하다.[13] 그 반면에 탈경계화(Entgrenzung)란 지역적 관할에 대한 공간적 배타의식이 붕괴되는 경우를 말한다.[14] 행정과정과 조직네트워킹에 관한 논의를

Amtshilfe, 2008, S. 10 ff.; Schuppert, in: Hoffmann-Riem/Schmidt-Aßmann/ Voßkuhle, Grundlagen des Verwaltungsrechts, Bd. I, 2006, §16 Rdnr. 134 ff.; Sydow, Verwaltungskooperation in der Europäischen Union, 2004, S. 78 ff.; Wettner, Die Amtshilfe im Europäischen Verwaltungsrecht, 2005, S. 289 ff.; Möllers, in: Oebbecke (Hrsg.), Nicht-normative Steuerung in dezentralen Systemen, 2005, S. 285, 296; Boehme-Neßler, NVwZ 2007, 650 ff.: "Technik verändert das Recht. Das ist keine neue Erkenntnis. In den letzten Jahren lässt sich verfolgen, wie Internet und Digital-Technologie unübersehbare Spuren im Recht hinterlassen. Bisher scheinen Verwaltung und Verwaltungsrecht weniger stark als andere Bereiche der Gesellschaft von diesen Entwicklungen geprägt zu sein. Das wird kaum so bleiben. Der Beitrag untersucht, wie sich eine Digitalisierung der Verwaltung auf Grundstrukturen des Verwaltungsrechts auswirken wird."; 졸고, 행정법상 포털 사고와 네트워크 논리 - 독일에서의 이론적 논의와 우리나라에의 시사점을 중심으로 -, 과학기술법연구 제14집 제2호, 2009. 2, 579면 이하 참조

11) 포괄적으로, Boehme-Neßler, Unscharfes Recht, 2009, S. 112 ff. 참조.

12) 세부적인 것은, Schliesky, in: Schimanke (Hrsg.), Verwaltung und Raum, 2010, S. 49 ff. 참조.

13) 분업 행정에 관해서는 Schliesky, in: Hill/Schliesky (Hrsg.), Herausforderung e-Government, 2009, S. 11 ff. 참조.

14) Schliesky, a.a.O, S. 54 f.

증가하는 동안, IT 인프라 차원에서 유사한 개발, 즉 공공 행정의 다양한 기관에 의한 하드웨어 및 소프트웨어는 기존의 IT 서비스 제공에도 불구하고, 아직 시작단계에 불과하다. 이러한 인식은 구체적인 보조 업무와 관련한 협력이 행정기관의 실질적인 결정이 영향을 받을 수 있는 분야에서 보다도 오히려 더 쉽게 달성될 것 같다는 배경에 대해 특별히 놀랄만하다.

클라우드 컴퓨팅의 기본적인 아이디어[15]는 중심적이고 사용자의 측면에서 보관하지 않는 기본 서비스의 다른 인프라와 매우 병행하고 있다고 지적받고 있다. "기업이나 개인이 그들의 에너지 수요를 충족하기 위해 자신의 발전기 작동을 강요받지 않는 것과 마찬가지로, 사용자도 또한 더 이상 자기 고유의 IT 인프라를 준비할 필요가 없고 소켓에서 메모리를 포함한 계산 용량과 소프트웨어 응용 프로그램을 얻을 수 있다."[16] 필요할 때 원하는 용량을 사용하기 위해서

---

15) Weiss, netWorker 11 (2007), 16 ff.

16) 이와 관련, 클라우드 컴퓨팅은 그리드 컴퓨팅(Grid Computing)과 소프트웨어 서비스(Software as a Service)의 조합으로서 기술되고 있다. Schneider, EDV-Recht, 4. Aufl. 2009, C Rdnr. 208; Pohle/Ammann, CR 2009, 273 참조: "Nach wie vor betreibt die Mehrzahl von Unternehmen ihre IT in Eigenregie und klagt über die damit verbundenen Kosten. Insbesondere sind CIOs gezwungen, immer größere Anteile ihres Budgets in den laufenden Betrieb zu investieren. Demgegenüber sinken für Innovationen verfügbare Mittel stetig und veranlassen Unternehmen zur Überprüfung ihrer Strukturen. Als Kostentreiber kristallisiert sich zumeist gemessen an den Bedürfnissen des Anwenders nur unzureichend anpassungsflexible inhouse IT heraus, die beispielsweise in Nebenzeiten ebenso viel Rechenleistung und Software bereithält wie in Spitzenzeiten und so dauerhaft hohe Kosten verschlingt. Hinzu kommt der Umstand, dass Unternehmen nicht selten aufgrund stetig schwankender Mitarbeiterzahlen keine exakt bedarfsgerechten Softwarekontingente vorhalten können und meist überlizenziert sind. Cloud Computing soll diesen Befunden begegnen und mittels exakt bedarfsgeerchter Bezugsmöglichkeiten mehr

는 단 한 번만 등록하는 것으로 충분하고, 그리고 짧은 시간에 이러한 공간에서 임의의 '기지국'[17])으로부터 접근할 수 있다.[18]) 그때 사용자는 제공된 소프트웨어를 예를 들어 전 세계에 걸쳐 흩어져 있는 이용자 그룹과 문서를 공동 작업할 가능성이 열려 있는 자사의 인터넷 브라우저를 통해 간단하게 이용한다.[19]) 전술한 바와 같이 클라우드 컴퓨팅은 본질적으로 '인프라(Infrastructure)', '소프트웨어(Software)' 그리고 '플랫폼 서비스'(Platform as a Service) 등의 요소로 구성되어 있고[20]), 더 이상 지방화할 수 없으나 오히려 전 세계에 걸쳐 다른 서버에 대한 수요와 개별사례에 따라 마음대로 사용 가능한 하드웨어와 소프트웨어 및 컴퓨팅 용량을 공동 이용하는 것으로 정의할 수 있다. 물론 기업의 대부분은 현재 자신들의 IT 인프라를 그 자체로 유지하고 있다. "비용 지불자로서 대개는 사용자의 요구사항을 충족시키지 못하는 적응에 유연한 자체 IT가 오랜 과정을 통해 뚜렷이 드러나게 된다. 예컨대, 교통 혼잡 시간만큼 유휴 시간에 컴퓨팅 성능 및 소프트웨어를 준비할 수 있는 경우를 들 수 있다."[21]) 다만 가장 드문 경우이지만 요구에 적합한 소프트웨어 할당량을 유지하는 것도 가능하다. 특정 라이센스를 관리하는 경우에도 일반적으로 - 무엇보다 변동

Flexibilität und niedrigere Kosten garantieren. Der Beitrag will einen ersten Einblick in das Wesen des Cloud Computing ebenso vermitteln, wie eine erste Auseinandersetzung mit dem rechtlichen Rahmen und den rechtlichen grenzen des Cloud Computing wagen."

17) 이용자의 측면에서 하나의 PC는 관점상 고전적 이해에서 필요하지 않다; 다만 그것은 광대역 인터넷 액세스, 임시저장 디스플레이 및 제어 장치가 필요하다.

18) Pohle/Ammann, CR 2009, CR 273.

19) Pohle/Ammann, CR 2009, CR 273.

20) Spies, MMR 5/2009, S. XI ff.; Söbbing, MMR 5/2008, S. XII ff. 참고

21) Pohle/Ammann, CR 2009, 273.

하는 인력 숫자와 유연한 작업시간모델로 인해 - 과잉 라이센스일
수 있다. 따라서 클라우드에서 하드웨어와 소프트웨어를 사용하는
것은 자신의 행정 직원뿐 아니라 자체 하드웨어 및 소프트웨어에 대
한 지출을 감축시킬 수 있다.[22] 인력과 비용이 많이 드는 테스트 및
구현 단계는 또한 피할 수 있다.[23]

상황에 대한 이러한 평가는 비교 가능한 목표설정에 근거해서(최
소한의 자원투입으로 최적의 임무수행) 공공 행정에도 적용할 수 있
다.[24] 현재의 재정 상황을 감안할 때 행정기관이나 지방자치단체를
위한 모델로서 매력적으로 보이게 만드는 엄청난 비용절감 압박을
받고 있는 많은 기관도 있다. 사실 공공 행정에서는 IT 분야에서 이
미 협력이 이루어지고 있다. 여기에서는 무엇보다 데이터 포트,
AKDB,[25] 또는 수많은 지방 IT-서비스제공자들을 생각할 수 있다.
이들은 물론 종종 제휴 기관의 자기 IT, 서버 및 소프트웨어의 작동
보장을 제한받거나 개인 제공자처럼 경쟁에 참여하고 있다. 따라서
이는 공공 행정의 개인 클라우드(Private Cloud)[26]도 아니고 개별

---

22) Pohle/Ammann, CR 2009, 273.

23) Pohle/Ammann, CR 2009, 273.

24) '행정의 경제화'에 관해서는 부분적으로 불평이 쏟아지고 있다. 이에 관해서는,
   Gröpl, VerwArch. 93 (2002), 459 ff.; Schliesky, in: ders./Ernst (Hrsg.),
   Recht und Politik, 2006, S. 35, 44 f.; Schuppert, Verwaltungswissenschaft,
   2000, S. 999. 물론 국가법상 원칙들(합법성, 평등 및 권력분립 원칙)과 효율성
   지향은 서로 모순되지 않고 오히려 행정의 구별된 결정원리를 형성하고 있다;
   Thom/Ritz, Public Management, 4. Aufl. 2008, S. 30. 참고.

25) 이에 관해서는, Köhler, BayVBl 2007, 545 ff.

26) 개인 클라우드(Private Cloud)와 공공 클라우드(Public Cloud)의 구별에 관해서
   는, Pohle/Ammann, CR 2009, 273, 274 및 은성경, 클라우드 컴퓨팅 보안 기
   술 동향, 정보보호학회지 제20권 제2호, 2010. 4, 28면 참조. 클라우드 컴퓨팅
   은 이용 목적에 따라서 Public Cloud와 Private Cloud로 나눈다. Public Cloud

지역기관을 통해 공공 클라우드(Public Cloud)를 이용하는 것도 아닌 것으로 보인다.

〈참고: 클라우드 컴퓨팅의 기술적 배경〉[27]

1. 정의 및 개념구별

Cloud Computing stellt die Rechtswissenschaften vor zahlreiche neue Probleme. Diese liegen im Bereich der vertragstypologischen Einordnung[28] ebenso wie im Urheberrecht[29] und im Bereich des Straf- und Strafprozessrechts.[30] Cloud Computing ist zunächst

---

는 일반사용자에게 공개되어 있는 클라우드 컴퓨팅 서비스로 구글과 아마존의 서비스가 이에 해당한다. 이러한 종류의 서비스는 대규모로 이루어지는 특성이 있다. 반대로 Private Cloud는 기업 내부와 같이 폐쇄된 환경에서 특정사용자만 사용하는 클라우드 서비스를 지칭한다. 또, Private Cloud를 운영하다 서비스가 감당할 수 있는 한계에 다다르면, 넘치는 서비스 요구를 외부의 Public Cloud 서비스를 이용하여 처리하는 형태를 생각할 수 있는데, 이러한 형태를 Hybrid Cloud로 부르기도 한다.

27) Heidrich/Wegener, Sichere Datenwolken - Cloud Computing und Datenschutz, MMR 2010, 803 ff.: "Cloud Computing ist zunächst einmal ein Oberbegriff für die Verlagerung von IT-Services ins Web, es erlaubt die Bereitstellung und Nutzung von IT-Infrastrukturen, von Plattformen und Anwendungen und stellt die Rechtswissenschaften vor zahlreiche neue Probleme. In der Praxis liegen die derzeit größten Bedenken gegen die Nutzung der neuen Technik vor allem im Bereich des Datenschutzes und der Datensicherheit. Der nachfolgende Beitrag zeigt diese Bedenken auf und versucht im Rahmen des rechtlich und technisch Machbaren Lösungsansätze für diese Probleme zu liefern."

28) Hoeren/Spittka, MMR 2009, 583, MMR 584 ff.; Jacobs/Nägele, ZUM 2010, 281, 284; Nordmeier, MMR 2010, 151; Söbbing, MMR 5/2008, S. XII.

29) Jacobs/Nägele, ZUM 2010, 281, 284.

einmal ein Oberbegriff für die Verlagerung von IT-Services ins Web, es erlaubt die Bereitstellung und Nutzung von IT-Infrastrukturen, von Plattformen und Anwendungen.[31] Der Anwender bucht den entsprechenden Service beim Cloud Service Provider(kurz: CSP), der seinerseits die benötigte Hardware und je nach Anwendungsmodell die notwendige Software bzw. die notwendigen Services betreibt und dem Anwender mit einer (genormten) Schnittstelle zur Verfügung stellt. Cloud Computing stellt dem Anwender dabei eine enorme Flexibilität und Skalierbarkeit von IT-Ressourcen zur Verfügung. Die „Wolke" ermöglicht in aller Regel, die Ressourcen genau dann in der benötigten Menge zu erwerben, wenn diese wirklich benötigt werden: Die Abrechnung der Cloud-Dienste erfolgt nutzungsabhängig, man spricht dabei oft von einem „On demand"- oder „As a Service"-Ansatz.

Diese neue Flexibilität und Skalierbarkeit von IT-Ressourcen ermöglicht aber nicht nur völlig neue Geschäftsmodelle – etwa Online-Shops für eine Vielzahl von Kaufabwicklungen innerhalb einer sehr kurzen Zeitspanne –, sondern bringt auch neue Risiken mit sich, die sowohl technischer als auch juristischer Natur sind und die zugleich die Anforderungen bezüglich bestehender Compliance-Regelungen ändern. Dabei ist vor allem festzustellen, dass der Anwender i.R.d. Cloud in aller Regel keinen physischen Zugriff mehr auf die

---

30) Obenhaus, NJW 2010, 651; Gercke, CR 2010, 345.

31) Eine einheitliche Definition des Cloud Computing existiert bisher weder in juristischer noch technischer Hinsicht.

Hardware hat. Dies bedingt die Verwaltung der Cloud über entsprechende Web-Schnittstellen und hat ggf. auch Konsequenzen für die Umsetzung von Sicherheitsmaßnahmen, denn der Anwender muss dem Anbieter dadurch ein gewisses Maß an Vertrauen entgegenbringen.[32]

2. 클라우드 컴퓨팅의 기초: 가상화(Virtualisierung)

Cloud Computing setzt auf virtualisierten Rechen- und Speicherressourcen auf und nutzt somit moderne Virtualisierung stechnologien. Diese ermöglichen, allgemein formuliert, IT-Ressourcen, insbesondere Hardwarekomponenten, für die gleichzeitige Nutzung von mehreren Anwendern zur Verfügung zu stellen. Dazu wird eine Virtualisierungsebene (engl.: Hypervisor oder Virtual Machine Monitor, kurz: VMM) eingesetzt, die zum einen die zur Verfügung stehenden Ressourcen verwaltet und zum anderen dafür sorgt, dass die einzelnen Anwender jeweils nur auf den ihnen zugeordneten Teilbereich zugreifen können.

Der VMM ist daher auch eine der wesentlichen Sicherheits komponenten eines virtualisierten Systems und damit seine potenzielle Schwachstelle. Der Virtualisierungsschicht und insbesondere dem VMM muss daher besondere Aufmerk samkeit geschenkt werden, denn wenn ein Angreifer diesen kompromittieren kann, hat er damit auch Zugriff auf alle

---

32) Problem ist hier, dass der Cloud-Anbieter Zugriff auf die physischen Cloud-Rechner hat und durch Manipulation derselben die Cloud und die in ihr verarbeiteten Daten nahezu beliebig manipulieren kann.

Daten aller virtuellen Maschinen, die von diesem VMM verwaltet werden.[33]http:// www.vmware.com/security/advisories/

3. 클라우드 모델(Cloud-Modelle)

Aktuelle Cloud-Angebote lassen sich in verschiedene Modelle differenzieren, diese unterscheiden sich vor allem darin, wer die bereitgestellte Cloud-Umgebung nutzen kann bzw. wem die bereitgestellten Ressourcen zur Verfügung stehen. Erst auf den zweiten Blick spielt die Frage, wer der Betreiber einer Cloud ist, eine Rolle für die Zuordnung zu einem Betriebsmodell. Im Folgenden werden zur Beschreibung der möglichen Modelle die Definitionen des amerikanischen National Institute of Standards and Technology (NIST)[34] verwendet.

Bei der Public Cloud steht das Angebot der Allgemeinheit zur Verfügung, Beispiel dieses Modells sind etwa die Angebote von Amazon AWS,[35] Google[36] oder Microsoft Azure.[37] Es ist zugleich das Betriebsmodell, das sich aktuell in der Breite durchgesetzt hat. Im Fall der Public Cloud kann der Anwender in der Regel nicht mitbestimmen, mit welchen

---

33) Für bekannte Sicherheitslücken der VMware-Virtualisierung s. etwa http:// www.vmware.com/security/advisories/.

34) Diese sind abrufbar unter: http://csrc.nist.gov/groups/SNS/cloud-computing/.

35) Weitere Infos sind abrufbar unter: http://aws.amazon.com/de/.

36) Für das Cloud-Angebot von Google s.a.: http://code.google.com/appengine.

37) Für Detailinfos zu Microsofts Azure s.:
http://www.microsoft.com/germany/net/WindowsAzure.

Anwendern er sich die Nutzung einer Hardware teilt. Dadurch kann es aber auch vorkommen, dass Anwendungen, die völlig unterschiedliche Sicherheitsmaßnahmen erfordern, trotzdem auf derselben physischen Hardware und unter demselben VMM laufen.

Im Gegensatz zur Public Cloud stellt die Private Cloud die Ressourcen exklusiv für einen Anwender zur Verfügung. Der Betrieb einer Private Cloud kann dabei vom Nutzer selbst oder aber auch von einem Dritten realisiert werden. Technisch vergleichbar ist dieses Modell im letztgenannten Fall dann mit einem klassischen Outsourcing früherer Zeiten. Außerdem können i.R.e. Private Cloud deutlich mehr individuelle Anforderungen an die Informationssicherheit realisiert werden, da der Anwender nicht mit anderen Anwendern „konkurriert" und so dem Betreiber striktere Vorgaben machen kann. Auf Grund des exklusiven Betriebs für einen Anwender ist die Private Cloud aber aufwendiger zu realisieren und deswegen „teurer", da der Betreiber einen Teil seiner Flexibilität verliert. So muss er beispielsweise für jeden Anwender die entsprechenden Ressourcen bezüglich der Hochverfügbarkeit vorhalten und kann diese nicht – wie beispielsweise in der Public Cloud möglich – zwischen mehreren Anwendern aufteilen.

Neben diesen beiden Modellen existieren auch noch zwei weitere Ausprägungen, die man auch als Mischformen der Public Cloud und Private Cloud bezeichnen könnte. Die Community Cloud wird von Anwendern aus einem Anwendungsbereich gemeinsam genutzt. So können etwa mehrere

Unternehmen aus dem Kreditkartenbereich zusammenarbeiten. Mit entsprechenden Vereinbarungen können diese dabei auch Anforderungen an die Sicherheit realisieren[38] und gleichzeitig die Vorteile der Cloud im Hinblick auf Skalierbarkeit und Betriebskosten nutzen.

Eine Hybrid Cloud besteht schließlich aus mehreren Clouds, wobei es sich bei den einzelnen Clouds um Private Clouds, Community Clouds oder auch Public Clouds handeln kann. Diese bleiben dabei zwar als einzelne Einheit erhalten, werden aber durch Standardtechnologien miteinander „vernetzt". Damit lassen sich beispielsweise auch Konzepte zur Hochverfügbarkeit oder zum Load Balancing zwischen ganzen Clouds umsetzen. Hybrid Clouds spielen in der aktuellen Diskussion bisher eine eher untergeordnete Rolle.

4. 클라우드 서비스 유형(Cloud Service-Typen)

Auch in der Gestaltung der Services und Anwendungen, die die Cloud bereitstellt, muss zwischen unterschiedlichen Ansätzen differenziert werden. Beim Konzept Infrastructure as a Service (kurz: IaaS) stellt der Cloud Service-Provider dem Anwender einen Teil seiner Infrastruktur zur Verfügung. Dabei kann es sich etwa um die Ressourcen zum Betrieb eines virtuellen Systems, um Speicherplatz, um Netzwerkbandbreite oder auch um eine Mischung aus diesen einzelnen Komponenten handeln. Der Anbieter ist dabei für den Betrieb

---

38) In diesem Fall etwa die Anforderungen nach dem Payment Card Industry Data Security Standard (PCI DSS).

der Hardware und auch für den ordnungsgemäßen Betrieb des Hypervisors verantwortlich. Um die Installation und den Betrieb des Betriebssystems und etwaige Anwendungskomponenten kümmert sich der Cloud-Nutzer hingegen selbst. Ein bekanntes Beispiel für eine IaaS-Realisierung ist das Elastic Compute Cloud (EC2)-Angebot von Amazon[39] oder die Bereiststellung von Speicherplatz des Anbieters Dropbox.[40]

Bei der Variante Platform as a Service (kurz: PaaS) stellt der Anbieter dem Anwender neben der Hardware und dem Hypervisor etwa noch eine Entwicklungsumgebung zur Verfügung. PaaS-Angebote richten sich somit eher an Softwareentwickler als an Endkunden. Diese können ihre Anwendungen in einer vorinstallierten integrierten Entwicklungsumgebung[41] programmieren, kompilieren und anschließend auch in einer einheitlichen, von der Programmentwicklung entkoppelten Laufzeitumgebung ausführen. Das bereits erwähnte Microsoft Azure ist ein Beispiel für eine PaaS-Realisierung, weitere Anbieter sind etwa Salesforce mit der Möglichkeit, Erweiterungen seines CRM zu entwickeln und zu betreiben, und Google mit seiner AppEngine, die eine Programmierung in mehreren Programmiersprachen erlaubt.[42] Stellt der Cloud Service-Provider dem Anwender auch noch Applikationen zur Verfügung, so spricht man von Software as a Service (kurz: SaaS). Der Anwender nutzt die bereitgestellten Applikationen dabei für die Verarbeitung

---

39) Zu den Details s. unter: http://aws.amazon.com/ec2/.

40) Für weitere Infos s. unter: http://www.dropbox.com/.

41) Engl.: Integrated Development Environment, kurz: IDE.

42) Abrufbar unter: http://www.salesforce.com/de/paas/ und unter: http://code.google.com/appengine/.

seiner Daten. Er hat in diesem Fall weder Einfluss auf die Konfiguration des Hypervisors oder des Betriebssystems. Klassische Beispiele für ein solches SaaS-Angebot sind beispielsweise die Plattform Twitter[43] oder auch GoogleMail und GoogleDocs.[44] Auch das Thema E-Mail-Archivierung wird mittlerweile gern als SaaS-Angebot vermarktet,[45] wobei dann neben Speicherplatz auch die Archivierungssoftware selbst in der Cloud bereitgestellt wird.

5. 데이터 안전성(Datensicherheit)의 관점

Hinsichtlich der Datensicherheit[46] einer Cloud sind eine ganze Reihe von verschiedenen Fragestellungen zu betrachten, insbesondere in Bezug auf die drei klassischen Schutzziele der Informationssicherheit, der Vertraulichkeit (nur Befugte können auf die Daten zugreifen), der Integrität (Datenveränderungen können erkannt werden) und der Verfügbarkeit[47] (Daten stehen in einem angemessenen Zeitraum zur Verfügung).[48] Diese Schutzziele sollten dabei

---

43) Abrufbar unter: http://twitter.com/.

44) Abrufbar unter: http://mail.google.com/mail?hl=de und unter http://docs.google.com/.

45) Ein Beispiel wird hier beschrieben: http://www.heise.de/ix/meldung/E-MailArchivierung-in-der-Cloud-999083.html.

46) Der Begriff „Datensicherheit" wird synonym zum Begriff „Informationssicherheit" verwendet.

47) Die Frage der Verfügbarkeit wird in aller Regel durch ein Service Level Agreement (SLA) geregelt, vgl. dazu Hoeren/Spittka, MMR 2009, 583.

48) Ergänzend kann noch das Schutzziel Nicht-Abstreitbarkeit (es kann jederzeit zweifelsfrei festgestellt werden, wer ein Datum erzeugt bzw. verändert hat)

- dem Ansatz einer Layered Defense[49] folgend - in möglichst vielen Schichten der IT-Umgebung umgesetzt werden.

Die Absicherung der Netzwerkebene erfolgt heute in aller Regel durch die Konzeption und den Betrieb eines Firewall-Systems, ggf. auch unter Einbeziehung eines Intrusion Detection Systems, das den gesamten Datenverkehr am Perimeter filtert. Beim Cloud Computing fehlt es aber genau an dieser Schlüsselstelle, das Perimeter im eigentlichen Sinne - dem Netzübergang vom internen zum externen Netz - existiert nicht mehr. Vielmehr verlagert sich diese Grenze bedingt durch den Einsatz von Web-Services auf den Service-Container, also etwa die angemietete Webserver-Instanz. Folglich sind aber auch alle Service-Container entsprechend abzusichern, was einen nicht unerheblichen Konfigurationsaufwand und zudem eine potenzielle Fehlerquelle darstellt.

Zudem muss auch die Datenebene, etwa durch Einsatz von Verschlüsselungskomponenten, entsprechend geschützt werden. Dies bringt aber nur für den Fall entsprechenden Schutz, in dem der Cloud Service-Provider bzw. der von diesem angebotene Dienst die Daten nicht weiter verarbeiten muss, ein Beispiel für eine solche Konstellation ist die Nutzung der Cloud als Offsite Storage.[50] In allen anderen Fälle ist

---

hinzugenommen werden.

49) Der Begriff Layered Defense meint, dass Sicherheitsmaßnahmen in verschiedenen Layern (= Schichten) der Kommunikation umgesetzt werden.

50) Dabei liegen die Daten dann außerhalb des Unternehmens - in diesem Fall in der Cloud - als Kopie vor.

dringend zu beachten, dass der Cloud Service-Provider prinzipiell Zugriff auf die Daten nehmen kann, da diese mit aktuellen Technologien spätestens für die Verarbeitung durch den Prozessor in entschlüsselter Form vorliegen müssen. Die Daten sind damit zwar vor dem unbefugten Zugriff während des Transports geschützt, aber eben nicht vor der Kenntnisnahme durch den CSP. Daraus ergibt sich vor allem für sensible Daten die Forderung, eine Ende-zu-Ende-Verschlüsselung einzusetzen, wenn immer der zu Grunde liegende Geschäftsprozess dies ermöglicht.[51] Verschlüsselungen, die erst in der Cloud – also beim CSP – vorgenommen werden, schützen aus ersichtlichen Gründen nicht vor einer unbefugten Einsichtnahme durch den CSP.

Die Nutzung einer Verschlüsselung gewährleistet allerdings nicht die Integrität der Daten auf Systemebene, wenn dem CSP nicht vertraut wird bzw. werden kann. Zwar können die Daten beim Transport mit Integritätssicherungsmaßnahmen geschützt werden, die Überprüfung derselben (etwa in Form einer Signaturprüfung) findet aber wieder beim CSP statt. Die Integrität der Daten setzt zudem in jedem Fall ordnungsgemäß funktionierende Systeme beim CSP voraus. Der Anwender hat aber zumindest bei aktuellen Realisierungen des Cloud Computing nahezu keinerlei Möglichkeit, eigene Integritätssicherungsmaßnahmen auf Systemebene einzubringen.[52] Methoden des Trusted Computing, wie beispielsweise die

---

51) Dies ist z.B. dann möglich, wenn das E-Mail-Archiv als reine Speicherlösung eingesetzt werden soll und keine Onlinesuche realisiert werden muss.

52) Dies könnte z.B. mit Methoden und Ansätzen des Trusted Computing geschehen.

Ansätze für Trusted Virtual Domains,[53] können die Situation zukünftig verbessern. Allerdings bedingen sie den Einsatz einer vertrauenswürdigen Hardware, beispielsweise eines Trusted Platform Module (kurz: TPM), über das dann aber wiederum der CSP die Kontrolle ausüben kann und die damit letztendlich auch keinen wirklichen Schutz vor unliebsamer Manipulation durch den CSP bieten können.

III. 공공 행정을 위한 비용 절감의 잠재성

1. 공유서비스센터

클라우드 컴퓨팅에서와 마찬가지로 공유서비스센터(Shared Services Center)의 사고[54]에서도 현대화 잠재력을 개발하기 위해 운영 경제적

---

53) Dazu Catuogno u.a., DuD 2010, 289 ff.

54) 이에 관해서는, Ruge, NdsVBl 2008, 89, 91 f.: "Die Bundesregierung hat im Dezember 2007 in Hannover bereits zum zweiten Mal einen Nationalen IT-Gipfel durchgeführt. In der Föderalismusreform II wird intensiv auch die Schaffung einer Ebenen übergreifenden Stratege der Informations- und Telekommunikationstechnik der Deutschen Verwaltung diskutiert und das Land Niedersachsen hat Ende 2007 eine viel beachtete Kooperationsvereinbarung zur gemeinsamen Einführung von E-Government mit den drei kommunalen Spitzenverbänden im Lande abgeschlossen. E-Government ist damit mehr denn je zu einem prägenden Schlagwort für Verwaltungsmodernisierung und den Einsatz von modernen Informations- und Kommunikationstechniken (IKT) in der Verwaltung geworden. Allenthalben werden die Anforderungen an die Verwaltung—seien sie rechtlicher, technischer, verwaltungsorganisatorischer, finanzieller oder personaller Natur – für E-Government beschrieben, Auswirkungen auf überkommene Strukturen skizziert, werden Projekte durchgeführt und Programme aufgelegt. Die Darstellung nimmt maßgebliche

조직 구조를 공공 행정에 적용할 수 있다. 공유서비스센터는 무엇보다도 기술혁신, 즉 특정 서비스가 시·공간적으로 제약을 받지 않는 경우가 점차 늘어날 수 있다는 점에 기초하여 생각할 수 있는 옵션을 일반적으로 다시 작성한다. '모두를 위한 하나'라는 원칙에 따라 중심적, 공동적으로 공공 행정에 대해 운영상 보조활동이나 행정기반적 서비스[55]를 제공한다. 따라서 이미 기본적인 접근에 의해서 클라우드 컴퓨팅과 나란히 지적되고 있다. 공유서비스센터는 하나의 조직 내에서 자원의 공동 사용을 통해 여러 조직 구성단위에 대한 내부 서비스를 제공하는 조직의 출발점이다.[56] 이러한 조직형태에서는 그 특징으로서 '고도의 표준화 가능성', '대형 볼륨(규모의 경제)' 그리고 '특정지식의 요구사항'을 충족시키는 특별한 서비스가 자리 잡고 있다.[57] 예를 들어 여기에는 일반적인 재산관리행정(건물이나 시설 관리), 중앙 인사행정, 법무 또는 다른 기관 운영을 데이터센터를 통해 할 수 있다. IT 효율성을 추구하는 것은 공유서비스센터의 설립을 통해 한층 드높일 수 있다.[58]

Einordnungen zum E-Government aus einer kommunalen Perspektive vor. Den Kommunen kommt angesichts ihrer Stellung im Verwaltungsaufbau und den bei ihnen liegenden zahllosen Bürger- und Wirtschaftskontakten eine Schlüsselrolle bei der flächendeckenden Einführung von E-Government in Deutschland zu." '공유서비스센터'의 사고에 관해 일반적으로 예를 들면, Hensen, VM 2006, 177 ff.; Schütz, in: Hill (Hrsg.), Die Zukunft des öffentlichen Sektors, 2005, S. 23 ff.; Maier/Gebele, DVP 2007, 270 ff.; Schulz, One-Stop Government, 2007, S. 15 ff., 49 ff.; Lietz, in: Zechner (Hrsg.), E-Government - Strategien, Lösungen und Wirtschaftlichkeit, 2007, S. 269 ff.

55) 종종 '횡단과제'(Querschnittsaufgaben)로서 잘못 지칭함.

56) Maier/Gebele, DVP 2007, 270, 271.

57) Schütz, in: Hill (Hrsg.), a.a.O, S. 23, 28.

58) Janssen/Joha, International Journal of Information Management 26 (2006),

2. 시의적절한 행정조직 · 행정협력법
(Verwaltungsorganisations–und
Verwaltungskooperationsrecht)의 결여

공유서비스센터는 서비스센터 등 다른 이름으로 조직 · 협력 형태
(Organisations- und Kooperationsform)로서 존재한다. 이미 몇 년
전부터 부분적으로 베버식 조직유형에 따르면[59] 엄격한 계층 · 관료
구조를 갖는 행정단위의 전통 조직법상 그 이상의 전향을 의미한
다.[60] 다시 말해서 공유서비스센터 설립으로 전통적인 행정조직법과
여기에서는 무엇보다 연방국가에서 그 행정권한 분배가 충돌할 우려
가 있는 국가조직을 부분적으로 다시 새로 구조화하는 것이 언급되
고 있다. 따라서 기존의 법권력은 필요한 경우 공공 행정의 개인 클
라우드를 실현하기 위해서는 어쩌면 너무 딱딱한 것이 증명된 셈이
다. 새로운 종류의 협력적 해결책은 다양한 임무의 개별 부분에 관
한 공동 작업을 가능하게 하는 것보다 전체 임무의 공동 제공에는
덜 필요하다. 공법상 행위수단의 선택은 무엇보다 올바른 지속적 발
전의 측면에서 공유서비스센터와 공공 행정의 책임에서의 개인 클라
우드에 법적 틀을 제공하는 데 적합하다. 사법상의 행위이지만 단지

---

102 ff.

59) Weber, Wirtschaft und Gesellschaft, 1964; 조직이론에 관해서는, Becker,
Öffentliche Verwaltung, 1989, S. 555 ff.

60) 이에 관해서는, Wettner, a.a.O, S. 302 f., 304 f.; 기본적인 것은, Oebbecke,
DVBl 1987, 866 ff.: "Der Aufsatz konzentriert sich auf das Thema des
Organisationsprinzips, wonach die Verwaltung eines Gebietes möglichst bei
einer Behörde oder einer Gruppe "chefangegliederter" Behörden liegen
soll."; v. Unruh, DVBl 1979, 761 ff.

비공식적이거나 계약상의 행위와 달리, 이는 공공 행정의 특수성에 맞게 조정된다. 그럼에도 불구하고 예를 들어 결정의 성격(Entscheidungs-charakter)이 없는 임무 부분들을 전용할 수 있는 - 이미 IT 분야에서 학문적인 측면에서 소위 '행정 협회'(Verwaltungsverband)로서 요구된 - 조직 단위에 대해 그 조직법의 지속적 발전에 관하여 심사숙고해야 한다.[61]

IV. 클라우드 컴퓨팅에 관한 주요 법적 문제들

클라우드 컴퓨팅과 관련된 법적 문제들은 특히 다른 자리에서 이미 상세히 다루었기 때문에 결코 포괄적으로 고찰하지 않는다.[62] 게다가

---

61) 이에 관해서는, Arndt, Die Gemeinde SH 2004, 86 ff.; Schulz, a.a.O, S. 89 ff.; 연방주의 개혁 II의 길에서 연방차원의 관련 검토에 관해서 상세히는, Schliesky, ZSE 6 (2008), 304, 325 ff.

62) Pohle/Ammann, CR 2009, 273 ff.; Spies, MMR 5/2009, S. XI ff.; Söbbing, MMR 5/2008, S. XII ff.; Niemann/Paul, K&R 2009, 444 ff.; Hoeren/Spittka, MMR 2009, 583, 589: "Im Themenkomplex des IT-Vertragsrechts werden vor allem Fragen der Vertragsgestaltung, der Durchführung und des Vertriebs, sowie Haftungsfragen bei Softwarelösungen und IT-Projekten behandelt. Hierbei können auf den verschiedensten Ebenen Probleme auftreten. Vor diesem Hintergrund werden neue Ansätze diskutiert, um Fehler bei der Projektgestaltung zu vermeiden, welche zum Scheitern und damit verbunden oft zu langjährigen Rechtsstreitigkeiten führen können. Außerdem sind in den letzten Jahren neue Formen des Vertriebs und der Nutzung von Software aufgekommen, welche zu juristischen Komplikationen führen. Zu denken ist hier an den Handel mit „gebrauchter" Software, das Cloud Computing und die kommerzielle Nutzung von Open Source Software. Auf diese mit aktuellen technischen Entwicklungen verbundenen neuen Fragen soll in Form eines Überblicks über Lösungsansätze in der Literatur und über jüngere Urteile eingegangen werden."; Spindler, K&R

법적 판단은 결코 완전한 신세계가 아니고, 몇몇 견해들은 이미 ASP(Application Service-Providing), SaaS(Software-as-a-Service-Verträge) 또는 GRID-Computing 분야에 알려져 있다.63) 물론 종래 공공 행정에서 클라우드 사고의 개입에 따라 그 특성에 대한 논의가 부족한 실정이다. 개인 사업자의 서비스 제공에 개별 행정기관이 접근하든지, 아니면 공공 행정이 자기 고유의 개인 클라우드를 설치하든지 마찬가지다. 공공 부문에 의한 이용에서도 관련 합의를 할 때 물론 공공 발주처에게 이미 조달 과정에 영향을 미칠 수 있는 법적 문제를 갖고 있는 유형이 혼합된 계약들이 중요하다.64) 따라서 조직법이나 데이터보호법적 문제들 이외에도 무엇보다 공공발주법적 관점들도 검토해야 할 것이다.

1. 조직법: 부적절한 혼합 행정으로서 클라우드 컴퓨팅?

조직법적 문제들은 특히 - 전술한 공유서비스센터에 관한 설명에서 지적한 바와 같이 - 공공 행정의 책임에서 '개인' 클라우드의 실현이 언제 의도되었는지에 따라 제기된다. 원칙적으로 클라우드 컴퓨팅은 '개인' 클라우드와 '공공' 클라우드로 구별된다. 만약 기업들이 자기 IT 시스템을 예를 들어 현재 입지를 넘어 가상화해서 이런 방식으로 자기 IT 부분 분야를 서로 분리한다면, 모든 클라우드들은

2009, 521, 528; Schulz/Rosenkranz, ITRB 2009, 232 ff.; Schultze-Melling, CRi 2008, 142, 143 ff. 참고.

63) Spindler, K&R 2009, 521, 528; Niemann/Paul, K&R 2009, 444, 445; Spindler, in: Hoffmann/Leible (Hrsg.), Vernetztes Rechnen - Softwarepatente - Web 2.0, 2007, S. 21 ff.

64) Niemann/Paul, K&R 2009, 444, 446 f.

외부 제3자에 의해 이용 가능하지 않고 개인적으로만 이용할 수 있게 된다.[65] 클라우드는 기업이나 공공 행정의 통제하에 있다.[66] 그런 개념은 이미 개인 경제에서 데이터 및 비밀 보호, IT 안전, 그리고 컴플라이언스 요구사항과의 충돌을 방지하는 데 적합할 수 있다. 그러나 그 결과 또는 실제 이용에서는 유연성, 규모효과, 비용절감이 공공 클라우드에 안전한 곳으로 옮기게 된다.[67] 그럼에도 불구하고 그것은 공공 행정을 위해서는 바람직한 모델이다. 공공 행정의 맥락에서는 만약 공공 행정의 어떤 부문이 '자기 고유의' IT를 가상화할 뿐만 아니라 차원을 넘는 단초가 실현된다면 '개인' 클라우드라고도 부를 수 있다. 그러면 사실 어떤 기업처럼 동종 클라우드가 중요한 것이 아니라 오히려 이런 클라우드는 참여자들이 최소한 같은 종으로 분류되는 하이브리드 성격을 갖고 있다고 볼 수 있다.[68]

그런 시나리오에 대해서는 공공 부문의 개인 클라우드를 통한 IT 분야에서의 협력이 부적절한 혼합행정(Mischverwaltung)을 기술하는지 검토되어야 한다. 여기에서 혼합행정에 관한 일반적인 설명 - 특히 독일 연방헌법재판소(BVerfG)의 견해 이외에도 공공 행정에서 정보통신기술 사용의 특수성도 고찰하지 않으면 아니 된다.

---

65) Pohle/Ammann, CR 2009, 273, 274.
66) Niemann/Paul, K&R 2009, 444, 445.
67) Niemann/Paul, K&R 2009, 444, 445.
68) 민간 경제에서는 자회사와 콘체른 구조로 구성된 기업군과 비교할 수 있다.

(1) 혼합행정의 금지

혼합행정의 금지는 독일 연방헌법재판소에 의해 기본법(GG) 제83조 이하에서 찾고 있다. 물론 행정권한을 기본법상 배분할 때 기본적인 국가구조원리, 즉 연방국가원리, 법치국가원리 및 민주주의원리를 구체화하는 것이 중요하다는 점에 관한 설명을 단념하는 것은 문제가 있어 보인다.69) 이런 인식은 법률에 의해 규정되거나 또는 단순히 사실상(비공식 또는 계약에 의해) 연방, 주 및 기초 지방자치단체 간에 존재하는 협력을 평가하기 위해서는 중요한 의미를 갖는다.70) 연방헌법재판소는 연방의 행정과 주들의 행정은 명시적으로 정당화된 혼합행정 형태에도 불구하고 "자체 단위의 의미에서 조직적, 기능적으로 원리상 서로 분리되어" 있다고 강조하고 있다.71) 기본법에 규정된 권한에 대하여 서로 합의에 의해 마음대로 처리해서는 아니 된다. 특히 클라우드 컴퓨팅의 맥락에서 이 자리에서 지적할 수 있는 것은 이러한 기본적인 진술이 - 시간적, 공간적 경계에 대해 일부 전파된 해명에도 불구하고 - 전자 정부, 공유서비스센터 및 원스톱 정부 같은 신종 행정개념과 관련하여서도 그 효력을 주장한다는 점이다. 기본법에 의해 행정권한을 일반적으로 분배하는 것은 당사자의 재량에 있지 않다. 즉 그것은 여기에서는 바로 비공식적인 합의나 기본법의 기본구조에서 피할 수 없는 단행법률 규정에 의해 면제될 수 없는 강제 질서가 중요하다. 결정권한의 헌법상 용

---

69) Burgi, ZSE 6 (2008), 281, 292 ff.; Schliesky, ZSE 6 (2008), 304, 320; Hummel, DVBl 2008, 84, 87 참조.

70) Schulz, DÖV 2008, 1028 ff. 참조.

71) BVerfG, U. v. 20.12.2007 - 2 BvR 2433/04 und 2 BvR 2434/04, DVBl 2008, 173?ff., Rdnr. 152.

납할 수 없는 단념이 시작되는 곳은 참여한 행정주체가 행정절차나 행정조직을 자발적으로 변화하고 아울러 자기 책임에서 임무를 수행하는 것이 불가능하다는 데 있다.72) 자기책임적인 임무수행의 전제는 연방헌법재판소에 의하면 "해당 관할 행정주체가 그 임무실행에 충분히 자기 고유의 상상에 따라 영향을 미칠 수 있다는 점이다." 그것은 "만약 단지 다른 주체와의 표결에서만 조직, 인사 및 임무수행에 관한 결정을 내릴 수 있다면" 일반적으로 부족하긴 마찬가지다.73) 국가 활동의 법치국가적 책임명확성과 민주적 정당성이라는 헌법적 배경을 감안할 때 바람직해 보인 것은 단지 일종의 공동 작업에서 어떤 중요한 결정을 내릴 행정 활동만을 혼합행정으로 분류하는 경우이다. 중요한 결정이(민주주의적이거나 법치국가적인 의미에서) 책임 있는 공권력 주체에게 더 이상 귀속될 수 없을 때에만, 예컨대 권리보호나 책임의 문제에서 다시 말해서 시민의 권리실현을 위한 위험이 존재한다. 그러므로 단지 관할 행정기관만이 행정기술적 집행의 이행을 위해 공통 구조를 사용하는 한, 이러한 충돌이 발생할 수는 없다. 기본법 제83조 이하는 무엇보다 먼저 법률 집행, 즉

---

72) Schliesky, LKV 2005, 89, 93 참조: "E-Government wird von vielen Verwaltungsreformen im Munde geführt, doch droht dem Begriff angesichts seiner weiten Unbestimmtheit die Gefahr, das Schicksal zahlreicher Reformansätze zu teilen: Dauerthema für Spezialisten, aber wirkungslos bei der Verwaltungsmodernisierung. Dabei sind nicht nur die Investitionen, sonder auch das „Modernisierungspotenzial" bei erlektronischen Verwaltungsverfahren erheblich. Der Beitrag stellt die hinter dem Begriff „E-Government" stehenden Reformkonzepte vor und „übersetzt" sie in verwaltungsrechtliche sowie verfassungsrechtliche Kategorien. Auf diese Weise lässt sich die Frage beantworten, ob E-Government einen Schlüssel zur Verwaltungsmodernisierung oder einen Angriff auf bewährte Verwaltungsstrukturen darstellt."

73) BVerfG, U. v. 20.12.2007 - 2 BvR 2433/04 und 2 BvR 2434/04, Rdnr. 183.

중요한 임무 수행에 관련된다.74) 행정기관에서는 예컨대 프런트 오피스에서의 최초 상담 및 자문, 데이터 수집·처리 및 보관 또는 수많은 서비스 기능 같은 나머지 기능도 이행되어야 한다. IT 인프라의 설치 및 운영을 포함하여75) 이런 기능들의 수행은 법률 집행의 내용에는 영향을 미치지 못하여, 이런 맥락에서 진정한 협력이 헌법적으로 허용되고 이용 목표의 시너지 효과가 나타난다.76)

(2) IT와 임무수행 간의 관계

기존의 고려 사항은 원칙적으로 궁극적으로 협력적 전자 정부77)의

---

74) v. Mutius/v. Mutius, KommJur 2008, 201, 203: "Nachdem das Bundesverfassungsgericht mit Urteil vom 20. 12. 2007 die im SGB II erfolgte Übertragung von Aufgaben der Grundsicherung auf Kommunen verknüpft mit der Verpflichtung, Arbeitsgemeinschaften zu bilden und diesen neben den Aufgaben der Arbeitsagenturen auch die der kommunalen Leistungsträger zur gemeinschaftlichen Wahrnehmung zuzuweisen, für verfassungswidrig erklärt(= unzulässige Mischverwaltung und nicht gerechtfertigte Beeinträchtigung kommunaler Selbstverwaltung) und eine Neustrukturierung der SGB II-Verwaltung bis zum 31. 12. 2010 gefordert hat, werden in Politik und Verbänden unterschiedliche Modelle hierzu kontrovers diskutiert. Der nachfolgende Beitrag nimmt zu diesen Vorschlägen kritisch Stellung und entwickelt einen verfassungskonformen Lösungsweg, der ohne Grundgesetzänderung und nachhaltige Eingriffe in die geltende Finanzverfassung auskommt. Denn angesichts zahlreicher Parlamentswahlen in Bund und Ländern, die bis zum 31. 12. 2010 anstehen, erscheint es zumindest unsicher, ob für ein derartiges Reformprojekt mit einem Transfervolumen von 35 bis 50 Milliarden Euro verfassungsändernde Mehrheiten im Bundestag und Bundesrat erreichbar sind."

75) Burgi, ZSE 6 (2008), 281, 292; Schliesky, ZSE 6 (2008), 304, 320 f.

76) v. Mutius/v. Mutius, KommJur 2008, 201, 203.

77) 모범적으로 니더작센 주에서의 협력적 합의에 관해서는, Ruge, NdsVBl 2008, 89, 91; 협력적 전자정부에 관해 일반적으로, Schmitt, in: Bieler/Schwarting (Hrsg.), eGovernment - Perspektiven - Probleme - Lösungsansätze, 2007,

조직 개편이나 논리적 연장으로서 기술되는 클라우드 컴퓨팅에도 적
용된다. 이 분야에서 상당한 투자 때문에 참여 기관은 일반적으로
어쨌든 IT 인프라, 하드웨어 및 소프트웨어 그리고 기본 구성요소를
공동 이용함으로써 비용을 제대로 줄이는 협력 형태를 찾고 있다.[78]
그러나 행정 절차의 지속적인 전산화와 공동으로 이용한 클라우드에
서 프로세스의 재배치와 관련하여 유의하지 않으면 안 되는 것은,
인프라성 품목, 무엇보다 구체적인 실용 소프트웨어 애플리케이션의
표준 설정, 자발적인 구속 측면에서 허용 수준을 초과할 수 있다는
점이다. 다시 말해서 작업흐름 시스템과 업무 프로세스의 소프트웨
어 모델링이 나타내는 제어 효과[79]는 논쟁의 여지가 없을 수도 있
다. 연방 헌법재판소도 구속력 있는 IT 표준 설정과 함께 발생할 수
있는, 조직고권에 대한 영향을 인식하고 있다. 독일 사회법(SGB) 제
44b조 제2항에 의한 노동협회(Arbeitsgemeinschaft)의 형태로 연방

    S. 173 ff.; Bullinger/Rombach, in: Zechner, a.a.O, S. 71 ff.; 슐레스뷔히 홀쉬타
인 주에서의 전자정부법 규정의 예에 관해서는, Schulz, Die Gemeinde SH
2008, 282 ff.

78) Luch/Schulz, in: Schliesky, a.a.O, Teil II, S. 219, 251.

79) Britz, DVBl 2007, 993, 996: "Mit dem Justizkommunikationsgesetz von
2005 hat der Gesetzgeber im Grundsatz die Möglichkeit eröffnet,
Prozessakten elektronisch zu führen, nachdem einige Jahre zuvor bereits die
gesetzlichen Voraussetzungen für den elektronischen Rechtsverkehr und die
elektronische Verwaltungskommunikation geschaffen worden waren. Die
Elektronisierung von Verwaltung und Verwaltungssitz verspricht einerseits
eine größere Effizienz von Verwaltungs- und Gerichtsverfahren. Auf der
anderen Seite stehen praktische Schwierigkeiten und normative Bedenken
einer reibungslosen Realisierung entgegen. Für die elektronische Verwaltung
ist dies umfassend und grundlegend untersucht. Von der breiteren
Fachöffentlichkeit wenig beobachtet, nimmt derzeit jedoch gerade die
Elektronisieierung des Verwaltungsprozesses Fahrt auf. Im Beitrag werden
die praktischen und die normativen Realisierungsbedingungen von
E-Government und E-Justice vergleichend betrachtet."

과 지방자치단체 간의 혼합행정을 허용할 것인지와 관련하여 연방 헌법재판소가 결정한 것은 "노동협회에 참여한 란트 크라이스가 소프트웨어에 국한된 요구를 통해 자기 고유의 책임으로 임무를 수행하는 틀에서 권한이 있을 수 있는 결정 여지를 잃어버린다는 점이다."[80] 그러나 판례에서 최근 기술발전에 따른 새로운 인식이 중요하다고 하는 일부 중재된 인상은 더 상세히 검토할 때 잘못임이 판명되고 있다. 1980년 연방 헌법재판소에 따른 정보자기결정권의 설립 전에도[81] Nordrhein-Westfalen 주 헌법재판소는 '지방 데이터처리센터에 관한 법'(Gesetz über kommunale Datenverarbeitungszentralen)과 씨름했다. 이런 맥락에서 더 최근의 판결도 있다. "지방 데이터처리센터의 수집분야를 확정하는 것은 자동화에 대한 사실상 강제의 관점에서 기초 지방자치단체의 결정 여지를 제한하고, 일정한 파트너 기초 지방자치단체에 할당함으로써 수많은 전문분야에서 자기 임무수행의 내용과 형태에 영향을 미친다"라고 하는 것이다.[82] 운영보조 업무의 영향('모두를 위한 하나'라는 원리에 따라 서비스를 제공하는 그 기관이나 조직고권)이 최소한으로 줄어들어 사실 상의 전문 결정이 영향을 받지 않는 한, 한편으로, 법치국가원리 및 민주주의원리의 요구사항(행정권한의 분야에서 요약하여 혼합행정의 금지로서 제목을 정한 것)이 보장될 것이다. 다른 한편으로, 클라우드에 참여하는 것에 관한 자율 결정은 참여한 기관들 각각의 조직고권을 수행하는 것으로서 평가될 수 있고, 그래서 이런 관점에서는 이런

---

80) BVerfG, U. v. 20.12.2007 - 2 BvR 2433/04 und 2 BvR 2434/04, Rdnr. 180.

81) BVerfGE 65, 1 ff.

82) VerfGH NRW, NJW 1979, 1201.

새로운 조직 형태에 대해 고려하고 있다고 말하지 않는다. 그러나 공유서비스센터 또는 클라우드 컴퓨팅에 대한 의무이행은 차원을 넘어서는 전자정부에 대해서도 예외적인 경우로서 기술될 수 있는, 특별한 정당화 사유가 필요할지도 모른다.[83]

2. 데이터보호법: 클라우드에서 정보자기결정

공공 행정에서 클라우드 컴퓨팅을 사용하는 것에 관한 데이터보호법(Datenschutzrecht)상 판단은 연방 데이터보호법이나 주법상 대응의 레짐에 따라 결정되고, 그래서 개인 데이터의 취급이 민간 기업에 의해 클라우드 기술을 이용하는 경우처럼 비슷하게 판단될 수 있다.[84] 다만 특별한 데이터보호 요구사항만 전문적으로 특별히 추가된다. 그러나 경우에 따라서는 공공 클라우드에서 충분한 보호수준을 보장하려는 어려움은 새로운 기술을 가지고 구현할 수 있는 효과성, 효율성 및 비용절감 가능성을 공공 행정에서도 열기 위하여 다만 개인 클라우드의 모델이 공공 행정의 책임하에 적절한 옵션으로서 판명되게 하고 있다.

가상화 모델에 따르면 고객이 저장용량, 계산용량 또는 소프트웨어 용량이 필요할 경우 그 사람이 다른 서버에 의해 마음껏 사용할 수 있다. 최초의 트래픽 서버가 바쁜 경우, 자동으로 다른 서버가 세계적으로 사용된다. 만약 공급자의 자원이 충분하지 않으면, 다양한

---

83) Schulz, Die Gemeinde SH 2008, 282 ff.

84) 이에 관해서는, Spies, MMR 5/2009, S. XI ff.; Pohle/Ammann, CR 2009, 273, 276 f.; Niemann/Paul, K&R 2009, 444, 448 ff.

공급자에 대해 그는 나머지 용량을 추가하거나 그 클라우드에 통합할 수 있다. 여기에서 고객은 아무것도 기억하지 못하고, 경우에 따라서는 적절한 서비스 수준 계약에 필요한 조치를 놓치기도 한다. 사용된 클라우드는 공급 업체를 통해 사용자의 필요에 대응하여 적절하게 조정할 수 있다. 다시 말해서 확대 또는 축소하거나 지속적으로 개발하고 특정 요소를 보완할 수 있다. 그러나 이용자의 데이터가 세계적으로 분리될 수 있는 서버에서 처리되고 저장되고 있는 상황은 전형적이고 모든 구체적인 형성에 공통적이다. 어떤 의미에서 시스템 내재적인 경우와 유사하다.[85] 이용자는 어떤 지리적 위치에 데이터를 전송할 것인지, 그리고 어디에 물리적으로 저장을 할 것인지를 일반직으로 알지 못한다.

만약 클라우드 기반 서비스를 사용할 때 개인 데이터를 처리한다면(연방 데이터보호법 제3조 제1항[86]), 최소한 공공 행정을 사용할 때 무엇이 일반적인 경우가 되는지는 위탁된 데이터처리의 공급자에 대해 이용할 수 있는 기업이나 공공 행정의 관계에서 연방데이터보호법 제11조[87]의 의미에서 그 근거를 삼을 수 있다. 위탁자에게는

---

85) Pohle/Ammann, CR 2009, 273, 274.

86) "§ 3 Weitere Begriffsbestimmungen
   (1) Personenbezogene Daten sind Einzelangaben über persönliche oder sachliche Verhältnisse einer bestimmten oder bestimmbaren natürlichen Person (Betroffener)."

87) "§ 11 Erhebung, Verarbeitung oder Nutzung personenbezogener Daten im Auftrag
   (1) Werden personenbezogene Daten im Auftrag durch andere Stellen erhoben, verarbeitet oder genutzt, ist der Auftraggeber für die Einhaltung der Vorschriften dieses Gesetzes und anderer Vorschriften über den Datenschutz verantwortlich. Die in den §§ 6, 7 und 8 genannten Rechte sind ihm gegenüber geltend zu machen.
   (2) Der Auftragnehmer ist unter besonderer Berücksichtigung der Eignung

der von ihm getroffenen technischen und organisatorischen Maßnahmen sorgfältig auszuwählen. Der Auftrag ist schriftlich zu erteilen, wobei insbesondere im Einzelnen festzulegen sind:

1. der Gegenstand und die Dauer des Auftrags,
2. der Umfang, die Art und der Zweck der vorgesehenen Erhebung, Verarbeitung oder Nutzung von Daten, die Art der Daten und der Kreis der Betroffenen,
3. die nach § 9 zu treffenden technischen und organisatorischen Maßnahmen,
4. die Berichtigung, Löschung und Sperrung von Daten,
5. die nach Absatz 4 bestehenden Pflichten des Auftragnehmers, insbesondere die von ihm vorzunehmenden Kontrollen,
6. die etwaige Berechtigung zur Begründung von Unterauftragsverhältnissen,
7. die Kontrollrechte des Auftraggebers und die entsprechenden Duldungs- und Mitwirkungspflichten des Auftragnehmers,
8. mitzuteilende Verstöße des Auftragnehmers oder der bei ihm beschäftigten Personen gegen Vorschriften zum Schutz personenbezogener Daten oder gegen die im Auftrag getroffenen Festlegungen,
9. der Umfang der Weisungsbefugnisse, die sich der Auftraggeber gegenüber dem Auftragnehmer vorbehält,
10. die Rückgabe überlassener Datenträger und die Löschung beim Auftragnehmer gespeicherter Daten nach Beendigung des Auftrags.
    Er kann bei öffentlichen Stellen auch durch die Fachaufsichtsbehörde erteilt werden. Der Auftraggeber hat sich vor Beginn der Datenverarbeitung und sodann regelmäßig von der Einhaltung der beim Auftragnehmer getroffenen technischen und organisatorischen Maßnahmen zu überzeugen. Das Ergebnis ist zu dokumentieren.

(3) Der Auftragnehmer darf die Daten nur im Rahmen der Weisungen des Auftraggebers erheben, verarbeiten oder nutzen. Ist er der Ansicht, dass eine Weisung des Auftraggebers gegen dieses Gesetz oder andere Vorschriften über den Datenschutz verstößt, hat er den Auftraggeber unverzüglich darauf hinzuweisen.

(4) Für den Auftragnehmer gelten neben den §§ 5, 9, 43 Abs. 1 Nr. 2, 10 und 11, Abs. 2 Nr. 1 bis 3 und Abs. 3 sowie § 44 nur die Vorschriften über die Datenschutzkontrolle oder die Aufsicht, und zwar für

1. a) öffentliche Stellen,
   b) nicht-öffentliche Stellen, bei denen der öffentlichen Hand die Mehrheit der Anteile gehört oder die Mehrheit der Stimmen zusteht und der Auftraggeber eine öffentliche Stelle ist,

데이터보호법 상으로 책임이 남아 있다. 즉 그에게는 연방 데이터보호법 제11조 제2항[88] 제1문 및 제4문에 의해 공급자의 주의 깊은

> die §§ 18, 24 bis 26 oder die entsprechenden Vorschriften der Datenschutzgesetze der Länder,
> 2. die übrigen nicht-öffentlichen Stellen, soweit sie personenbezogene Daten im Auftrag als Dienstleistungsunternehmen geschäftsmäßig erheben, verarbeiten oder nutzen, die §§ 4f, 4g und 38.
>
> (5) Die Absätze 1 bis 4 gelten entsprechend, wenn die Prüfung oder Wartung automatisierter Verfahren oder von Datenverarbeitungsanlagen durch andere Stellen im Auftrag vorgenommen wird und dabei ein Zugriff auf personenbezogene Daten nicht ausgeschlossen werden kann."

88) "(2) 1Der Auftragnehmer ist unter besonderer Berücksichtigung der Eignung der von ihm getroffenen technischen und organisatorischen Maßnahmen sorgfältig auszuwählen. 2Der Auftrag ist schriftlich zu erteilen, wobei insbesondere im Einzelnen festzulegen sind:

1. der Gegenstand und die Dauer des Auftrags,
2. der Umfang, die Art und der Zweck der vorgesehenen Erhebung, Verarbeitung oder Nutzung von Daten, die Art der Daten und der Kreis der Betroffenen,
3. die nach § 9 zu treffenden technischen und organisatorischen Maßnahmen,
4. die Berichtigung, Löschung und Sperrung von Daten,
5. die nach Absatz 4 bestehenden Pflichten des Auftragnehmers, insbesondere die von ihm vorzunehmenden Kontrollen,
6. die etwaige Berechtigung zur Begründung von Unterauftragsverhältnissen,
7. die Kontrollrechte des Auftraggebers und die entsprechenden Duldungs- und Mitwirkungspflichten des Auftragnehmers,
8. mitzuteilende Verstöße des Auftragnehmers oder der bei ihm beschäftigten Personen gegen Vorschriften zum Schutz personenbezogener Daten oder gegen die im Auftrag getroffenen Festlegungen,
9. der Umfang der Weisungsbefugnisse, die sich der Auftraggeber gegenüber dem Auftragnehmer vorbehält,
10. die Rückgabe überlassener Datenträger und die Löschung beim Auftragnehmer gespeicherter Daten nach Beendigung des Auftrags.
3Er kann bei öffentlichen Stellen auch durch die Fachaufsichtsbehörde erteilt werden. 4Der Auftraggeber hat sich vor Beginn der Datenverarbeitung und sodann regelmäßig von der Einhaltung der beim Auftragnehmer getroffenen technischen und organisatorischen Maßnahmen zu überzeugen. 5Das Ergebnis ist zu dokumentieren."

선택과 감독의 의무가 있다. 처리 과정, 기술적·조직적 조치 그리고 하부위탁관계(하청)를 상세히 확정할 수 있는 해당 위탁은 서면으로 해야 한다.89) 바로 이런 하청을 과도하게 사용함으로써 개인 데이터 보호의 측면에서 위험에 빠지게 된다. 그러나 특히 클라우드 공급자는 일반적으로 최소한 최고 한계용량을 이용할 때 외부 서버용량, 계산용량 및 소프트웨어 용량을 구입할 수밖에 없기 때문에, 공공 클라우드를 위해서는 이상적인 유형이다. 또한 개인 데이터가 유럽 연합(EU) 이외의 제3국으로 전송될 수도 있다. 유럽연합 지침 95/46/EC의 적용영역을 벗어난 국가에 제한 없이 전송하는 것은 관련 제3국에서 적절한 데이터보호 수준을 보장할 때, 단지 연방 데이터보호법 제4b조90) 제2항, 제3항에 의해서만 허용된다. 만약 위탁

---

89) Simitis/Walz, BDSG, 6. Aufl. 2006, §?11 Rdnr. 50 ff.; Pohle/Ammann, CR 2009, 273, 276.

90) "§ 4b Übermittlung personenbezogener Daten ins Ausland sowie an über- oder zwischenstaatliche Stellen
   (1) Für die Übermittlung personenbezogener Daten an Stellen
      1. in anderen Mitgliedstaaten der Europäischen Union,
      2. in anderen Vertragsstaaten des Abkommens über den Europäischen Wirtschaftsraum oder
      3. der Organe und Einrichtungen der Europäischen Gemeinschaften gelten § 15 Abs. 1, § 16 Abs. 1 und §§ 28 bis 30a nach Maßgabe der für diese Übermittlung geltenden Gesetze und Vereinbarungen, soweit die Übermittlung im Rahmen von Tätigkeiten erfolgt, die ganz oder teilweise in den Anwendungsbereich des Rechts der Europäischen Gemeinschaften fallen.
   (2) 1Für die Übermittlung personenbezogener Daten an Stellen nach Absatz 1, die nicht im Rahmen von Tätigkeiten erfolgt, die ganz oder teilweise in den Anwendungsbereich des Rechts der Europäischen Gemeinschaften fallen, sowie an sonstige ausländische oder über- oder zwischenstaatliche Stellen gilt Absatz 1 entsprechend. 2Die Übermittlung unterbleibt, soweit der Betroffene ein schutzwürdiges Interesse an dem Ausschluss der Übermittlung hat, insbesondere wenn bei den in Satz 1 genannten Stellen ein angemessenes Datenschutzniveau nicht gewährleistet ist. 3Satz 2 gilt

데이터처리가 일반적으로 제외된다면, 구체적인 동의가 존재할 때나 연방 데이터보호법 제28조 이하의 엄격한 요건 하에서 허용된 데이터 전송이 고려될 수 있다.91) 클라우드 이용자의 비용절감 이익은 개인 기업을 통해 사용할 때뿐만 아니라 공공 행정을 통할 때에도 마찬가지로 정당화될 수 있다.

---

nicht, wenn die Übermittlung zur Erfüllung eigener Aufgaben einer öffentlichen Stelle des Bundes aus zwingenden Gründen der Verteidigung oder der Erfüllung über- oder zwischenstaatlicher Verpflichtungen auf dem Gebiet der Krisenbewältigung oder Konfliktverhinderung oder für humanitäre Maßnahmen erforderlich ist.

(3) Die Angemessenheit des Schutzniveaus wird unter Berücksichtigung aller Umstände beurteilt, die bei einer Datenübermittlung oder einer Kategorie von Datenübermittlungen von Bedeutung sind; insbesondere können die Art der Daten, die Zweckbestimmung, die Dauer der geplanten Verarbeitung, das Herkunfts- und das Endbestimmungsland, die für den betreffenden Empfänger geltenden Rechtsnormen sowie die für ihn geltenden Standesregeln und Sicherheitsmaßnahmen herangezogen werden.

(4) 1In den Fällen des § 16 Abs. 1 Nr. 2 unterrichtet die übermittelnde Stelle den Betroffenen von der Übermittlung seiner Daten. 2Dies gilt nicht, wenn damit zu rechnen ist, dass er davon auf andere Weise Kenntnis erlangt, oder wenn die Unterrichtung die öffentliche Sicherheit gefährden oder sonst dem Wohl des Bundes oder eines Landes Nachteile bereiten würde.

(5) Die Verantwortung für die Zulässigkeit der Übermittlung trägt die übermittelnde Stelle.

(6) Die Stelle, an die die Daten übermittelt werden, ist auf den Zweck hinzuweisen, zu dessen Erfüllung die Daten übermittelt werden."

91) Niemann/Paul, K&R 2009, 444, 449.

〈참고: 클라우드 컴퓨팅과 데이터보호〉[92]

Eine der praxisrelevantesten Nutzungsarten des Cloud Computings stellt die Auslagerung von Daten in eine „Public Cloud" dar, wie sie etwa von Amazon oder Google angeboten wird. Dabei handelt es sich häufig um Kunden- oder Lieferantendaten, aber auch um schützenswerte Angaben über eigene Mitarbeiter, etwa i.R.d. Gehaltsabrechnung, der Zeiterfassung oder der E-Mail-Archivierung. Dabei handelt es sich um personenbezogene Daten i.S.d. BDSG.[93] Im Rahmen derartiger Projekte steht die Nutzung i.S.v. „IaaS" im Vordergrund, bei der insbesondere Speicherplatz zur Verfügung gestellt wird. Gleiche Probleme können aber auch bei „SaaS" entstehen, soweit i.R.d. virtuellen Software auch datenschutzrelevante Daten verarbeitet und gespeichert werden. Die nachfolgenden Ausführungen beschränken sich auf diese Fallgestaltung.

1. 적용 가능한 데이터보호법(Datenschutzrecht)

Bei der rechtlichen Einordnung stellt sich an erster Stelle die Frage, welches Datenschutzrecht i.R.v. multinationalen Aktivitäten überhaupt anwendbar ist. Dabei ist zunächst an

---

92) Heidrich/Wegener, Sichere Datenwolken - Cloud Computing und Datenschutz, MMR 2010, 803 ff.

93) Zu beachten ist, dass für besondere Arten personenbezogener Daten i.S.v. § BDSG § 3 Abs. BDSG § 3 Absatz 9 BDSG zusätzliche Anforderungen bestehen.

die speziellen Regelungen im Bereich des TMG und des TKG zu denken.

Einigkeit[94] dürfte darüber bestehen, dass es sich bei Cloud Computing-Angeboten nicht um TK-Dienste i.S.d. TKG handelt. Insoweit fehlt es an einer dieser Dienste als solche, die „ganz oder überwiegend" dem „Übertragen von Signalen über TK-Dienste" dienen.[95] Denn das Übertragen von Signalen, sofern dies überhaupt durch den CSP selbst vorgenommen wird, ist in vielen Fällen nur eine Nebenleistung zu den eigentlich bereitgestellten Inhalten oder Speicherkapazitäten.[96]

Auch die Anwendung des TMG wird in der Literatur bislang meist abgelehnt.[97] Anders sieht dies scheinbar das OLG Düsseldorf, das den Filehoster Rapidshare als Cloud Computing-Dienst bewertet und diesem das Haftungsprivileg des § 10 TMG zubilligt.[98] Dagegen wird ausgeführt, dass Teledienste ihrem Charakter nach der Individualkommunikation dienen sollen, wogegen bei Cloud Computing dieses kommunikative Element fehle.[99] Diese Argumentation überzeugt jedoch nicht, da ein solches Element keine zwingende Voraussetzung der Anwendung des TMG darstellt. Vielmehr wird gerade bei IaaS typischerweise Rechenkapazität

---

94) Schuster/Reichl, CR 2010, 38, 42.

95) Zur Abgrenzung Hoeren, NJW 2007, 801, 802.

96) Eine Ausnahme bilden solche Dienste, bei denen die Leistung gerade in der Zurverfügungstellung von Leitungskapazitäten besteht.

97) Schuster/Reichl, CR 2010, 38, 42; zust. ohne Begr. Jacobs/Nägele, ZUM 2010, 281, 290.

98) OLG Düsseldorf MMR 2010, 483, 486.

99) Schuster/Reichl, CR 2010, 38, 42.

und Speicherplatz zur Verfügung gestellt. Der CSP übernimmt dabei Aufgaben, die für einen Host-Provider i.S.v. § 10 TMG typisch sind. Denn dort werden auf den Servern des Cloud-Anbieters fremde Inhalte gespeichert, die der Anbieter typischerweise nicht einmal kennt. Die Nutzung von fremden Speicherkapazitäten unterfällt regelmäßig dann dem TMG, wenn der Auftraggeber auf die Nutzung dieser Kapazitäten entscheidenden Einfluss besitzt.[100] Gleiches gilt auch für den Bereich SaaS, bei dem der Auftraggeber regelmäßig gewünschte Inhalte in Form von etwa Software oder Betriebssystemen geliefert bekommt, die er auf seinem Rechner abrufen und verarbeiten kann. Da diese Inhalte von dem CSP individuell nach Anforderung auf die Wünsche des Auftraggebers bereitgestellt werden, gleicht seine Stellung hier der eines Content-Providers.

Die Leistungen eines CSP unterfallen demnach regelmäßig den Vorschriften des TMG. Eine andere Einordnung würde auch in der Praxis zu nicht hinnehmbaren Ergebnissen führen, was etwa die Haftung des Anbieters für dort gelagerte Inhalte von Dritten angeht. Dies hat zur Folge, dass auch die datenschutzrechtlichen Vorschriften der §11 ff. TMG anwendbar sind. Allerdings betreffen diese Regelungen unmittelbar nur das Verhältnis zwischen Anbieter und Nutzer eines Telemediendienstes, im vorliegenden Fall also zwischen dem CSP und dem Auftraggeber. Geschützt werden insbesondere die Daten, die durch den Auftraggeber bei der Nutzung des Dienstes selbst anfallen. Diese Daten entsprechen

---

100) Heckmann, Internetrecht, Kapitel 1.2 Rdnr. 9 m.w.Nw.

aber regelmäßig nicht den Informationen, die in der Cloud gespeichert werden. Dabei handelt es sich meist um Daten von Dritten, also etwa Kunden. Selbst wenn Daten aus dem Bereich des Cloud-Nutzers betroffen sind, etwas Personaldaten, werden diese in den allermeisten Fällen nicht bei der Nutzung der Cloud und damit im Anwendungsbereich des TMG anfallen.[101] Da auch eine Anwendung des TKG für diese Daten ausscheidet, sind insoweit die allgemeinen Vorschriften des BDSG sowie die Vorschriften der Europäischen Datenschutzrichtlinie (EU-DSRL) einschlägig.[102]

2. 개인정보(personenbezogene Daten)의 클리우드 저장(Verlagcrung)

Fraglich ist es, ob es sich bei der Übertragung von personenbezogenen Daten in die Cloud um eine Auftragsdatenverarbeitung oder um eine Weitergabe an Dritte handelt. Dabei wird zumindest für den Anwendungsfall IaaS zu Recht übereinstimmend davon ausgegangen, dass es sich hierbei um einen geradezu klassischen Fall der Auftragsdatenverarbeitung nach § 11 BDSG handelt.[103] Ein solcher liegt vor, wenn der Auftragnehmer weisungsgebunden, d.h. ohne eigenen

---

101) Allerdings sind Fälle denkbar, bei denen auch in diesem Fall das TMG anwendbar ist, etwa i.R.v. online gewonnenen Kundendaten durch Nutzung eines Web-Shops.

102) Zur Frage der Anwendbarkeit von deutschem Recht s. ausf. Nordmeier, MMR 2010, 151; Weichert, DuD 2010, 679, 682.

103) Taeger/Gabel, BDSG, § 11 Rdnr. 18; Jacobs/Nägele, ZUM 2010, 281, 290; Schuster/Reichl, CR 2010, 38, 41; 15. TB Landesbeauftragte für Datenschutz und Akteneinsicht Brandenburg (LDA Bbg) 2008/2009, Kap. 2.2; Schulz, MMR 2010, 78; Weichert, DuD 2010, 679, 682 f.

Entscheidungs- und Wertungsspielraum für den Auftraggeber
tätig wird.[104] Cloud- und Ressourcen-Anbieter erfüllen reine
Hilfs- und Unterstützungsfunktionen und sind ‑ idealtypisch ‑
völlig von den Vorgaben der verantwortlichen Stelle
abhängig.[105]

In der Praxis höchst problematisch ist die Tatsache, dass die
Privilegierung des § 11 BDSG nur dann Anwendung findet,
wenn alle dort genannten Vorgaben vollständig erfüllt
werden. Es spricht einiges dafür, dass dies nach dem
derzeitigen Stand der Technik zumindest bei einer strengen
Auslegung praktisch nicht umsetzbar ist.[106] Die Probleme
beginnen bereits bei der Auswahl des Vertragspartners, der
„unter besonderer Berücksichtigung der Eignung der von ihm
getroffenen technischen und organisatorischen Maßnahmen"
sorgfältig auszuwählen ist. Einer solchen Prüfung steht
regelmäßig bereits das erhebliche wirtschaftliche Ungleichgewicht
zwischen CSP und Auftraggeber gegenüber. Sieht sich etwa ein
deutscher Mittelständler einem IT-Giganten vom Schlage
Amazon, Google oder Microsoft gegenüber, so wird dem
Auftraggeber regelmäßig nur, sofern überhaupt, ein sehr
geringer Einfluss auf die Vertragsgestaltung gewährt werden.

Eine tiefer gehende Überprüfung der von dem CSP
getroffenen Maßnahmen ist in diesem Fall faktisch ebenso
wenig möglich wie die weiterhin geforderte Überwachung

---

104) Taeger/Gabel, BDSG, § 11 Rdnr. 12.
105) Weichert, DuD 2010, 679, 685.
106) Zweifelnd auch Schuster/Reichl, CR 2010, 38, 41.

des Cloud-Anbieters zu Beginn der Auftragsdatenverarbeitung und „sodann regelmäßig". So ist es schlicht wirklichkeitsfern, zu glauben, dass sich der Auftragnehmer in einer solchen Konstruktion vor Beginn der Auftragsdatenverarbeitung vor Ort etwa persönlich von der Einhaltung wirksamer Zugangs- und Zugriffsbeschränkungen informiert. Auch wird der Anbieter einer Cloud einem potenziellen Kunden niemals Zugang zu seinen streng geschützten Rechenzentren gewähren oder ihm gar intime Einblicke in IT-Notfall-Szenarien ermöglichen. Im Bereich des Cloud Computing kommt zudem noch hinzu, dass er dies im Zweifelsfall nicht nur an einem Ort, sondern unter Umständen an Dutzenden von Serverstandorten tun müsste. Schuster/Reichl sprechen insoweit zu Recht von dem „Dilemma des Cloud Computing",[107] welches den deutschen Vorschriften des Datenschutzes zumindest bei strenger Auslegung kaum genügen kann. Praktisch möglich und sinnvoll wäre es daher, für die Überwachungsverpflichtung auch eine externe Überprüfung durch eine unabhängige Stelle[108] oder gar regelmäßige Prüfberichte[109] als ausreichend anzusehen.

Doch auch wenn man eine solche Auslegung zu Grunde legt, bleiben erhebliche Zweifel an der Anwendbarkeit des § 11

---

107) Schuster/Reichl, CR 2010, 38, 42.

108) Weichert, DuD 2010, 679, 685, sieht eine Selbstzertifizierung des Anbieters als nicht ausreichend an, es soll jedoch die externe Überprüfung durch eine unabhängige Stelle möglich sein.

109) Schuster/Reichl, CR 2010, 38, 42 fordern „regelmäßige Prüfberichte" des Anbieters, weisen jedoch auf den damit verbundenen erheblichen Aufwand hin.

BDSG. Ein derzeit technisch noch nicht gelöstes Problem ist die Anforderung, wonach der Auftraggeber Art und Umfang der Datenverarbeitung sowie insbesondere Ort und Zeit vollständig zumindest kennen, wenn nicht sogar beherrschen muss.[110] Dies ist nach dem derzeitigen Stand der Technik nicht möglich. Im Gegenteil wird der Auftraggeber nicht einmal die Orte kennen, in denen die physische Speicherung der Daten stattfindet. Hinzu kommt, dass sich diese Orte auf Grund der Grundstruktur der Cloud auch jederzeit innerhalb von Sekunden verändern können. Mithin sind bei dem derzeitigen Stand der Technik die Vorgaben des § 11 BDSG kaum zu erfüllen.

3. 해외로 데이터전송(Übermittlung der Daten)

Aus technischer Sicht macht es keinerlei Unterschied, ob die Daten auf einem Server in Deutschland, den USA oder China liegen. Rechtlich ist dies jedoch hochproblematisch. Denn eine Auftragsdatenverarbeitung ist nur dann zulässig, wenn der Empfänger nach § 3 Abs. 8 BDSG eine Stelle im Inland oder eines Mitgliedstaats der Europäischen Union (EU) oder des Europäischen Wirtschaftsraums (EWR) ist.[111] Eine Datenübermittlung in diese Staaten ist auf Grund des angenommenen gleichen Datenschutzniveaus problemlos möglich.

---

110) Schuster/Reichl, CR 2010, 38, 41.

111) Hinzu kommen die als „sichere Drittstaaten" anerkannten Länder wie Argentinien, Kanada oder die Schweiz. Eine aktuelle Liste ist abrufbar unter: http://ec. europa.eu/justice_home/fsj/privacy/thridcountries/index_de.htm.

Alle anderen Länder gelten dagegen als unsichere Drittstaaten, bei denen die Privilegierung der Datenverarbeitung nach § 11 BDSG nicht in Anspruch genommen werden kann. Bei diesen Ländern wird unterstellt, dass bei derartigen Übermittlungen, wie sie beim Cloud Computing üblich sind, besondere persönlichkeitsrechtliche Risiken entstehen, weil keine hinreichende Kontrolle der Datenverarbeitung möglich ist.[112] Vielmehr müssen in diesen Fällen die rechtlichen Voraussetzungen für eine Datenübermittlung gegeben sein. Eine Sonderstellung nehmen insoweit die USA ein, bei der die Übermittlung von Daten häufig über Regelungen i.S.d. Safe-Harbour-Regelung nach Art. EWG_RL_95_46 Artikel 25 der EU-Datenschutzrichtlinie ermöglicht wird. Ob jedoch diese inzwischen durch die innenpolitischen Realitäten[113] in den USA weitgehend überholte Regelung auch auf Cloud Computing anwendbar ist, wird zu Recht erheblich bezweifelt.[114] Weichert fordert insoweit die Unterwerfung des amerikanischen CSP unter genehmigte „Binding Corporate Rules" (BCRs).[115] Andere Stimmen halten Cloud Computing in Drittländern für datenschutzrechtlich gänzlich unzulässig.[116]

---

112) Schulz, MMR 2010, 78, 79; Weichert DuD 2010, 679, 682.

113) So weist etwa der Beitrag „Spammer stolpern über Beweise aus der Cloud", heise online v. 18.4.2010, auf die „besonders einfache Möglichkeit" des Zugriffs auf Daten aus der Cloud hin; online abrufbar unter: http://heise.de/-979994.html.

114) Ebenfalls zweifelnd: Jacobs/Nägele, ZUM 2010, 281, 290; Weichert DuD 2010, 679, 686.

115) Weichert, DuD 2010, 679, 686.

116) Jahresbericht des Berliner Datenschutzbeauftragten 2008, S. 16.

4. 블랙 박스(Black Box)로서 클라우드

Neben der praktisch nur in wenigen Fällen umsetzbaren Einwilligung[117)] der jeweils Betroffenen bietet auch § 28 BDSG keine Alternative für eine datenschutzrechtlich zulässige Speicherung von personenbezogenen Daten in der Cloud.[118)] Anders sieht es allerdings dann aus, wenn diese Daten über Verschlüsselungsverfahren anonymisiert werden. Sind vormals personenbezogene Daten hinreichend anonymisiert, so scheidet eine Anwendung des BDSG aus. Zudem bietet die Verschlüsselung einen Schutz vor Zugriffen von Seiten des CSP oder von sonstigen Dritten, etwa den Behörden des jeweiligen Speicherlandes.

Allerdings funktioniert dies nur, wenn die Daten in der Cloud nicht verarbeitet werden müssen und daher bereits vor dem Transport in die Cloud mit einem dem CSP nicht bekannten Schlüssel verschlüsselt werden können. Eine Verschlüsselung unter Nutzung der Fully Homomorphic Encryption (kurz auch: FHE)[119)] kann hier zukünftig Abhilfe schaffen, denn dabei besteht die Möglichkeit, die Daten auch in verschlüsselter Form bearbeiten zu lassen. Dadurch kann letztendlich auch der CSP, trotz aller Möglichkeiten, die

---

117) Diese wäre vorab abzufragen; dabei dürfte schon die Formulierung der Informationstexte für die Einwilligung den Verwender vor kaum lösbare Probleme stellen, vgl. dazu Arning/Haag, in: Heidrich/Forgó/Feldmann, Online-Recht, Kapitel C II 6.4.

118) Ebenso: Schulz, MMR 2010, 75, 78; Weichert, DuD 2010, 679, 686.

119) Zu den Grundlagen s. z.B. Gentry, Fully homomorphic encryption using ideal lattices, in: Proceedings of the 41st annual ACM symposium on Theory of computing, 2009, 169 - 178.

Hardware und die virtuelle Instanz zu manipulieren, nicht mehr auf die Informationen zugreifen. Allerdings handelt es sich dabei um ein aktuelles Forschungsgebiet, Implementierungen in der Praxis sind daher aktuell noch fraglich und derzeit nicht absehbar.[120] Zudem werden die Schwierigkeiten bezüglich der Integrität der Daten damit ebenfalls nicht gelöst.

5. 결론

Es bleiben erhebliche datenschutzrechtliche Risiken bei der Verlagerung von personenbezogenen Daten in die Cloud. Diese Probleme erfordern umfangreiche und detaillierte Verträge mit dem CSP, die sämtliche problematische Punkte regeln. Fraglich ist allerdings, ob sich gerade große, internationale Anbieter auf solche Vertragsverhandlungen einlassen werden. Insofern ist davon auszugehen, dass es zukünftig neue Angebote geben wird, die den erheblichen datenschutzrechtlichen Bedenken Rechnung tragen. Alle anderen Methoden sind derzeit noch rechtlichen Unwägbarkeiten ausgesetzt. Dies gilt insbesondere für eine Speicherung der Daten außerhalb von Deutschland und der EU, von der insoweit abzuraten ist.

Eine datenschutzrechtlich saubere Lösung stellt derzeit allein die Nutzung dieses Angebots i.R.v. „Black Box"-Verfahren dar, bei denen die personenbezogenen Daten vollständig verschlüsselt hochgeladen werden, sodass nur für den Inhaber

---

120) Für Hintergrundinfos zu FHE und Cloud Computing s. z.B.: http://www.heise.de/tr/artikel/Sicheres-Computing-fuer-die-Cloud-1021071.html.

der Daten die Möglichkeit einer Entschlüsselung besteht. Allerdings eignet sich diese Technik nicht für jede Art von Geschäftsprozess. Alternativ kommt der Einsatz einer Private Cloud in Frage, bei der die Rahmenbedingungen vom Anwender genau festgelegt und damit die Anforderungen nach § 11 BDSG erfüllt werden können. Allerdings ist hierbei zu berücksichtigen, dass diese Mehrleistung nicht kostenlos zu haben ist und die Kostenvorteile der Cloud dadurch schwinden.

3. 공공발주법: 클라우드 컴퓨팅 서비스의 공모(경쟁입찰)

마지막으로 여기에서 공공 행정을 통한 클라우드 기술 사용에 관해 공공발주법(Vergaberecht)상의 견해를 지적하려고 한다. 일반적으로 계산용량, 저장용량 및 무엇보다 소프트웨어 용량을 조달할 때 중점적으로 구매계약이 중요한 반면, 클라우드 사고는 본질적으로 임대계약상 요소의 특징을 지니고 있다. 클라우드 서비스제공자는 서비스제공의 본질에 의해 일정 기간 하드웨어나 소프트웨어 용량을 사용하도록 넘긴다. 독일 사법재판소(BGH)도 소프트웨어의 온라인 이용을 임대계약으로서 분류했는데, 그 이유는 공급자가 이용목적으로 항상 소프트웨어를 구현할 수 있는 공급자의 전산 센터에서 펀치 카드 등 전산자료가 입력된 물체에 접근할 수 있기 때문이다.[121] 만약 공공 발주자가 클라우드 서비스를 이용하려고 한다면, 공적으로 경쟁입찰해서 일반적으로 가장 경제적인 제공이 우선되어야 하는 공공 발주가 중요하다. 그러나 클라우드 서비스제공이 부분적으로는

---

[121] BGH MMR 2007, 243.

다른 '고전적인' IT 제공과 경쟁하는 상황이 어떻게 영향을 미치는
지 의문이다. 더욱더 서버용량이 필요한 지방에서는 한편으로 자기
고유의 서버를 구입하거나 리스 또는 임대함으로써 물리적으로 조절
할 수 있는 가능성을 갖는다. 다른 한편으로는 어떤 클라우드에서
가상화된 서버용량을 이용하는 것이 고려되기도 한다. 유사 상황이
소프트웨어를 조달할 때에도 발생한다. 경제적이고 공급자의 실용적
인 관점에서 보면 물리적인 차원에서 가상화된 하드웨어와 소프트웨
어 제공이 거의 차이가 없음이 지적되고 있다. 어떤 경쟁입찰에서는
개별사건의 상황에 따라 클라우드 제공을 승인받아야 하는 결과를
가지고서 이런 동등한 가치를 법적으로 고려해야 한다. 그것에 관해
서는, 소프트웨어의 조달에 관한 판례를 비교해 볼 수 있다. 여기에
서 결정된 것은 소위 '중고 소프트웨어(Gebraucht-Software)'[122]는
허용되고 '본래 소프트웨어(Original-Software)'에 대한 제한은 허용
되지 않는다는 점인데, 그 이유는 두 제공은 경제적으로, 그리고 법
적으로 동등하게 존중해야 하기 때문이다. Düsseldorf 발주심판소
(Vergabekammer)는 이런 맥락에서 판결하고 있다. 즉 "발주청
(Vergabestelle)은 소위 중고 라이센스(sog. Gebraucht-Lizenzen)를
습득할 수 있고, 따라서 필요한 확신을 가지고 제안자가 그 제안이
제3자의 보호권과 충돌하는 것으로 확인될 때에만 원칙적으로 공급
자의 서비스 능력을 거부할 수 있다."[123] 개별 사건 상황의 포괄적
인 평가를 기반으로 제안의 등가성이 확인될 수 있는 것과 그 상황

---

122) 이와 관련된 법적 문제에 관해서는, Schneider, CR 2009, 553 ff.;
　　　Heckmann/Rau, ITRB 2009, 208 ff.; Bräutigam, MMR 2009, 545 ff.; ders.,
　　　CR 2008, 551 ff.; Spindler, CR 2008, 69 ff.; Paul/Preuß, K&R 2008, 526 ff.
123) VK Düsseldorf, B. v. 23.5.2008 VK － 07/2008 － L, IBRRS 66079.

이 유사해 보인다. 또한 (데이터보호법상의 문제를 예외로 한) 클라우드에서 제안하는 것은 무엇이 중고 소프트웨어에서 그 등가성에 대한 논쟁으로서 인용되고 있는지 '비방할' 수 없다. 공공 발주자에게는 법적 검토보다 사실적 검토가 더 효과적일 수 있다. 이와 관련하여 확실하게 요구할 수 있는 것은 클라우드 서비스는 고전적인 것과 비교해서는 안 된다는 점이다.

연방 데이터보호법의 데이터보호법 조항을 충족시키기 위해서는, 공급자에게 일정한 법적, 기술 인프라적, 그리고 조직적 조치를 취할 의무가 있는 계약 규정이 만들어질 수 있다. 따라서 공급자가 이것을 할 수 있는지 여부는 이미 공공 발주절차에서 서비스능력이 심사될 수 있다. 이것은 우선 클라우드 서비스의 본래 경쟁입찰에서 적용되고, 그 다음엔 필요한 경우 '고전적' IT 조달에서도 등가성을 도출해내고 있다. 만약 공급자가 예를 들어 단지 유럽 내부 서버만 사용하도록 클라우드 서비스 제공을 확약하고, 그가 하청관계를 배제하거나 또한 엄격한 규칙에 따른다면, 공공 행정에서 개입하는 것에 대한 법적 이의가 없게 되고, 그래서 - 그 제공이 가상화된 인프라의 장점 때문에 사정이 그렇게 되는 가장 경제적인 것임이 입증되는 것이고 - 특히 클라우드 공급자에게 낙찰될 수 있는 것이다.

V. 맺는말: 우리나라에서의 시사점 – 국가 책임에서 '클라우드'

최근 우리나라에서는 클라우드 컴퓨팅 사용 기업을 보호할 수 있는 클라우드 임치제도를 도입해야 한다는 주장이 나왔다.[124] 또, 클라우드 컴퓨팅 서비스 제공사의 서비스 중단을 해소할 수 있도록 서비스 중단에 대한 법·제도적 장치 마련도 촉구됐다.

정보통신산업진흥원(NIPA)은 지난 6월 3일 '클라우드 컴퓨팅 활성화를 위한 법제도 개선방안' 보고서를 내고 클라우드 컴퓨팅 사업자의 파산과 시스템 장애에 따른 사용자 보호 방법과 서비스 품질 확보를 위한 가이드라인 제정 방안 등을 제시했다.

클라우드 컴퓨팅은 최근 IT 산업의 신 모델로 자리 잡고 있는데, 사용자의 데이터가 클라우드 서비스 제공자의 서버에 저장되고 관리되어 갑작스러운 서비스 중단이나 장애에 대한 우려가 크다. 데이터 외부 보관으로 인한 기밀 유출과 서비스 제공자 파산에 따른 비즈니스 피해 등이 클라우드 컴퓨팅 활성화의 걸림돌이다.

이에 NIPA는 국내 클라우드 컴퓨팅 활성화를 위해 클라우드 임치제도 도입이 시급하다고 밝혔다.

클라우드 임치제도는 클라우드 컴퓨팅 제공기업의 시스템과 데이

---

124) http://www.etnews.co.kr/news/detail.html?id=201006030202.

터 등을 임치기관이 이중화해 보호하는 것을 말한다. 서비스가 중단되는 경우 임치기관이 한시적으로 클라우드 제공기업의 업무를 수행하는 제도다. 고객은 한시적인 기간 동안 서비스를 대신 제공받으면서 새로운 서비스 제공 업체를 찾을 수 있고 데이터 손실도 방지할 수 있다.

클라우드 컴퓨팅 서비스 제공사의 서비스 중단을 해소할 수 있는 서비스 중단에 대한 법·제도적 장치 마련도 중요하다. 정부는 소프트웨어산업진흥법 등 관련 법률에 클라우드 표준약관, 표준계약서, 이용자보호지침을 제정할 수 있는 법적 근거를 마련해야 할 것이다. 또, 전기통신기본법과 전기통신사업법상에 클라우드 컴퓨팅에 대한 정의와 유형, 사업자 분류가 반영되어야 할 것이다.

클라우드 컴퓨팅 보안과 정보 유출에 따른 사용자 보호 방안도 필요하다. 클라우드 컴퓨팅 보안 관련 법, 제도의 개선을 위해 클라우드 컴퓨팅 서비스 제공자의 보안, 데이터 보호 신뢰성 제고를 위한 법규 신설이 필요하다. 특히, 데이터센터가 해외에 있는 경우 국내법 적용이 가능한지 살피고 '클라우드 컴퓨팅 데이터 보호에 관한 법규' 항목을 신설해 세부 지침을 제시해야 할 것이다.

개략적인 데이터보호법상의 문제 제기는 최근에 공공 행정을 수행할 때 중요한 제약요인으로서 자리 잡고 있다. 개인 데이터를 클라우드에 안전한 곳으로 옮기는 것은 독일 연방데이터보호법 제11조에 의한 발주 데이터처리로서 한편으로 또다시 클라우드 컴퓨팅의 기본 사고와 모순되는 엄격한 요건하에서만 가능하다. 언제 어떤 데이터가 어느 장소에 저장되는지, 또는 감독권한의 수행이 사용자를 통해 실제 행동을 요구하는지 등 사용자의 지식을 확보하는 것과 몇 분 이내에 급성 하드웨어 및 소프트웨어의 요구 사항을 비관료적으로 커버할 수 있는 클라우드 컴퓨팅의 기본 사업 개념은 서로 대립되고 있다.125) 클라우드 컴퓨팅의 중요한 특징은 바로 데이터가 다른 서버에 마음대로 저장된다는 점이다. 어떤 클라우드를 사용하고 싶어하는 공공 발주자는 (훨씬 더 높은 비용과 아울러 클라우드 컴퓨팅의 장점 방해와 관련하여) 공급자에게 필요한 용량조차도 계약의무의 이행을 강제할지도 모른다. 또한 이러한 접근 방식은 적절하거나 실용적인 것으로 보이지도 않는다.

그러나 만약 클라우드 컴퓨팅의 가능싱의 관짐에서 공유 서비스 사고를 계속 발전시켜 나간다면, 실현가능하면서도 법적으로 허용되는 선택이 공공 행정에 제공될 수 있다. 일반적으로 집중, 기본 서비스 사고에 대한 기존의 회의론을 참작하여 공공 행정 내에서 소프트웨어와 하드웨어 자원의 패키지를 우선 특정 부문과 관련하여 생각해 볼 수 있다. 왜 모든 행정이 자기 고유의 서버를 운영하면서 저장 공간을 이용하지 않고 남기고 제대로 라이센스 받은 소프트웨어 응용프로그램을 마음대로 사용해야 하는지, 예외적인 경우 - 예를 들어, 높은 노동 비용이 드는 경우 - 에서만 검색할 수 있다. 구체적인 요구에 따른 소프트웨어와 하드웨어 서비스의 인도 청구와 예를 들면 사용 시간에 따른 결산에 관한 이행이 적절한 대안으로서 지적되고 있다. 자신의 하드 드라이브를 가진 데스크톱 PC는 예를 들면 지방 공공단체처럼 모든 공공 행정의 자체 서버만큼 미래에는 더 이상

---

125) Pohle/Ammann, CR 2009, 273, 278.

필요하지 않게 된다. 오히려 시간과 장소의 제어 프로그램이 물리적 자원을 할당하는 가상 시스템 환경을 사용할 수도 있다.126)

어떤 대학, 모든 지방자치단체들 그리고 연방이나 주의 모든 부처들 등과 관련된 패키지가 관점 상 가능해 보인다. 여기에서는 개인 데이터를 처리하는 방법에 관한 문제가 제기된다. 물론 민간 업체 또는 다른 공공 행정의 경우에 그 용량을 지탱할 만한지, 그리고 필요에 따라 마음대로 사용할 수 있는지, 그 여부와 관계없이 그 원칙이 주장되고 있다. 여기에서는 아마도 여러 지방자치단체의 직무에서 실용적일지도 모르는 수많은 계약들이 필요할 것이다. 사용 가능한 하드웨어(물리적이 아니라, 가상적인)와 서비스 센터에서 시간과 사용량에 따른 결산과 관점 상 연결된 소프트웨어 라이센스의 패키지는 이러한 적절한 조정의 필요를 최소화하는데 적합할지도 모른다. 물론 오로지 자기 고유의 법인격을 가질 때에만 각각 데이터위임의 처리관계를 형성할 수 있다고 한다.

현재 - 이미 언급한 대로 - 현행 조직법과 협력법은 충분히 유연한 가능성을 거의 제공하지 못하고 있는데, 특히 그 협력이 분업 및 운영 지원 서비스의 관점에서 제대로 거의 이루어지지 않고 있기 때문이다. 그러한 공유 서비스 센터의 초기 단계에서는 기존 자원들의 패키지가 고려될 수 있는데, 관점상 필요한 하드웨어와 소프트웨어 자원들이 중점적으로 조달될 수 있는 것이다. 그래서 어떤 경쟁입찰은 다만 공유 서비스 센터의 측면에서만 필요할 수 있는데, 연결되

---

126) Schmitz, Computerwoche 9/2007, 20 f.; Pohle/Ammann, CR 2009, 273, 274.

고 참여한 지역기관이 - 주체성을 전제로 - 자체 기준에 따라[127) 공공발주법과 무관하게 그들의 구체적인 요구 사항을 검색할 수도 있다. 그런 공유 서비스 센터는 오해들을 피하기 위하여 - 공공 행정에 의하여 운영됨에도 불구하고 - '공공 클라우드'로서 표시되어서는 안 된다고 말한다. 오히려 공공 행정의 '개인' 클라우드라는 관념이 더 적합할 것이다.

---

127) 최근에, EuGH, U. v. 9.6.2009 - Rs. C - 480/06 = GewArch 2009, 308 ff.; Portz, VergabeR 2009, 702 ff.

제2장 독일 유전공학법 20년 회고와 전망

I. 머리말

1990년 6월 23일, 독일 유전공학법(GenTG)은 연방 관보에 공고되었다.[128] 그 후 같은 해 7월 1일, 그 효력이 발생했다.[129] 가장 중요한 관련 법규명령은 그 해 10월 발령되었다. 5월에는 유전공학기술에 관한 유럽연합(EC)의 그 기초 규정들이 공포되었는데, 밀폐시스템에서 유전자변형미생물 이용에 관한 지침(일명 시스템지침)[130]과 유전자변형생물체(GMO)의 의도적 환경방출에 관한 지침(일명 환경방출지침)[131]을 들 수 있다.[132]

국내법에서뿐만 아니라 유럽법에서도 그 이후 지금까지 여러 번 개정되었다. 전문적, 법적 그리고 정치적인 논쟁이 멈추지 않고 있다. 본고는 특히 독일 유전공학법의 성립 및 발전을 우선 살펴본 후 그 유전공학법의 현재 시스템을 고찰하려고 한다. 그런 다음에 최근 중요한 몇몇 쟁점 분야들에 관해서 역사적 평가를 나름대로 시도하고자 한다.[133]

---

128) Gesetz zur Regelung der Gentechnik (Gentechnikgesetz, GenTG): BGBl I, 1080.

129) Die Verordnungsermächtigungen schon am Tag nach der Verkündung(Art. 8).

130) Richtlinien über die Anwendung genetisch veränderter Mikroorganismen in geschlossenen Systemen (Systemrichtlinie).

131) Richtlinien über die absichtliche Freisetzung genetisch veränderter Organismen in die Umwelt (Freisetzungsrichtlinie).

132) Richtlinien des Rates 90/219/EWG und 90/220/EWG v. 23. 4. 1990, ABlEG Nr. L 117 v. 8. 5. 1990, S. 1ff. 및 S. 15ff.

133) 본고의 테두리에서는 모든 관점을 언급할 수 없다. 그 선택은 주관적일 수밖에 없다. Schubert, NVwZ 2010, S. 871ff. 참조

우리나라 공법과 공법학의 지형이 독일 공법으로부터 강한 영향을 받고 있음을 부정할 수 없는 것이 작금의 현실이다. 유전공학과 관련하여 향후 21세기에는 한국적 실정에 부합하는 우리 자신의 공법을 구축하는 데 있어 독일에서의 논의가 시사하는 바가 자못 클 것으로 본다.

II. 유전공학법의 성립과 발달

1. 지도지침 또는 법 규정

대략 지난 세기 중엽부터 분자 유전학에 대한 지속적인 이해 때문에 의도적으로 유전물질에 유전공학적 개입이 가능하게 된 이후, 이러한 개입과 조치로 인해 발생 가능한 리스크도 역시 그 극복 방안에 대하여 논의했다. 우선 이런 책임이 제기되는 것은 과학자들 자신이다. 1975년 2월 캘리포니아 Asilomar에서 이미 전설이 되어버린 회의가 개최되었을 때, 그들은 특히 실험실에서 미생물을 이용하여 유전공학적 방법으로 작업을 할 경우의 리스크평가 및 안전조치 시스템을 설계하였다.[134] 그것은 1976년 7월 7일 국립보건연구소(NIH)에 의해 처음으로 공포된 DNA분자재조합 연구가이드라인(지침)의 기초를 형성하고 있는데,[135] 이는 분명히 새로운 기술을 안전

---

134) 결과 요약은 Nature Vo. 255 v. 5. 6. 1975, S. 442 참고. 그 후 비판적 평가는 R. Flöhl in der FAZ v. 23. 2. 2000 및 Winter, Grundprobleme des GentechnikR, 1993, S. 3 참조.

135) 41 Federal Register 131(7. 7. 1976), S. 27911 - 27922.

하게 취급하기 위한 최초 규정이라고 볼 수 있다.

NIH지침은 수많은 다른 국제규정들에 대한 전형이 되었다.[136] 1978년 2월 15일 독일 연방정부도 최초로 '시험관에서 새로 조합된 핵산을 통한 위험 보호에 관한 지침[137]'을 제정하였는데, 이 지침은 같은 해 3월 21일 연방 관보 제56호에 개재되었다. 마지막 개정은 1986년 5월 28일에 이루어졌다[138].

이러한 '유전지침(Genrichtlinien)'은 결코 강행법이 아니다. 그러나 그 관심은 국가의 연구 촉진에 대한 조건을 만들었으며, 업계 또한 지침의 규정을 준수하도록 하는 선언이있다. 유전공학작업이 주로 대학 연구소에서 소규모로 남아 있는 한, 이러한 상황이 널리 용납되었다. 그러나 곧 유전공학은 이러한 단계를 벗어나 성장하게 된다. 예를 들어, 인간의 인슐린에 대한 초기 생산 설비가 가동되고, 그리고 최초의 유전자변형식물이 실험실에서 필드로 옮겨지게 된다. 이미 이전에 법률 규정에 대해 수집된 요구사항은 더 늘어나게 된다.

사실 유전공학이 처음부터 법 진공 상태에서 작업을 한 것은 아니다[139]. 유전지침들은 그 부속서 III에서 다만 가장 중요한, 병원균을 취급할 때 유의해야 할 법 규정을 목록으로 정하고 있고, 유전공학 생산시설과 환경방출에 대한 관련성과 함께 추가된 것들이 많다.[140]

---

136) 일목요연한 개관으로 Deutsch, ZRP 1978, S. 230 참고

137) 'Richtlinien zum Schutz vor Gefahren durch in-vitro neukombinierte Nukleinsäuren'(Genrichtlinien).

138) BAnz Nr. 109 v. 20. 6. 1986.

139) Öko-Mitteilungen 2/1987, 17에서 Thurau의 문서 제목 참조.

그 때문에 유전공학법의 법전편찬에 대한 토론에서 더 회의적인 목소리가 오랫동안 우위에 남아 있게 된다. 1978년 및 1979년에 나온 법률안들은 연구계의 이의제기와 법학계의 일부 격한 비판으로 실패하게 된다.[141]

유전공학 규정의 법제화에 관한 경향에 대해 더 많은 법 정책적 토론이 있었다. 그 우려가 커서 국가와 법은 개발의 역동성에 의해 극복되고 있고, 그 정책은 개발을 구체적으로 형성하지 않고 너무 오래 방관하고 있다고 한다.[142] 1984년 6월 독일 연방의회는 '유전공학의 기회와 리스크' Enquete 위원회[143]를 구성하였는데, 이는 '정책적 결정의 준비[144]'를 목표로 유전공학의 전문지식과 그 이용 그리고 '환경적, 법적, 경제적, 사회적 영향[145]'을 기술하고 있다.[146]

---

140) 일부는 Thurau에서 거론되고 있다. 독일 유전공학법의 법적 상황에 관해서는 Pohlmann, Neuere Entwicklungen im GentechnikR, 1990, S. 34ff. 참조.

141) Lukes/Scholz (Hrsg.), Rechtsfragen der Gentechnologie, 1986, S. 142ff. bzw. 150ff. 참조. 그 비판에 관해서는 예컨대 Deutsch, MMG 7 (1982), S. 88ff. 참조.

142) 예컨대 Breuer, NVwZ 1988, S. 104: "Die Justitiabilität des Technik- und Umweltrechts begegnet in jüngerer Zeit zunehmender Skepsis. Das Wyhl-Urteil des BVerwG und andere Entscheidungen belegen eine Verringerung der judikativen Kontrolldichte. Dennoch kann der gerichtlichen Kontrolle der Technik kein allgemeiner Rückzug unterstellt werden. Insbesondere gilt es, die rechtssystematischen Voraussetzungen und Merkmale naturwissenschaftlich-technischer Erkenntnisspielräume und administrativer Standardisierungsspielräume klarer als bisher zu erfassen. Insgesamt bleibt die verwaltungs- wie auch die zivilgerichtliche Kontrolle der Technik ein berufener Entscheidungspol gegenüber administrativen und privaten Auswahl- und Konkretisierungsentscheidungen."

143) die Enquete-Kommission "Chancen und Risiken der Gentechnologie".

144) "zur Vorbereitung politischer Entscheidungen".

145) "ökonomische, ökologische, rechtliche und gesellschaftliche Auswirkungen".

1987년 1월 그 위원회는 보고서를 제출한다.[147] 위원회는 '법적으로 구속력 있는 안전 조건을 법률에 명시할 것[148]'을 권고하고 있다. 그것은 연방 전염병법률을 확대함으로써 '바이오 안전성 규율에 관한 법률[149]'이 생긴 것이라고 한다. 자세한 내용은 본질적으로 유전지침들에 기초하여 법규명령에 의해 규제된다고 한다. 적어도 유럽 연합 차원에서는 법의 조화가 이루어지도록 노력하고 있다.

'재조합 디엔에이를 취급할 때 가상 위험에 대한 안전 조치'에 관한 규정과 관련하여 EC의 고려 사항은 70년대로 돌아간다.[150] 1987년 10월 하원 의결에 이어[151] 1988년 5월 위원회는 유전공학에 관해 지침 제안서를 제출했다.[152] 지침들은 신속하게 자문 받아, 1990년 5월 공고되고,[153] 마침내 1991년 10월까지 회원국에 의해 국내법에 구현되어야만 했다.[154]

---

146) Beschlussempfehlung und Bericht auf BT-Dr 10/1581.

147) BT-Dr 10/6775.

148) "rechtsverbindliche Sicherheitsbedingungen gesetzlich festzuschreiben".

149) "Gesetz zur Regelung der biologischen Sicherheit".

150) Richtlinienvorschlag nach BT-Dr 8/2890.

151) ABlEG Nr. C 328 v. 7. 12. 1987, S. 1.

152) ABlEG Nr. C 198 v. 28. 7. 1988, S. 9 bzw. S. 19.

153) ABlEG Nr. L 117 v. 8. 5. 1990, S. 1 (Systemrichtlinie) bzw. 15 (Freisetzungsrichtlinie).

154) Schubert, NVwZ 2010, S. 871f. 참조.

2. 유전공학법의 성립과 발달[155]

독일 유전공학법은 1990년부터 도입한 이래로 그동안 지속적인 개정이 이루어져 왔다.[156] 여기에서 그 개정을 통한 현실화의 필요성은 현대 환경법 및 기술법상의 규정들이 '과학기술수준[157]'에 맞추어야 하는 규정대상으로서 유전공학기술과 그 리스크와 관련하여 부분적으로 그 인식의 발전에 근거를 두고 있다.[158]

그러나 그 현실화의 대부분은 유럽 유전공학법이 독일법에 강하게 영향을 미쳐서 국내 입법자에게는 고유한 결정을 위하여 단지 경미한 여지만을 남기는 유럽 유전공학법에서 그 이유를 찾고 있다.[159] 유전공학법 구조의 본질적인 부분들은 유럽법적으로 정해져 있다. 이것은 시설허가, 환경방출허가 그리고 유통허가의 경우 그 등급시스템에 있어서 리스크관리의 전통적인 구분뿐만 아니라 부분적으로

---

155) 연방공화국에서의 그 발전만 기술한다. 동독에서의 상황에 관해서는, § 2 IV und § 11 der Dritten Durchführungsbestimmung zum Gesetz zur Verhütung und Bekämpfung übertragbarer Krankheiten beim Menschen v. 15. 11. 1985 (Gesetzblatt der DDR v. 15. 1. 1986, S. 1ff.) und die dort zitierte Richtlinie zur in vitro-Rekombination von genetischem Material 참조. Das Einigungsvertragsgesetz v. 23. 9. 1990 in Verbindung mit dem Einigungsvertrag führt einen neuen § 41a mit Überleitungsvorschriften für danach betriebene Anlagen in das GenTG ein (Anl. I Kap. X Sachgeb. D Abschn. II Nr. 33, BGBl II, 885 [1087]).

156) 그 법률의 발전에 대해서 개괄적인 것은 http://www.bmelv.de/cln_044/nn_750598/DE/04-Landwirtschaft/Gentechnik/ Gentechnikgesetz.html_nnn=true 참조.

157) Stand von Wissenschaft und Technik.

158) 졸고, 과학기술법연구 제15집 제2호, 2009. 12, 125면 이하; Burchardi, ZUR 2009, S. 9ff. 참조.

159) Wegener, AUR Beilage 2007, S. 23; Sander, AUR 2008, S. 165.

심지어 유럽차원에서조차 실행되는 각각의 승인절차의 개별적인 경우에도 통용된다.[160]

　리스크를 줄이기 위한 광범위한 허가절차와 항상 또다시 '과학기술수준'에 적합하게 된 규정들에도 불구하고, 독일 유전공학법은 사회적으로 지금까지 단지 경미한 만족효과만을 가져왔다. 유전공학은 여전히 가장 논쟁이 심한 현대기술에 해당한다.[161] 유전공학 자체에 반대하는 일반적으로 윤리적이거나 정책적인 사고 이외에도, 대부분의 사람들은 특히 농업분야(녹색유전공학기술)에서 개별적인 GMO로 말미암아 건강과 환경에 대한 위험을 두려워한다. 그 밖에 그러한 안전성에 관한 사고 이외에 제시되고 있는 짐은, GM작물의 재배가 GMO의 교차수분, 운송 손해 또는 혼합으로 인해 전통적·생태적인 생산물(non-GMO생산물: 재래·유기농 종자, 식품)을 눈에 띄지 않게 가만히 오염시킬 수도 있으므로 공존,[162] 즉 농업의 서로 다른 형식의 병존, 그리고 소비자의 선택의 자유가 위험에 처할 수

---

160) 이것에 관해 더 새로운 문헌으로는 Wegener, AUR Beilage 2007, S. 21ff.; Calliess/Korte, DÖV 2006, S. 14ff.; Appel, NuR 1996, S. 227ff. 참조.

161) 마찬가지로 Härtel, AUR Beilage 2007, S. 2 참조.

162) EU에서는 GMO재배가 현실성을 띠게 되면서 2003년부터 공존방안 제정이 중요 현안사항으로 대두되었다. 공존방안이란 GMO, 전통, 유기농 재배의 3가지 재배방법이 공존할 수 있도록 하기 위한 규칙을 말하며, 특히, 규칙제정에서 핵심이 되는 사항은 GMO가 다른 유기작물로 교차수분 등이 발생해 유기농 재배자 측에 경제적 손해를 입혔을 경우의 배상책임문제와 이러한 문제가 발생하지 않도록 하기 위한 재배방법의 채택 등이다. EU에서는 불가피한 혼입 허용치를 0.9% 이하로 규정하고 있으므로 이러한 기준을 준수하려면 지역조건이나 작물특성에 맞추어 재배지역의 실정에 맞는 공존방안이 마련되어야 한다. 따라서 EU의 행정집행기관인 유럽위원회는 공존방안을 각국의 실정에 맞추어 제정하도록 위임한 상태이다. 졸고, 공법연구 제34집 제4호 제2권, 2006.6, 445면 참조.

도 있다고 한다.[163]

그 때문에 정치적이고 사회적인 논쟁에 상응하여, 총체적인 독일 유전공학법의 개정은 1990년 이래로 진행되어 왔다. 유전공학법은 리스크, 선택의 자유의 의미 그리고 평화로운 공존의 제정과 관련하여 기술적일 뿐만 아니라 원칙적인 문제들을 규정하고 있기 때문에, 유럽법적인 구상으로부터의 좁은 여지가 이것을 인정한 경우에는, 모든 독일 연방정부는 지금까지 유전공학법에 있어서 고유한 강조점을 두려고 노력했다고 볼 수 있다.[164]

유전공학법처럼 정치적·사회적으로 격심한 논쟁이 진행되고 있는 다른 법 영역은 거의 없는 같다. 산업단체의 측면에서 유전공학법은 너무 제한적 것으로 느껴지고, 농업단체의 견해에 의하면 유전공학법은 충분히 엄격하지 않으며, 그에 따라 생물다양성과 non-GMO농업의 존속에 대한 충분한 보호를 보장하지 못하고 있다. 이러한 복잡한 주제에 대한 문제 제기는 유전공학이 넓게 보아 어떤 결과평가가 아직도 확실하게 보장될 수 없는 매우 젊은 기술이라는 사실에서 도출된다.[165]

독일에서는 GM식품의 안전성에 대한 논란이 계속되고 있는 가운

---

163) 유전공학에 대한 논쟁으로는 Burchardi, Die Vereinbarkeit der europäischen Vorschriften zur Kennzeichnung gentechnisch veränderter Lebensmittel mit dem Welthandelsrecht, 2007, S. 22ff. 참조.

164) 이에 비판적인 것으로는 Wegener, AUR Beilage 2007, S. 23; Roller, ZUR 2005, S. 113f. 참조.

165) Helmschrott, DVBl 2009, S. 349ff. 참조.

데, 유럽집행위원회가 유럽 내 GM식품의 유통유예를 폐지한 후, non-GMO농업을 보호하기 위하여 새로운 법률을 필요로 하게 되었다. GM작물과 non-GM작물의 공존과 관련하여 2005년 2월 4일에 발효한 새로운 독일 유전공학법이 바로 그것이다.

이러한 2005년 새로운 유전공학법의 주요 목적은 기존의 유전자 변형이 없는 전통·생태적인 농업, 즉 non-GMO농업을 GMO와 혼합, 교배 및 그 외의 영향으로부터 보호하려는 것이다. 새롭게 도입된 조항은 GM작물의 등록, 감시체계, GM작물의 표시제와 GM작물이 꽃가루 등으로 인해 전통적인 방법으로 경작하는 작물의 순수성을 해치게 된 경우의 엄격한 손해배상책임조항 등이다.166)

GMO사용자와 non-GMO농민 그리고 소비자들 사이에서의 이익갈등과 GM재배에 관한 확실하게 과학적인 사실근거의 오류는 수차례 진행된 개정노력에 있어서 반영되어오고 있다.167) 2005년 11월

---

166) 졸고, 전게논문, 공법연구 제34집 제4호 제2권, 453면 이하 참조. 부연하여 2005년 새로 개정된 독일 유전공학법의 주요내용을 살펴보면 다음과 같다. 즉, (1) GMO의 만성적 우성으로부터 non-GMO농업의 보호, (2) 농업유전공학을 통해 본질적인 침해가 있는 경우 손해배상요구를 용이하게 수행하는 명확한 책임규정, (3) GM작물의 연방등록제도는 보다 더 개선된 투명성을 제고한다는 점, (4) GMO등록에 대해 생태적으로 민감한 지역의 보호를 위한 보다 더 개선된 규정들, 그리고 (5) GMO·종자·제공자의 생산정보의무와 관련한 우수생산물생산·유지를 위한 구체적인 규정들은 법적 안전성을 가져온다는 점 등이 바로 그것이다. 졸고, 전게논문, 공법연구 제34집 제4호 제2권, 469면 참조.

167) Gentechnikgesetz vom 20. 6. 1990(BGBl. I S. 1080); Gentechnikgesetz vom 16. 12. 1993(BGBl. I S. 2059); 그 후 2002년 유전공학법이 새로 개정되었다(BGBl. I S. 3220); Das Gesetz zur Neuordnung des Gentechnikrechts vom 21. 12. 2004는 2005년 2월 4일에 발효되었다(BGBl. 2005 I S. 186); Drittes Gentechnikänderungsgesetz vom 16. 2. 2006은 2006년 3월 17일 판이다(BGBl. 2006 I S. 534).

11일 CDU, CSU 그리고 SPD의 연립협약(Koalitionsvertrag)에 있어서는 적시에 유럽 환경방출지침[168]을 이행하고 유전공학법을 새로 개정하기로 합의했다.

첫 번째 개정은 이미 2006년에 시도되었다. 2005년 2월 4일 자 유전공학법은 2006년 2월 16일 자 '제3차 유전공학개정법[169]'에 의해 개정되었고 당시 2006년 3월 17일 자 판에서 통용되었다.

이러한 법률은 결국 EU지침의 불이행 때문에 유럽재판소(EuGH)에 의해 확인된 계약위반[170]에 근거하여 EU에 이행강제금을 지불하는 것을 회피하게 되었다.[171] 이러한 법률개정은 본질적인 개정 내용을 포함하지 않았고 다만 개별적인 절차간소화만을 내포했다.[172] 왜냐하면 유럽차원의 압력과 입법절차의 조급함으로 말미암아 비판

---

168) Richtlinie 2001/18/EG des Europäischen Parlaments und des Rates vom 12. 3. 2001 über die absichtliche Freisetzung gentechnisch veränderter Organismen in die Umwelt und zur Aufhebung der Richtlinie 90/220/EWG des Rates, ABl. Nr. L 106/1 vom 17. 4. 2001. 이에 관해서는 García, JEEPL 2006, 3 ff. 참조. 독일법으로의 이행은 먼저 Gesetz zur Neuordnung des Gentechnikrechts, BGBl. I S. 186ff. vom 3. 2. 2005에서 이루어졌고, 마지막으로 Drittes Gesetz zur Änderung des Gentechnikgesetzes v. 17. 3. 2006, BGBl. I S. 534 ff. vom 22. 3. 2006에서 행해졌다. 이에 관하여 Bergfeld/Lang, AUR 2006, S. 301ff.; Palme, ZUR 2005, S. 119 ff.; ders., UPR 2005, S. 164ff.; ders., NVwZ 2005, S. 253ff. 참조.

169) Drittes Gentechnikänderungsgesetz, BGBl. 2006 I S. 534.

170) EuGH, Urteil v. 15. 7. 2004 - Rs C 420/03; EU지침의 이행기간은 환경방출지침 제34조에 의해 이미 2002년 10월 17일 종료했다.

171) 유럽연합집행위원회(EU-Kommission)는 2005년 12월 환경방출지침을 아직 이행하지 않은 점 때문에 만약 늦어도 2006년 2월 19일까지 이행되지 않는다면 이행강제금절차(Zwangsgeldverfahren)를 가지고 위협했다.

172) BT-Drucks. 16/430 S. 8.

적인 점들이 생략되었기 때문이다.

그 후, 유전공학법 제16b조 소정의 우수생산물생산 규정과 같은
법 제36a조 소정의 책임 규정을 명확히 함으로써 농업 전체형태의
경제적 공존과 타협적 병행을 핵심견해로 하는 연방정부의 어떤 보
고서가 최근 2008년 법률개정 이전에 있었다.[173] 이런 양 규정들 중
첫 번째 것만 전술한 GM작물생산명령(GenTPflEV)[174]의 제정을 통
한 최근 개정에서 고려되었다. 책임규정, 특히 유전공학법 제36a조에
의한 보상(조정)청구권의 분야에서는 GM작물을 이웃 토지에서 재배
할 때에 GMO를 기재할 책임에 관해서는 아무것도 바뀐 것이 없
다.[175]

독일의 경우, 최근 2005년에 유전공학법을 광범위하게 개정한 후
에도,[176] 2008년 4월 5일 또다시 개정된 동법이 발효되었다.[177] 이
러한 새로운 규정이 추구하는 목적은 유전공학법을 계획성 있게 준

---

173) Eckpunktepapier des Bundesministeriums für Ernährung, Landwirtschaft
    und Verbraucherschutz (BMELV), 'Die weitere Novellierung des
    Gentechnikrechts - Eckpunkte für einen fairen Ausgleich der Interessen'
    vom 28. 2. 2007 참조. Hartmannsberger, DVBl 2007, S. 726은 이러한 의도
    적인 개정을 비판적으로 고찰하고 있다.
174) Gentechnik-Pflanzenerzeugungsverordnung(GenTPflEV) vom 7. 4. 2008,
    BGBl. I 2008 S. 655.
175) Helmschrott, DVBl 2009, S. 349ff. 참조.
176) Gesetz zur Neuordnung des Gentechnikrechts vom 21. 12. 2004, BGBl. I
    2005 S. 186.
177) Gesetz zur Änderung des Gentechnikgesetzes, zur Änderung des
    EG-Gentechnik-Durchführungsgesetzes und zur Änderung der Neuartige
    Lebensmittel- und Lebensmittelzutaten-Verordnung vom 1. 4. 2008 Artikel
    1, Änderung des Gentechnikgesetzes BGBl. I 2008 S. 499.

비하여 독일에서 유전공학의 연구와 이용을 촉진하는 데 있다.[178)
따라서 그 본질적인 내용은 i) 밀폐시설에서의 연구에 대한 승인절차
의 변경, ii) GM작물생산명령에 의한 우수생산물생산[179)(유전공학법
제16b조)의 명확화 그리고 iii) EU유전공학이행법(EGGenTDurchf
G)[180)에 있어서 새로운 '생명공학제품 미사용(non-GMO)'[181) 표시
등을 들 수 있다.[182)

우선, 밀폐시설에서의 연구에 대한 승인절차의 변경 부분에 관하
여 구체적으로 살펴보면, 안전단계 3과 4의 경우에는 허가,[183) 안전
단계 1과 2의 경우에는 신고[184)라고 규정했던 구 유전공학법 제8조
및 제9조와 비교하여 볼 때, 새로운 규정은 통지[185)라는 제3의 가능
성을 추가하고 있다. 앞으로는 안전단계 1의 GMO를 가지고 작업을

---

178) Gesetzentwurf der Bundesregierung zur Änderung des Gentechnikgesetzes
24. 10. 2007, BT-Drucks. 16/6814 S. 1.

179) Gute fachliche Praxis.

180) Gesetz zur Änderung des Gentechnikgesetzes, zur Änderung des
EG-Gentechnik-Durchführungsgesetzes und zur Änderung der Neuartige
Lebensmittel- und Lebensmittelzutaten-Verordnung vom 1. 4. 2008 Artikel
2, EG-Gentechnik-Durchführungsgesetzes BGBl. I 2008 S. 504.

181) 독일에서는 Ohne Gentechnik(영어로는 Without-Genetech)이라고 표기하고
있다. 함부르크 지역의 소비자보호사무국의 보고에 의하면, 2009년 1월 기준
독일의 소매상에서 16개의 '생명공학제품 미사용(Without-Genetech)' 표시가
부착된 상품이 판매되고 있다고 한다. 더욱이 이 표시가 없는 우유는 55유로
센트에 판매되고 있는 반면, 이 표시가 있는 유제품은 가격 프리미엄이 형성되
어 1리터당 86유로센트에 판매되고 있다. 2009 바이오 안전성백서, 한국바이
오 안전성정보센터, 160면.

182) 상세한 내용은 Helmschrott, DVBl 2009, S. 348ff. 참조.

183) Genehmigung.

184) Anmeldung.

185) Anzeige.

수행하는 시설을 설치하거나 운영하는 경우에는 단지 통지만 하면 된다('시설관련 통지', 유전공학법 제8조 제2항 제1문). 또한 안전단계 2의 계속된 유전공학작업에도 똑같이 통지제도가 적용된다('작업관련 통지', 동법 제9조 제2항). 단순한 통지의무에 의해서 신고의무를 대체하는 것은 절차간소화를 통해 절차를 용이하게 했다고 볼 수 있다.186)

신고절차와 통지절차는 동법 제12조 소정에서 규정하고 있다. 여기에서 구 유전공학법 제12조 제5항 제1문은 시설의 설치 및 운영까지는 신고가 시작된 후에, 안전단계 1의 경우에는 유전공학작업에서 30일의 내기기간,187) 안전단계 2의 경우에는 45일의 대기기간, 그리고 동법 제9조 제2항 제1문에 의한 계속된 작업의 경우에는 30일의 대기기간을 두고 있었다.

신법에 따른 통지절차와 구법에 의한 신고절차 사이의 본질적인 차이점은 이른바 대기기간이 동의188)로서 간주하는가 여부에 있다. 유전공학법 제12조 제5항 제1문에 의하면, 오히려 신고해야 하는 안전단계 2의 유전공학시설의 설치나 운영에 대해서는 아직 45일의 대기기간이 그대로 남아 있다. 새로운 통지절차는 동법 제12조 제5a항에서 규정하고 있는데, 이것은 제1문에서 그런 대기기간을 포기하고 있고, 제2문에서 만약 같은 법 제1조 제1호에 명시된 목적을 보장하

---

186) Vgl. Begr. zu Nr. 9 des Gesetzesentwurfs eines Vierten Gesetzes zur Änderung des Gentechnikgesetzes BT-Drucks. 16/6814 S. 12.

187) Wartefrist.

188) Zustimmungsfiktion.

기 위해 필요하다면, 행정청을 통해 21일의 기한만료까지는 잠정적인 금지 가능성을 도입하고 있다.

둘째로, GM작물생산명령에 의한 우수생산물생산의 명확화 부분을 자세히 고찰하면, 유전공학법 제16b조 제1항 제2문은 우수생산물생산에 관하여 유전공학법률이나 그 명령의 기준설정을 회피할 수 있는 문서상 사적인 협약의 가능성을 도입하고 있다. 이것이 의미하는 바는 예컨대 정해진 최소간격이 제3자에 대해 엄수되는 한, 규정간격은 감축될 수 있다는 것이다.[189]

동법 제16e조는 순전히 명확화 기능을 갖고 있다.[190] 해당 한계가치 이하에 놓여 있기 때문에 GMO로 표시될 필요가 없는 생산물은 동법 제16a조에 의한 입지등록에 알릴 의무도 없고, 동법 제16b조에 의한 유통된 생산물을 취급할 때에도 사전배려의무에서 벗어난다.

우수생산물생산 분야에서만은 유일하게 연방정부 보고서의 통지에 상응하게 되었고,[191] GM작물생산명령을 발령함으로써 동법 제16b조 제6항에서의 수권이 사용되었다.[192]

---

189) Vgl. Begr. zu Nr. 17 des Gesetzesentwurfs eines Vierten Gesetzes zur Änderung des Gentechnikgesetzes BT-Drucks. 16/6814 S. 13.

190) Vgl. Begr. zu Nr. 19 des Gesetzesentwurfs eines Vierten Gesetzes zur Änderung des Gentechnikgesetzes BT-Drucks. 16/6814 S. 13.

191) Eckpunktepapier des Bundesministeriums für Ernährung, Landwirtschaft und Verbraucherschutz (BMELV), 'Die weitere Novellierung des Gentechnikrechts - Eckpunkte für einen fairen Ausgleich der Interessen' vom 28. 2. 2007 Punkt 3.

192) Gentechnik-Pflanzenerzeugungsverordnung(GenTPflEV) vom 7. 4. 2008, BGBl. I 2008 S. 655은 정확히 2008년 재배시즌이 시작하면서 적용된다.

GM작물을 재배하고자 하는 농민은 일정한 정보·제공의무를 지고 있다. 종전과 같이 그런 작물재배는 늦어도 3개월 전에 '소비자보호 및 식품안전을 위한 연방기관'193)에 서면으로 알려야 한다.

GM작물생산명령 제13조에 의하면, 2008년 10월부터 추가로 다음과 같이 통용되고 있다. 즉 마찬가지로 늦어도 파종 3월 전에 이웃에게도 GM작물이 재배되어 무슨 문제가 있을 수 있다는 것에 대해 정보를 제공해야 한다는 것이다(동명령 제3조 제1항 제1문). 그런 다음에 이웃의 운영자는 같은 경작종의 non-GM작물이 계획되어 있는지를 1월 이내에 알려야 한다고 한다(동명령 제3조 제1항 제3문). 그런 후에 GMO재배자는 자기의 재배를 상응하게 적합 시킬 의무기 있다(동명령 제4조). 만약 이웃이 대답하지 않으면, GM작물 재배는 계획된 것처럼 생각될 수 있다(동명령 제3조 제2항).

그 밖에 GM작물을 재배하려는 농민들은 2008년 10월부터 관할 자연보호청에 GM작물 재배와 그 지역에서의 자연보호부담 사이에 저촉이 있을 수 있는지를 문의해야 한다(GM작물생산명령 제5조). GM작물 토지와 추후 이웃이 될 같은 경작종의 땅 사이에서는 장차 일정한 최소간격이 준수되어야 한다.194) 종래에는 단지 옥수수만은 그런 간격이 최소한 150미터, 생태적 옥수수를 심은 토지의 경우에는 심지어 300미터를 계산해야 하는 명령에서 확인되고 있다.195)

---

193) Bundesamt für Verbraucherschutz und Lebensmittelsicherheit.

194) Gentechnik-Pflanzenerzeugungsverordnung(GenTPflEV) vom 7. 4. 2008, BGBl. I 2008 S. 655 참조. Mindestabstände gemäß Anlage zur Verordnung zur guten fachlichen Praxis Nr. 2, S. 658.

195) 격리거리 150미터(유기농산물은 300미터) 내에서 경제적 손실이 있을 경우

셋째로, EU유전공학이행법에 있어서 새로운 non-GMO 표시 부분을 상세히 살펴본다. 종래 non-GMO 표시는 1998년부터 단지 신종식품 및 식품첨가물에 관한 명령(NLV[196])에서만 규정되었다. 이런 표시를 이용하기 위해 충족해야 할 요구사항은 식품의 생산과정뿐만 아니라 이미 산출 이전의 모든 가공단계까지도 확장되었다. 유전공학의 투입을 포괄적으로 배제하기 위해서는, 생산자가 모든 것을 했다는 것을 증명할 수 있었을 때에만, 그 표시를 사용할 수 있었다. 그런 증명이 실제로는 매우 어려웠기 때문에, non-GMO 표시는 거의 사용하지 못하게 되었다.

따라서 개정 목표는 그때까지 이런 표시에 구속되었던 법적 불안정을 제거함으로써 더욱더 실용적인 규정을 두는 것이다. 여기에서는 non-GMO 표시의 사용을 위한 요구사항이 EU유전공학이행법에서 상세히 규정되어 있다(동법 제3a조 및 제3b조).[197]

non-GMO 표시는 전통적으로 생산된 산출물에서뿐만 아니라 유기농 재배에서도 적용된다. 과소한 GMO 혼입은 0.9% 한계치에 도달하지 못하고, 생산자가 여기에서 우연히 기술적으로 불가피한 기

___

GMO재배 농가에 손해배상책임을 물을 수 있다. 이와 관련하여 바이엘 크롭 사이언스사의 제초제내성 미승인 GM유채 종자가 혼입된 사실이 알려진 바가 있고, 이는 기존의 포장재배지 약 1,500헥타르에 파종되었음이 밝혀지기도 하였다. 2008 바이오 안전성백서, 한국바이오 안전성정보센터, 144면.

196) Verordnung für Neuartige Lebensmittel- und Lebensmittelzutaten. Neuartige Lebensmittel- und Lebensmittelzutaten-Verordnung in der Fassung der Bekanntmachung vom 14. 2. 2000, BGBl. 2000 I S. 123; 최근 die Bekanntmachung vom 27. 5. 2008, BGBl. 2008 I S. 919를 통해 개정되었다.

197) 독일은 2008년 5월부터 non-GMO 표시를 식품에 사용할 수 있게 하는 표시제를 시행했다.

재와 관계된다는 것을 입증할 수 있는 한, 두 가지 산출물에서는 표시의무가 없다.

우유나 육류 산출물과 계란 같이 전통적으로 생산된 동물식품에서는, 그것이 non-GMO 사료작물을 먹인 동물로부터 유래한 것이라면, non-GMO 표시를 사용할 필요가 있다. 그에 반해, 동물들이 그 자체로 섭취한, 예컨대 비타민, 아미노산이나 효소 같은 첨가물과 동물의약품은 GMO의 도움으로 생산될 수 있다. 이 경우에는 그렇게 획득한 첨가물도 그리고 그렇게 산출된 의약품도 그 자체 하나의 GMO가 아니다. 이런 규정의 배경으로는, 첨가물의 제조자뿐만 아니라 의약품의 제조자도 법률적으로는 그 생산과정을 개방해 놓을 의무가 없다는 점을 들 수 있다. 만약 첨가물과 동물의약품에 관한 특별 규정이 없다면, non-GMO라벨을 사용하려는 사람들에게는 정보들이 허용되지 않기 때문에, 그 표시는 비실용적이 될 것이다.[198]

물론 동물들은 평생 non-GMO방식으로 사육될 필요는 없다. 단지 non-GMO라벨이 붙은 식품을 획득하기 전 최근 몇 달만 구속적으로 규정되어 있다. 그것은 다음과 같이 개별 동물종마다 상이하다. 즉 고기 생산을 위한 소는 12개월 또는 최소한 자기 생애의 1/4을

---

198) 요약하면, 이 표시제는 주로 축산품에 사용하기 위한 것이었으며, 가축이 도축이나 우유, 달걀을 생산하기 전에 일정 기간(최소 3개월) 동안 GMO사료를 먹지 않아야 한다는 기준을 충족해야 한다. 이러한 기준을 충족시키기 위해 우유 가공업체들은 농민들에게 대두박을 사료로 사용하지 말고, 대신 캐놀라박이나 다른 non-GMO사료를 사용하도록 요구하고 있으며, 농민들과의 계약서에 3개월 이상 GMO사료를 사용하지 않겠다는 내용을 포함시키고 있다. 또한 우유 가공업체는 농민의 책임을 확보하기 위해 독일품질검증기관인 QS와 관리계약을 맺기도 하였다. 그러나 사료첨가물에 GMO를 사용하는 것은 이 표시제에 해당하지 않는다. 2009 바이오 안전성백서, 전게서, 159면.

non-GMO사료를 먹여야 하고, 양이나 염소는 6개월, 돼지는 4개월, 우유를 생산할 수 있는 동물들은 3개월, 고기를 생산하는 조류는 10주, 마지막으로 계란을 생산하는 조류는 6주 등이다.

동물에 출처를 두고 있지 않은 기타 식품들도 non-GMO로서 표시될 필요가 있다. 그러나 첨가물에 관해서는 다른 규정이 적용된다. non-GMO로서 현상금을 건 산출물은, 달리 마음대로 처리할 수 없거나 EU에코명령[199](EG-Öko-Verordnung)에 의한 예외적인 승인이 있는 경우에만, GMO의 도움으로 생산된 첨가물을 포함하기만 하면 된다.

이렇듯 독일 유전공학법을 2008년에 새로 개정하는 이유는 유전공학법의 최상위 목표로서 사전배려원칙, 농민과 소비자의 선택의 자유의 보장 그리고 차별화된 관리형태의 공존에 상응하여,[200] 인간

---

199) Am 1.1. 2009 ist die neue EG-Öko-VO in Kraft getreten. VO(EG) Nr. 834/2007 des Rates vom 28.6.2007 über ökologische/biologische Produktion und die Kenzeichnung von ökologischen/biologischen Erzeugnissen und zur Aufhebung der VO(EWG) Nr. 2092/91.

200) 2005년 개정된 독일 유전공학법의 본질적인 목적 가운데 하나는 GMO를 사용할 때 소비자와 생산자 사이의 공존 및 선택의 자유를 실현함에 있다. 이러한 목적은 유전공학법 제1조 제2호에서 법익으로서 새로 규정되어 있다. 이 규정에 의하면 "생산물, 특히 식품 및 사료는 전통적이거나 생태적으로 또는 GMO 사용에 의해서 생산되고 유통될 수 있는 가능성을 보장해야" 한다는 것이다. 법의 목적으로서 이러한 법익의 확정은 유전공학법에서 유전공학의 위험에 대한 보호의 측면에서 상응하는 규정을 정하고 또한 유전공학법을 해석할 때 그 법익을 참고하는 것을 가능하게 한다. 긍정적으로 평가할 점은 유럽연합환경방출지침 2001/18이 GMO의 위험에 대한 보호의 측면에서 사전배려원칙을 규정하고 있는데, 개정된 유전공학법은 이 규정을 법의 목적에서 다시 반영하고 있는 것이다. 졸고, 전게논문, 공법연구 제34집 제4호 제2권, 453면 이하 참조

과 환경의 보호를 고려하면서 독일에 있어서 유전공학의 연구와 이용을 촉진하는 데 있다.201) 이러한 개정 목표는 2005년 유전공학법이 무엇보다 경제계, 연방하원의 야당 그리고 연방상원에 의해 비판받아 과도한 규제로서 아울러 '유전공학방해법'202)으로서 일컬어진 특별한 배경에서도 바라볼 수 있다.203)

〈참고: 독일 유전공학법의 성립과 발달〉

1. 입법 절차 (Gesetzgebungsverfahren)204)

Vor allem die Aktivitäten der Kommission in Brüssel, der Verlauf der Beratungen in der Enquete-Kommission und das zunehmende Interesse der Öffentlichkeit hatten in der Politik

---

201) Gesetzentwurf der Bundesregierung zur Änderung des Gentechnikgesetzes vom 24. 10. 2007, BT-Drucks. 16/6814 S. 1.

202) Gentechnikverhinderungsgesetz.

203) 인터넷에서는 www.biosicherheit.de/de/archiv/2004/313.doku.html(2004년 11월 26일 현재);
www.bundestag.de/dasparlament/2004/15-16/bundesrat/001.html (2004년 4월 5일 현재) 참조

204) Dargestellt wird nur die Entwicklung in der Bundesrepublik. Zur Lage in der DDR vgl. § 2 IV und § 11 der Dritten Durchführungsbestimmung zum Gesetz zur Verhütung und Bekämpfung übertragbarer Krankheiten beim Menschen v. 15. 11. 1985 (Gesetzblatt der DDR v. 15. 1. 1986, S. 1ff.) und die dort zitierte Richtlinie zur in vitro-Rekombination von genetischem Material. Das Einigungsvertragsgesetz v. 23. 9. 1990 in Verbindung mit dem Einigungsvertrag führt einen neuen § 41a mit Überleitungsvorschriften für danach betriebene Anlagen in das GenTG ein (Anl. I Kap. X Sachgeb. D Abschn. II Nr. 33, BGBl II, 885 [1087]).

die Auffassung gestärkt, dass eine eigenständige, rechtsverbindliche Regelung der Gentechnik geboten war[205]. Schon im Kabinettbeschluss über die letzte Fassung der Genrichtlinien vom Mai 1986 war das damalige Bundesministerium für Jugend, Familie, Frauen und Gesundheit (BMJFFG) damit beauftragt worden, „die Möglichkeiten für die unverzügliche gesetzliche Einführung einer Zulassungspflicht für Genlaboratorien ⋯ und die Notwendigkeit weiterer gesetzlicher Regelungen" zu prüfen. Dabei sollten die Ergebnisse der Enquete-Kommission und die Erfahrungen in anderen Ländern berücksichtigt werden. Der vom BMJFFG vorgelegte Bericht mit „Eckwerten für eine gesetzliche Regelung zur Gentechnik"[206] wird vom Kabinett am 30. 11. 1988 beschlossen und bildet die Grundlage für die nun beginnenden Arbeiten an einem Gesetzentwurf und an mehreren Verordnungen. Ein erster (Referenten-) Entwurf zum Gesetz liegt Ende April 1989 vor, im Juli 1989 wird der offizielle Entwurf der Bundesregierung im Kabinett beschlossen.

Die Beratung des Entwurfs[207] im Bundesrat im August und September 1989 erweist sich als schwierig[208]. In acht Ausschüssen werden rekordverdächtige 253, teilweise allerdings widersprüchliche oder inkonsistente Änderungsanträge beschlosse

---

205) Auch in den Ländern gab es eine klare Tendenz für ein Gentechnikgesetz; vgl. den Entschließungsantrag Baden-Württembergs auf BR-Dr 404/88 und die Darstellung zu seiner Beratung bei Pohlmann, a.a.O, S. 143.

206) Veröffentlicht als BT-Dr 11/3908 v. 25. 1. 1989.

207) Auf Grundlage von BR-Dr 387/89 v. 11. 8. 1989.

208) Vgl. im Einzelnen Wurzel und Merz, BayVBl 1991, BAYVBL Jahr 1991 Seite 1ff.

n[209]. Im Plenum des Bundesrates verständigt man sich vor diesem Hintergrund auf eigene „Eckwerte", die im weiteren Gesetzgebungsverfahren beachtet werden sollen. Sie enthalten Vorgaben für die Intensität der präventiven Prüfverfahren für gentechnische Arbeiten und Anlagen und zur Öffentlichkeitsbeteiligung, und sie fordern grundsätzlich die Zuständigkeit der Länderbehörden für den Gesetzesvollzug sowie die zeitnahe Vorlage der zur Unterfütterung des Gesetzes nötigen Rechtsverordnungen[210].

Die Beratungen im Parlament beginnen mit der ersten Lesung am 15. 11. 1989[211]. Sie stehen unter dem Eindruck einer Entscheidung des VGH Kassel zum Antrag der Firma Hoechst auf Genehmigung einer Anlage zur Herstellung von Humaninsulin durch gentechnisch veränderte Bakterien[212]. Darin erklärt der VGH, unter Berufung auf den Kalkar-Beschluss des BVerfG zur Kernenergie, gentechnische Anlagen für genehmigungsbedürftig, aber, solange es an einer ausreichenden gesetzlichen Regelung fehle, nicht genehmigungsfähig. Diese Ansicht wird zwar in der Literatur nahezu einhellig abgelehnt[213], und auch die Bundesregierung weist sie bei der ersten Lesung im Parlament zurück[214]. Gleichwohl setzt die vom

---

209) „Strichdrucksache" BR-Dr 387/1/89 v. 12. 9. 1989.

210) Zur Stellungnahme des Bundesrates und zur Gegenäußerung der BReg. BT-Dr 11/5622 v. 9. 11. 1989.

211) Plenarprotokoll 11/175.

212) Beschluss des VGH Kassel v. 6. 11. 1989, NJW 1990, 336; NVwZ 1990, 276.

213) Vgl. u.a. Sendler, NVwZ 1990, 231, Hirsch, NJW 1990, 1445, und Rose, DVBl 1990, 279.

214) Plenarprotokoll 11/175, S. 13271.

VGH erzeugte Verunsicherung das Verfahren unter zusätzlichen Zeitdruck. Anstatt, wie in Art. 8 des Entwurfs vorgesehen, zum Jahresbeginn 1991, soll nun das Inkrafttreten des Gesetzes für Mitte 1990 angestrebt werden. In parallelen Arbeitsgruppen wird die Vorbereitung der wichtigsten Verordnungen zum Gentechnikrecht vorangetrieben.

Unter der Eilbedürftigkeit sollte die Qualität des Verfahrens möglichst nicht leiden. Der federführende Gesundheitsausschuss des Bundestages setzt einen Unterausschuss Gentechnikgesetz ein und führt eine dreitägige öffentliche Anhörung durch. Er schließt seine Beratungen in einer Sondersitzung am 26. 3. 1990 ab. Nach der zweiten und dritten Lesung im Plenum am 29.3. wird das Gesetz mit den Stimmen der Koalition aus CDU/CSU und FDP in der Fassung der Beschlussempfehlung des federführenden Ausschusses angenommen[215]. Der Bundesrat lehnt in seiner Sitzung am 11. 5. 1990 einen Antrag der SPD-geführten Länder auf Anrufung des Vermittlungsausschusses ab und stimmt dem Gesetz mit der Mehrheit der unionsgeführten Länder zu[216]. Im Herbst des Jahres 1990 wird das nationale System des Gentechnikrechts mit dem Erlass der wichtigsten Verordnungen vorläufig komplettiert[217].

---

215) Zu Inhalt und Verfahren vgl. Beschlussempfehlung und Bericht des Ausschusses auf BT-Dr 11/6778 v. 27. 3. 1990 sowie das Plenarprotokoll 11/204.

216) Plenarprotokoll 612.

217) Gentechnik-Aufzeichnungsverordnung (GenTAufzV),
Gentechnik-Sicherheitsverordnung (GenTSV),
Gentechnik-Anhörungsverordnung (GenTAnhV) und
Gentechnik-Verfahrensverordnung (GenTVfV), alle v. 24. 10. 1990, BGBl

Geregelt werden gentechnische Anlagen und die dort durchgeführten gentechnischen Arbeiten zu Forschungs- und Produktionszwecken, die (experimentelle) Freisetzung gentechnisch veränderter Organismen (GVO) und das Inverkehrbringen von Produkten, die GVO sind oder aus ihnen bestehen. Die Anwendung der Gentechnik am Menschen ist nicht erfasst. Schutzzweck ist primär der Schutz der menschlichen Gesundheit und der Umwelt; zugleich soll der rechtliche Rahmen für die Entwicklung und Nutzung der Gentechnik gesetzt werden. Grundsätzlich unterliegt die Gentechnik für jeden Einzelfall präventiver behördlicher Kontrolle. Die Intensität der Kontrollverfahren variiert je nach dem mit der Aktivität verbundenen Risiko. Die Risiken für Mensch und Umwelt sind wissenschaftlich zu bewerten. Wo sie fehlen oder vertretbar sind, besteht ein Anspruch auf Genehmigung. Die wissenschaftliche Expertise in den zuständigen Behörden des Bundes und der Länder wird durch die Zentrale Kommission für die Biologische Sicherheit (ZKBS) unterstützt. Die Einhaltung der Regelungen und behördlichen Entscheidungen wird überwacht. Für Verstöße sind Strafen und Bußgelder angedroht. Für den Fall, dass trotz aller Vorkehrungen infolge der Gentechnik Schäden bei Menschen oder der Natur oder Landschaft entstehen, ist eine verschuldensunabhängige Haftung vorgesehen.

I, 2338; ZKBS-Verordnung v. 30. 10. 1990, BGBl I, 2418. Es folgen die Bundeskostenverordnung zum Gentechnikgesetz v. 9. 10. 1991 (BGBl I, 1972), die Gentechnik-Beteiligungsverordnung v. 17. 5. 1995 (BGBl I, 734) und die Gentechnik-Notfallverordnung v. 10. 12. 1997 (BGBl I, 2882).

2. 유전공학법의 발달

(1) 규제 완화(Deregulierung)

Um die durch den Beschluss des VGH Kassel entstandenen Irritationen schnell zu beenden, waren in der Schlussphase der Beratungen Einwände zum Gesetz, die es insbesondere in der Forschung, aber auch in der Politik, immer noch gab, zurückgestellt worden. Mit Inkrafttreten des Gesetzes aber treten die Kritiker erneut auf den Plan, wohl auch teilweise provoziert durch Unsicherheiten beim Vollzug durch die Länder, die anfänglich auf die ihnen neu zugefallene Aufgabe zum Teil nicht ausreichend vorbereitet erscheinen.

Im Anschluss an die Beratung des Berichts der Enquete-Kommission „Chancen und Risiken der Gentechnologie" hatte der Bundestag die Bundesregierung aufgefordert, bis Ende 1990 über die Umsetzung der Empfehlungen zu berichten. Diesem Auftrag entspricht die Bundesregierung im Dezember 1990 mit einer „Unterrichtung" auf BT-Dr 11/8520. Deren Beratung bietet das Forum für Kritik am jungen Gentechnikrecht. Gehör finden vor allem jene aus Forschung und Industrie, die, vor allem bei einer Anhörung vor dem federführenden Ausschuss für Forschung, Technologie und Technikfolgenabschätzung am 12. 2. 1992, zu strenge Anforderungen für einfache gentechnische Arbeiten, überzogene Bürokratie und insgesamt Gefahren für den Forschungs- und Industriestandort Deutschland beklagen. Die Beratungen münden in einen Beschluss des Bundestages, das Gentechnikrecht „umgehend" zu novellieren. In dreizehn Einzelpunkten wird die (deregulierende) Richtung vorgegeben.

Da einige der Forderungen den Rahmen des geltenden EG-Rechts sprengen, soll die Bundesregierung parallel eine Änderung dieses Rechts herbeiführen[218]. In der Debatte über den Bericht findet das breite Zustimmung[219].

Arbeiten zur Novellierung des Gentechnikrechts sind zu diesem Zeitpunkt im federführenden Gesundheitsministerium bereits aufgenommen. Die angestrebten Änderungen sollen insbesondere

- deregulierende, entbürokratisierende Tendenz haben, insbesondere bei den häufigsten gentechnischen Arbeiten im geschlossenen System,

- sich im Rahmen des vorgegebenen EG-Rechts halten und, wo nötig, das GenTG an EG-Recht anpassen[220] sowie

- Zweifelsfragen zur Anwendung des neuen Rechts klären[221]. Im Mai 1993 legt die Bundesregierung ihren „Entwurf eines Ersten Gesetzes zur Änderung des Gentechnikgesetzes" vor[222].

---

218) Außerdem wird die Bundesregierung aufgefordert, „im dreijährigen Turnus" über die Erfahrungen mit dem Gentechnikrecht zu berichten.

219) Beschlussempfehlung und Bericht auf BT-Dr 12/3658 v. 6. 11. 1992; Plenarprotokoll 12/120, S. 10139ff.

220) Die Kommission der EG bereitete ein Vertragsverletzungsverfahren wegen fehlerhafter Umsetzung der Richtlinien vor; vgl. Jarass, NuR 1991, 49ff.; Graf Vitzthum, ZG 1994, 238 m.w. Nachw.

221) Grundlage insoweit war insbesondere die Arbeit des Länderausschusses Gentechnik, in dem die Länder ihre Aktivitäten zum Gentechnikrecht koordinieren.

222) BR-Dr 357/93 v. 28. 5. 1993.

Parallel dazu bringen die Koalitionsfraktionen CDU/CSU und FDP den Entwurf im Bundestag ein[223]. Nach kontroverser Debatte im Parlament und im Bundesrat[224] stimmen schließlich der Bundestag am 25. November[225] und der Bundesrat am 26. 11. 1993[226] dem Gesetz mit im Vermittlungsausschuss beschlossenen Änderungen zu. Das Änderungsgesetz und eine Neufassung des Gentechnikgesetzes werden im Bundesgesetzblatt vom 21. 12. 1993 veröffentlich t[227]. Auch die wichtigsten Verordnungen werden mit dem hauptsächlichen Ziel der Verfahrensvereinfachung geändert und neu bekannt gemacht[228]. Nun sind die Verfahren zu gentechnischen Arbeiten vereinfacht und beschleunigt, Aufzeichnungspflichten reduziert, die Organismenlisten aus der GenTSV herausgelöst und damit einfacher und schneller zu aktualisieren. Die Beteiligung der Öffentlichkeit ist reduziert und findet nur noch im schriftlichen Verfahren statt.

(2) 적록연정시기(Rot-Grünen Koalition)

Im Oktober 1998 wird Gerhard Schröder zum Bundeskanzler gewählt. Unter der neuen Regierung aus SPD und Grünen

---

223) BT-Dr 12/5145 v. 16. 6. 1993.

224) Einschließlich Anrufung des Vermittlungsausschusses, vgl. BR-Dr 720/93 (Beschluss) v. 5. 11. 1993.

225) Plenarprotokoll 12/193, S. 16681.

226) Plenarprotokoll 663, S. 563.

227) BGBl I, 2059 (2066).

228) GenTSV, BGBl I 1995, 297; GenTAufzV, GenTAnhV und GenTVfV, BGBl I 1996, 1642ff.

gewinnt von Beginn an die eher kritische Haltung der Grünen gegenüber der Gentechnik an Einfluss[229]. Gesundheitsministerin und damit für die Gentechnik federführend zuständig ist zunächst Andrea Fischer von den Grünen. Nach ihrem Rücktritt im Januar 2001 signalisiert Renate Künast, ebenfalls von den Grünen, mit einem „Diskurs Grüne Gentechnik"[230] ihr Interesse am Thema. Ihrem Verbraucherschutz-Ministerium wird nach der Wahl zum 15. Bundestag im Herbst 2002 mit Organisationserlass vom 22. 10. 2002 die Zuständigkeit für das Gentechnikrecht übertragen[231].

Die Arbeiten am Gentechnikrecht konzentrieren sich zunächst auf die Umsetzung neuen EG-Rechts. Die Systemrichtlinie war im Oktober 1998 durch die Richtlinie 98/81/EG geändert worden[232], überwiegend mit deregulierender Tendenz. Bis zum Juni 2001 war sie in nationales Recht umzusetzen. Nach sehr intensiven Verhandlungen, mit Beschlussfassung über einen Gemeinsamen Standpunkt während der deutschen Ratspräsidentschaft im ersten Halbjahr 1999, war schließlich die alte Freisetzungsrichtlinie durch die neue Richtlinie 2001/18/EG abgelöst worden[233]. Sie war von den

---

229) Parallel geraten in der SPD jene in die Defensive, die der Gentechnik offen gegenüberstehen.

230) Eröffnung im Dezember 2001, Abschluss im September 2002.

231) Soweit der Bund für den Vollzug zuständig ist, wird diese Aufgabe mit Art. ZUSTANPGMIN Artikel 1 des Zuständigkeitsanpassungs-Gesetzes vom 22. 3. 2004 (BGBl I, 454) vom Robert Koch-Institut auf das neu errichtete Bundesamt für Verbraucherschutz und Lebensmittelsicherheit (BVL) übertragen.

232) ABlEG Nr. L 330 v. 3. 12. 1998, S. 13ff.

233) ABlEG Nr. L 106 v. 17. 4. 2001, S. 1ff. Zum Beratungsverlauf und den

Mitgliedstaaten bis zum Oktober 2002 umzusetzen.

Anders als bei der Systemrichtlinie bringt die Änderung der Freisetzungsrichtlinie keine Deregulierung, sondern überwiegend eine Verschärfung der Regelungen. Zu erklären ist das einmal mit den bei Freisetzungen und beim Inverkehrbringen von Produkten mit GVO im Vergleich zu gentechnischen Arbeiten damals noch begrenzten Erfahrungen. Aber auch die in Europa kritische Haltung der Öffentlichkeit zur Gentechnik in der Lebensmittelkette sowie Wettbewerbsgesichtspunkte waren wohl nicht ohne Einfluss auf den Beratungsverlauf. Zudem verfolgt Deutschland nach dem Regierungswechsel den Deregulierungskurs nicht weiter.

Am Ende sind folgende wesentliche Änderungen zu bilanzieren:

- Das Vorsorgeprinzip wird im allgemeinen Teil der Richtlinie verankert.

- Präzisere Anhänge konkretisieren die Grundprinzipien der Risikobewertung, mit dem Ziel verbesserter Harmonisierung unter den Mitgliedstaaten.

- Die Genehmigung für das erstmalige Inverkehrbringen wird auf zehn Jahre befristet.
- Genehmigte Produkte sind grundsätzlich auf ihre Auswirkungen

---

wichtigsten Diskussionspunkten beider Richtlinienänderungen vgl. Schubert, Gesellschaftspolitische Kommentare 12/1998, 32ff. Mittlerweile ist auch die Systemrichtlinie als Richtlinie 2009/41/EG v. 6. 5. 2009 im ABlEU Nr. L 125 v. 21. 5. 2009, S. 75ff., neu bekannt gemacht.

hin zu beobachten („Monitoring").

- Mit dem Ziel verbesserter Transparenz für die Verbraucher werden Kennzeichnungsregeln eingeführt und Schwellenwerte vorgesehen.

Im letzten Beratungsstadium wird noch ein Standortregister über den Anbau gentechnisch veränderter Nutzpflanzen in der Richtlinie verankert. Komplettiert werden die Änderungen schließlich durch einen neuen Artikel zur so genannten Koexistenz, der mit der Verordnung über genetisch veränderte Lebensmittel und Futtermittel in die Freisetzungsrichtlinie eingeführt wird[234].

Diese Verordnung trifft Regelungen zum Inverkehrbringen von Lebens- und Futtermitteln, die GVO enthalten oder mit Hilfe der Gentechnik hergestellt wurden[235]. Sie gehen den Regelungen der Freisetzungsrichtlinie über das Inverkehrbringen vor und schließen insoweit an eine Entwicklung zu speziellen Produktregelungen an, die im Arzneimittelbereich begonnen hatte[236]. Zum Kern des EG-Regelwerks gehören außerdem die Verordnung (EG) Nr. 1830/2003 vom 22. 9. 2003[237] über

---

234) Verordnung (EG) Nr. 1829/2003 v. 22. 9. 2003, ABlEU Nr. L 268 v. 18. 10. 2003, S. 1ff., dort Art. 43 Nr. 2.

235) Einzelheiten in Art. 3 bzw. Art. 15 der Verordnung.

236) Verordnung (EWG) Nr. 2309/93, ABlEG Nr. L 214 v. 24. 8. 1993, S. 1; jetzt Verordnung (EG) Nr. 726/2004, ABlEU Nr. L 136 v. 30. 4. 2004, S. 1. Art. EWG_VO_1829_2003 Artikel 12 der Freisetzungsrichtlinie verlangt die Einhaltung ihrer Sicherheitsstandards auch von diesen sektoralen Regelungen.

237) ABlEU Nr. L 268 v. 18. 10. 2003, S. 24.

Rückverfolgbarkeit und Kennzeichnung von GVO-Produkten und die Verordnung (EG) Nr. 1946/2003 über grenzüberschreitende Verbringungen von GVO[238], mit der Verpflichtungen aus dem so genannten Biosicherheitsprotokoll in EG-Recht umgesetzt werden[239]. Anders als die zur Gentechnik ergangenen Richtlinien gelten die materiellen Regelungen der Verordnungen in den Mitgliedstaaten grundsätzlich unmittelbar, ohne Umsetzung. Die Zuweisung der nationalen Zuständigkeiten sowie die Festlegung von Bußgeld- und Strafsanktionen erfolgt durch das EG-Gentechnik-Durchführungsgesetz vom 22. 6. 2004[240].

Deutschland tut sich mit der Übernahme des geänderten EG-Rechts in die nationale Rechtsordnung schwer. Nach mehreren Anläufen werden schließlich, auch unter dem Druck eines anhängigen Vertragsverletzungsverfahrens wegen nicht rechtzeitiger Umsetzung der Systemrichtlinie, mit dem Zweiten Gesetz zur Änderung des Gentechnikgesetzes vom 16. 8. 2002[241] zunächst die deregulierenden Änderungen der Systemrichtlinie übernommen. Der von der Richtlinie eröffnete Spielraum wird dabei nicht voll ausgeschöpft. Vor allem dem Ziel der Umsetzung der Freisetzungsrichtlinie

---

238) ABlEU Nr. L 287 v. 5. 11. 2003, S. 1. Zu den EG-Verordnungen Schubert, Gentechnik und Recht, 2003, 47.

239) Gesetz zu dem Protokoll von Cartagena v. 29. 1. 2000 über die biologische Sicherheit v. 28. 10. 2003, BGBl II, 1506.

240) BGBl I, 1244.

241) BGBl I v. 23. 8. 2002, S. 3220; zugleich erfolgen in den Art. GENTVFV90 Artikel 2, GENTVFV90 Artikel 3 und GENTVFV90 Artikel 5 umfangreiche Änderungen der GenTVfV, der GenTSV und der GenTAufzV.

dient der im Februar 2004 vorgelegte Entwurf eines Gesetzes zur Neuordnung des Gentechnikrechts (GNG)[242]. An der Art der Umsetzung des EG-Rechts (z. B. Aufforderung zur „Berücksichtigung ethischer Werte" in § 1 Nr. 1, Regelungen zum Monitoring in § 15 III 3 Nr. 5a und § 16c und zum Bericht über sein Ergebnis in § 21 IVa; Einrichtung eines detaillierten Registers über die GVO-Anbauflächen in § 16a; Kennzeichnungsregelungen in § 17b) und an den zusätzlichen, nicht vom neuen EG-Recht gebotenen Änderungen spürt man den im Titel der Novelle signalisierten Anspruch auf eine Trendwende. Besonders augenfällig wird das an der Konkretisierung des Haftungsrechts durch einen neuen § 36 a[243] und an ausführlichen Regelungen zur Kocxistcnz.

Die Koexistenz, das Nebeneinander unterschiedlicher Formen der Landwirtschaft, auch derjenigen, die GVO nutzt, wird als neuer Zweck in § 1 GenTG aufgenommen. Der Erreichung dieses Zwecks sollen neben den erwähnten neuen Haftungsvorschriften vor allem Regelungen zum „Umgang" mit zugelassenen Produkten dienen (§ 16b). Beim Umgang mit Pflanzen und Tieren ist die „gute fachliche Praxis" einzuhalten, die allgemein in § 16b III definiert ist und in Verordnungen nach Absatz 6 konkretisiert werden kann.

Damit wird für das Gentechnikrecht wenn nicht ein Paradigmenwechsel, so doch eine Paradigmenerweiterung

---

242) BR-Dr 131/04 v. 20. 2. 2004; BT-Dr 15/3088 v. 5. 5. 2004.
243) Dazu Kohler, NuR 2005, 566; Arnold, NuR 2006, 15, und Rehbinder, NuR 2007, 115.

vollzogen. Neben den bislang dominierenden Schutz der menschlichen Gesundheit und der Umwelt tritt eine an sozio-ökonomischen Kriterien orientierte Betrachtungsweise.

Der von der Union dominierte Bundesrat hatte seine Position vorab in einer tendenziell gentechnikfreundlichen Entschließung festgelegt[244] und fordert zahlreiche Änderungen, auch zur Substanz des Entwurfs[245]. Angesichts dieses Widerstandes beschließt die Koalition, den Entwurf so umzugestalten, dass er der Zustimmung der Länder nicht bedarf. Bei der weiteren Beratung in den Ausschüssen des Parlaments wird dieses Vorhaben umgesetzt[246]. Der Bundesrat beschließt zwar in seiner Sitzung vom 9. 7. 2004, „mit dem Ziel einer grundlegenden Überarbeitung des Gesetzes" den Vermittlungsausschuss anzurufen[247], und als das Vermittlungsverfahren scheitert, legt er in der Sitzung am 5. 11. 2004 Einspruch ein. Am 26.11. weist der Bundestag aber den Einspruch mit der so genannten Kanzlermehrheit zurück[248]. Das GNG vom 21.12. wird am 3. 2. 2005 verkündet[249] und tritt am darauf folgenden Tag in Kraft.

Zu diesem Zeitpunkt haben die Koalitionsfraktionen bereits ein „Zweites GNG" auf den Weg gebracht[250]. Mit ihm sollen jene Punkte realisiert werden, auf die im zustimmungsfreien

---

244) BR-Dr 310/03 (Beschluss) v. 23. 5. 2003.

245) Vgl. Stellungnahme des Bundesrates auf BT-Dr 15/3088, S. 33.

246) Beschlussempfehlung und Bericht auf BT-Dr 15/3344, insb. S. 38.

247) BR-Dr 487/04 (Beschluss).

248) Plenarprotokoll 15/143.

249) BGBl I, 186.

250) BT-Dr 15/4834 v. 15. 2. 2005.

GNG hatte verzichtet werden müssen. Auch unter dem Eindruck des bereits fortgeschrittenen Vertragsverletzungsverfahrens wegen nicht erfolgter Umsetzung der Freisetzungsrichtlinie[251] werden die Beratungen im Parlament zügig geführt und schon am 18. März mit der zweiten und dritten Lesung abgeschlossen[252]. Im Bundesrat aber bestätigt die von der Union dominierte Mehrheit in einer Entschließung vom gleichen Tag ihre schon zum GNG gefasste ablehnende Haltung[253]. Die Länder rufen den Vermittlungsausschuss an[254]. Dort kann eine Einigung nicht erreicht werden. Nach Vertagung in mehreren Sitzungen fällt der Gesetzentwurf durch die vorgezogene Wahl zum 16. Bundestag im Herbst 2005 dem Grundsatz der Diskontinuität anheim.

(3) 2005년 이후 개정

Die neue Koalition aus CDU, CSU und SPD erbt von ihrer Vorgängerin den Zeitdruck aus dem Vertragsverletzungsverfahren wegen nicht erfolgter Umsetzung der Freisetzungsrichtlinie. Verstärkt wird dieser Druck durch ein Schreiben der EG-Kommission vom 19. 12. 2005, in dem die Festsetzung eines Zwangsgeldes für den Fall angedroht wird, dass die Umsetzung nicht innerhalb von zwei Monaten erfolgt. Vor diesem Hintergrund werden Überlegungen zur grundlegenden Überarbeitung des GenTG zu Gunsten einer inhaltlich vor

---

251) Erstverurteilung durch den EuGH (C-420/03) v. 15. 7. 2004 (BeckRS 2004, 76450); es droht ein Zwangsgeld.

252) Plenarprotokoll 15/167.

253) BR-Dr 153/05 (Beschluss).

254) BR-Dr 189/05 (Beschluss).

allem auf die Richtlinienumsetzung begrenzten Eilnovelle zurückgestellt. Die Beratungen über den von den Koalitionsfraktionen eingebrachten Entwurf des „Dritten Gesetzes zur Änderung des Gentechnikgesetzes"[255] werden in Parlament und Bundesrat schnell abgeschlossen[256]. Das Gesetz vom 17. 3. 2006[257] tritt am 23. März in Kraft. Vom selben Tag datiert die „Verordnung zur Änderung gentechnikrechtlicher Vorschriften"[258], mit der die Gentechnik-Verfahrensverordnung und die Gentechnik-Beteiligungsverordnung den Erfordernissen der neuen Freisetzungsrichtlinie angeglichen werden.

Damit ist das Zwangsgeld zwar abgewendet; die insbesondere von den Ländern geforderte Trendwende hin zur Deregulierung steht aber weiter aus. Noch bei der Zustimmung zum Dritten Änderungsgesetz hatte der Bundesrat in einer Entschließung gefordert, das Gesetz zeitnah in einer weiteren Novelle „auf der Basis des Bundesratsbeschlusses vom 29. April 2005 ··· grundlegend zu überarbeiten". Der Beschluss[259] zielte u.a. darauf,

- als sicher eingestufte Mikroorganismen aus dem Anwendungsbereich des Gesetzes zu entlassen und bei gentechnischen Arbeiten die von der Systemrichtlinie

---

255) BT-Dr 16/430 v. 24. 1. 2006.

256) Zweite und dritte Lesung im Bundestag am 16. 2. 2006, Plenarprotokoll 16/19, S. 1438ff, und Plenum des Bundesrates am 10. 3. 2006, Plenarprotokoll 820, S. 62.

257) BGBl I, 534.

258) BGBl I v. 30. 3. 2006, 565.

259) BR-Dr 189/05 (Beschluss).

geforderten Mindeststandards nicht zu überschreiten,

- die vereinfachten Freisetzungsverfahren abzusichern,

- bei Auskreuzungen aus genehmigten Freisetzungen die Erforderlichkeit einer Inverkehrbringensgenehmigung zu vermeiden und

- die Lastenverteilung bei den Regeln zur guten fachlichen Praxis (Koexistenz) und bei den Haftungsvorschriften zu Gunsten der grünen Gentechnik zu ändern.

Außerdem sollte der Zugang zu den Informationen des Standortregisters aus Sorge vor Sabotageakten begrenzt werden. Der zwischen CDU, CSU und SPD geschlossene Koalitionsvertrag, demzufolge die Regelungen zur Bio- und Gentechnik „so ausgestaltet werden (sollten), dass sie Forschung und Anwendung in Deutschland fördern", stand dazu jedenfalls nicht in Widerspruch.

Schon bald zeigt sich aber, dass die von manchen erwartete Wende jedenfalls für die Gentechnik in der Lebensmittelkette ausbleiben wird. Der neue Landwirtschaftsminister Seehofer, innerhalb der Bundesregierung federführend zuständig für Regelungen zur Gentechnik, äußert sich zurückhaltend zum großflächigen Anbau von genveränderten Pflanzen und denkt zunächst an ein „Gespräch mit allen Betroffenen"[260]. Markus Söder, damals Generalsekretär der CSU, spricht sich in

---

260) FAZ v. 26. 1. 2006; vgl. auch SPIEGEL ONLINE v. 12. 1. 2006.

einem Beitrag für die Potsdamer Neuesten Nachrichten[261]), auch unter Berufung auf ethische Grenzen und die Pflicht zur Bewahrung der Schöpfung, für ein fünfjähriges Moratorium bei der Gentechnik in der Landwirtschaft aus. Andererseits sind wichtige Fürsprecher der Gentechnik in der CDU im neuen Bundestag nicht mehr vertreten; die Wortführer zur Gentechnik in der SPD stehen der grünen Gentechnik eher kritisch gegenüber.

Die weitere politische Diskussion wird zunächst auf der Grundlage eines Papiers über „Eckpunkte für einen fairen Ausgleich der Interessen" geführt, das schließlich am 28. 2. 2007 im Kabinett beschlossen wird[262]). Es gibt die Richtung vor für die Arbeiten an der Novelle zum GenTG und am Entwurf der Gentechnik-Pflanzenerzeugungsverordnung (GenTPflEV). Ziel soll sein,

  - die Forschung voranzubringen (zur Pflanzenbiotechnologie vor allem die Sicherheitsforschung),

  - Verfahren pragmatisch zu gestalten, vor allem in gentechnischen Anlagen,

  - die gute fachliche Praxis im Umgang mit gentechnisch veränderten Pflanzen zu definieren,
  - Transparenz zu sichern,

---

261) Vom 16. 6. 2006.

262) Abgedr. als Anlage zur Stellungnahme der Bundesregierung „zur Drucksache 108/06 (Beschluss)" v. 27. 3. 2007.

- die Haftungsregelungen zu präzisieren und

- den Naturschutz zu gewährleisten.

Der aus den Eckpunkten entwickelte Entwurf wird nach intensiver Diskussion im Ressortkreis am 8. 8. 2007 vom Kabinett beschlossen[263]. Er sieht für gentechnische Anlagen und Arbeiten in ihnen Verfahrenserleichterungen bis an die Grenze des EG-rechtlich Zulässigen vor, lässt aber die vom GNG in das Gesetz eingeführten Regelungen zur Koexistenz, Haftung und guten fachlichen Praxis grundsätzlich unangetastet. In seiner Stellungnahme lehnt der Bundesrat die deregulierenden Vorschriften bei Laborarbeiten überwiegend ab und bemüht sich tendenziell um Erleichterungen für die grüne Gentechnik[264]. Das Parlament folgt jedoch der Linie des Regierungsentwurfs. Auf Antrag der Koalitionsfraktionen wird die Novelle aber um eine Neuregelung zur Kennzeichnung „ohne Gentechnik" erweitert. Die bisher sehr strengen Bestimmungen dazu in der „Neuartige Lebensmittel- und Lebensmittelzutaten-Verordnung" werden durch weichere im EG-Gentechnik-Durchführungsgesetz ersetzt[265]. Am 25. 1. 2008 wird der Entwurf unter der neuen Bezeichnung „Gesetz zur Änderung des Gentechnikgesetzes, zur Änderung des EG-Gentechnik-Durchführungsgesetzes und zur Änderung der Neuartige Lebensmittel- und Lebensmittelzutaten-Verordnung"

---

263) Als „Entwurf eines Vierten Gesetzes zur Änderung des Gentechnikgesetzes", BR-Dr 535/07 v. 10. 8. 2007.

264) Entwurf mit Stellungnahme des Bundesrates und Gegenäußerung der BReg. auf BT-Dr 16/6814 v. 24. 10. 2007.

265) Neue Art. 2 und 3 des Entwurfs; vgl. BT-Dr 16/7868 v. 23. 1. 2008.

in zweiter und dritter Lesung angenommen. Der Bundesrat verzichtet auf die Anrufung des Vermittlungsausschusses und beschränkt sich auf eine Entschließung zur Kennzeichnung „ohne Gentechnik"[266]. Damit ist die vorläufig letzte große Novellierung des GenTG abgeschlossen[267]. Mit dem Erlass der „Verordnung über die gute fachliche Praxis bei der Erzeugung gentechnisch veränderter Pflanzen" (GenTPflEV) wenige Tage später[268] ist das aktuelle Regelungssystem zur Gentechnik komplett.

III. 최근 유전공학법의 기본적 특색

1. 규정 체계(Regelungssystem)

독일 유전공학법이 20년 동안 발전하면서 복잡한 규정체계가 형성되었다. 독일의 경우, 우선 국내규정과 유럽규정이 네트워크화되어 있다.[269]

그 핵심은 여전히 유전공학법(GenTG)인데, 그 사이 새로운 명령(Verordnung)에 의해 보충되고 있다. 법 규정에 관한 해석은 법원

---

266) 841. Sitzung v. 15. 2. 2008, BR-Dr 52/08 (Beschluss).

267) Gesetz v. 1. 4. 2008, BGBl I, 499; letzte Änderung in § 22 III durch Art. 12 des Gesetzes v. 29. 7. 2009 zur Änderung des BNatSchG, BGBl I, 2542 (2575).

268) Verordnung v. 7. 4. 2008, BGBl I, 655.

269) Schubert, NVwZ 2010, S. 875f. 참조

이외에도, 무엇보다 '바이오 안전성 중앙위원회'(ZKBS[270])) 및 '연방 및 주 유전공학협의체'(LAG[271]))의 위원회에 의해서 행해지고 있다.[272]

국내법은 한편으로, 유전공학기술에 관한 유럽법에 근거하는데, 그것은 전술한 밀폐시스템에서의 유전공학작업에 관한 지침과 환경방출지침에 규정되어 있다. 다른 한편으로, 그것은 특히 GMO로 구성된 생산물의 유통과 관련하여, 국내이행의 필요성이 없는 EU법을 통해 보충된다. EU법도 구체화 된 규정들이 수없이 많다.[273]

2000년 1월 오랜 협상 끝에 '생물다양성협약에 관한 바이오 안전성 카르타헤나 의정서'[274]가 체결되었다. 그 의정서는 특히 GMO의 국경을 넘는 거래를 규정하고 있다. 독일은 그 의정서에 가입하고 있다.[275]

---

270) Zentrale Kommission für die Biologische Sicherheit(ZKBS).

271) Bund/Länder-Arbeitsgemeinschaft Gentechnik (LAG).

272) Beschlüsse der LAG unter www.lag-gentechnik.de; Beschlüsse der ZKBS im Bundesanzeiger und auf der Seite des BVL.

273) 모든 관련규정들은 최근 개정판에서 수집되고 있다: Schubert und Zeitler, Bio- und Gentechnik, ein Ordner, Erich Schmidt Verlag; Eberbach/Lange/Ronellenfitsch (Hrsg.), Recht der Gentechnik und Biomedizin, C.F. Müller, sechs Ordner, auch mit Gerichts- und Zulassungsentscheidungen.

274) 'Protokoll von Cartagena über die biologische Sicherheit zum Übereinkommen über die biologische Vielfalt'

275) Vertragsgesetz v. 28. 10. 2003, BGBl II, 1506.

2. 유전공학법의 기본원리

다양성은 자연의 본질에 속한다. 유전공학기술이 자연과 관련되기 때문에, 유전공학기술과 관련된 규정들은 - 자연에 따라 - 이러한 다양성을 반영해야 한다. 그럼에도 불구하고 독일 국내법과 EU법이 공동으로 갖고 있는, 유전공학법의 몇몇 기본원리를 간명하게 표현할 수 있다.[276)]

(1) 안전 프로그램(Sicherheitskonzept)

유전공학기술을 안전하게 취급한다는 것은 그 잠재적인 리스크를 정확하게 판단하는 것과 그들에게 적절한 안전조치를 구현하는 것이 요구된다. 그것은 필요한 전문 기술과 신뢰성 및 필요한 시설을 갖추고 있는 운영자의 일차적인 임무이자 책임이다. 유전공학법은 사전배려(예방)의 관점에서, 특히 행정기관이 예방적으로 통제하고 과학적 전문기술을 제공함으로써 이러한 안전 프로그램을 뒷받침해주고 있다.

(2) 개별사례 결정(Einzelfallentscheidung)

유전공학작업과 그것으로부터 생긴 GMO는 인간과 그 환경에 대한 리스크와 결합될 수 있으나, 서로 결합해서는 안 된다. 투입된 생

---

276) 여기에서 제시된 목록이 전부는 아니다. 특히 공공참여의 절차투명성 원칙과 소비자의 선택자유원칙도 언급될 수 있다.

물체와 사용된 유전물질에 따라서는 그 리스크가 높거나 낮을 수 있다. 수많은 유전공학작업은 정의에 따라 "인체의 건강과 환경에 대한 리스크에 근거하지 않을 수 있는[277]" 가장 낮은 안전단계에 해당할 수 있다(유전공학법 제7조 제1항 제1호). 그 때문에 리스크는 개별사례마다 판단해야 하는 것이다. 일괄적으로 싸잡아서 판단하는 것은 적절하지 않다.

(3) 절차 세분화(Verfahrensdifferenzierung)

단일한 표준절차는 리스크의 광범위한 스펙트럼에 알맞지 않다. 그 때문에 행정기관의 예방적 통제수단은 환경방출이나 유통에서의 통상적인 경우에 행하는 '허가유보 하에 엄격히 금지[278]'하는 것에서부터 유전공학시설에서 작업을 즉시 시작할 수 있도록 '단순히 신고[279]'하는 것에 이르기까지 세분화되어 있다.

(4) 평가 기준의 제한(Limitierte Zahl der Bewertungskriterien)

유전공학 계획은 오로지 인간과 환경에 대한 그 리스크에 의해 평가된다. 예컨대 또 다른 사회경제적 기준은 고려될 수 없다. 유전공학법 제1조에서 공존의 관점을 수용한 것도 역시 어떻게 고칠 도리

---

277) "nicht von einem Risiko für die menschliche Gesundheit und die Umwelt auszugehen ist" (§ 7 I Nr. 1).

278) Verbot mit Erlaubnisvorbehalt (Regelfall bei Freisetzungen und Inverkehr bringen).

279) Anmeldung (mit der Möglichkeit des sofortigen Beginns der Arbeit in einer gentechnischen Anlage).

가 없었다. 평가에는 엄격한 척도가 적용되어야 한다. 그러나 평가를
한 후 납득할 수 없는 리스크에 대한 증거가 없으면, 허가하여야 한
다. 따라서 허가에 대한 법적 청구권이 발생하게 된다.

(5) 과학적 리스크 평가(Wissenschaftliche Risikobewertung)

유전공학작업이나 GMO의 리스크는 오로지 과학적인 근거에 의해
서만 평가될 수 있다. 유전공학법은 광범위한 절차 참여를 통해 연
방과 주들의 행정청이 처리할 수 있는 전문지식이 결정에 제출되는
것을 보장하고 있다. 게다가 중요한 과학적 부문들이 ZKBS에서 수
집된다. 부득이할 경우에는 ZKBS가 청문해야 하고, 원칙적으로 표
결을 피해서도 안 된다.

(6) 단계 원리(Stufenprinzip)

거래할 수 있는 생산물을 유전공학작업의 목표로서 얻기 위해 노
력하는 한, 그 발달은 단계원리에 따라 한 걸음 한 걸음씩 실험실에
서 제한적으로 환경방출을 실험하는데서 시작된다. 개별 단계를 엄
격히 구분하는 것은 여기에서 실제로 가능하지 않고, 법적으로도 예
정되어 있지도 않다. 유전공학법은 실험실로부터 GMO가 새어나와
'환경방출'되는 것과 환경방출지역에서 이웃영역으로 교차수분되는
것을 허용하고 있다. 따라서 유전공학법은 법에 규정된 실상을 고려
하고 있는 것이다. 자연은 100% 그것을 포괄할 수는 없거나 엄청난
비용을 들여서만 그것을 포괄할 수 있을 뿐이다. '무관용'280)이 낯설
게 보인다.

(7) 공존(Koexistenz)

최근 유전공학법(GenTG) 개정 이래로 공존은 공식적으로 동법의 목표로 삼게 되었다. 따라서 특히 전통적 농업, 생태적 작물재배 그리고 GMO가 투입된 농업이 앞으로 다가올 미래에 병존하도록 규범화되어 있다. 물론 이러한 공존에서 절대적인 구분은 가능하지 않다.281)

IV. 유전공학법의 평가

1. 안전(Sicherheit)

유전공학법의 제1차적 목적은 인간의 건강과 환경에 대한 리스크를 방지하는 데 있다. 이러한 목표에 따르면 유전공학법 규정들은 매우 성공적이라고 평가할 수 있다. 유전공학법과 관련한 종래 보고서들이 확인하는 바와 같이, 유전공학기술에 의한 인간이나 환경에 대한 피해들은 속속 알려지지 않고 있다.282) 최근 보고서에서도 물론 마찬가지다. 분명한 것은 유전공학기술과 연관될 수 있는 리스크들이 운영자의 책임의식 있는 행동과 유전공학법의 각종 도구들에 의해 극복될 수 있다는 점이다. 외국으로부터도 피해에 대해 책임을

---

280) Nulltoleranz.

281) Schubert, NVwZ 2010, S. 876f. 참조.

282) BT-Dr 13/6538 v. 11. 12. 1996, S. 33, und BT-Dr 14/6894 v. 11. 9. 2001, S. 41.

감당할 수 있는 보도들이 없다. 유전공학법은 그 보호기능이 입증되고 있는 것이다.

그럼에도 불구하고 유전공학 규정들의 효율성은 계속 주시되어야 할 것이다. 특히 유전공학시설에서 유전공학작업을 하는 경우에 해당된다. 유전공학시설에서는 예방적 통제가 최근 EC법에서의 승인조치에 이르기까지 재론되었다. 누구나 큰 예비지식과 준비 없이도 유전공학작업을 수행할 수 있고, 이러한 유전공학작업의 리스크를 정확히 평가하기 위하여 광범위한 전문지식이 필요하게 된다면, 일단은 리스크 없는 유전공학작업을 위해서는 가동되고 있는 유전공학시설에서 예방적 통제를 포기하는 일은 결코 상상할 수 없을 것이다.[283]

2. 규범 정립(Rahmensetzung)

유전공학법은 유전공학기술을 방해하지 않고 그 안전한 개발과 이용에 기여하려고 한다[284]. 그 때문에 법적 관점에서도 보호이념이 균형감각을 잃은 나머지 지나치게 과장되지 않고 있다는 점을 유의해야 할 것이다. 연구실험실과 생산시설에서 유전공학작업을 할 때

---

283) Schubert, NVwZ 2010, S. 876f. 참조.

284) 간결하고 적합한 논의에 관해서는 Ronellenfitsch, VerwArch 2002, S. 309 참조: "Ausgangslage (Technikkontroverse, Gentechnologie, Gentechnikkontroverse Rolle der Juristen).- Rechtliches Regelungsprogramm (Gentechnikgesetz, normkonkretisierende Rechts- und Verwaltungsvorschriften, Gemeinschaftsrecht).- Gentechnische Veränderung nichtmenschlicher Organismen (Überblick über die gesetzliche Regelung, Anwendungsbereich und Begriffsbestimmungen, Anlagegenehmigung, Freisetzung und Inverkehrbringen)."

는 그러한 경향들에 대한 지적이 없다.

그러나 환경 방출이나 유통할 때의 상황은 다르다. 무엇보다 식품류의 생산이 문제될 경우에 더욱 그렇다. 최근의 몇몇 발전 동향들은 이러한 부분에서 연구와 이용을 악화시키고 있는데, 이점은 아무튼 안전의 관점에서 더 이상 정당화될 수 없고, 공정한 이해 조정의 관점에서도 의구심이 들 수 있다는 측면에서 연구와 이용을 어렵게 만들고 있는 것이다.

예컨대 첫째로, 환경방출이나 유통에 관한 규정들은 최소한의 양만으로도 이웃의 허가받은 환경방출지역으로부터 유래한, 즉 교차수분된 유전자변형작물을 포함하고 있는 수확물에 대해서는 유통허가가 필요하다고 이해되고 있다. 대규모로 의도된 유통에는 한 걸음 한 걸음 단계적으로 접근해야 한다고 올바르게 이해된 원칙과는 조화를 이룰 수 없다.

둘째로, 유전공학법 제26조[285]는 원칙적으로 행정청의 재량을 규

---

285) "§ 26 Behördliche Anordnungen

   (1) 1Die zuständige Behörde kann im Einzelfall die Anordnungen treffen, die zur Beseitigung festgestellter oder zur Verhütung künftiger Verstöße gegen dieses Gesetz, gegen die auf Grund dieses Gesetzes erlassenen Rechtsverordnungen oder gegen unmittelbar geltende Rechtsakte der Europäischen Gemeinschaften oder der Europäischen Union im Anwendungsbereich dieses Gesetzes notwendig sind. 2Sie kann insbesondere den Betrieb einer gentechnischen Anlage oder gentechnische Arbeiten ganz oder teilweise untersagen, wenn

      1. die erforderliche Anzeige oder Anmeldung unterblieben ist, eine erforderliche Genehmigung oder eine Zustimmung nicht vorliegt,

      2. ein Grund zur Rücknahme oder zum Widerruf einer Genehmigung nach den Verwaltungsverfahrensgesetzen gegeben ist,

      3. gegen Nebenbestimmungen oder nachträgliche Auflagen nach § 19

정하고 있는데, 이것은 개별적으로 확인되거나 예상된 위반의 경우

verstoßen wird,

4. die vorhandenen sicherheitsrelevanten Einrichtungen und Vorkehrungen nicht oder nicht mehr ausreichen.

(2) Kommt der Betreiber einer gentechnischen Anlage einer Auflage, einer vollziehbaren nachträglichen Anordnung odcr ciner Pflicht auf Grund einer Rechtsverordnung nach § 30 nicht nach und betreffen die Auflage, die Anordnung oder die Pflicht die Beschaffenheit oder den Betrieb der gentechnischen Anlage, so kann die zuständige Behörde den Betrieb ganz oder teilweise bis zur Erfüllung der Auflage, der Anordnung oder der Pflicht aus einer Rechtsverordnung nach § 30 untersagen.

(3) 1Die zuständige Behörde kann anordnen, daß eine gentechnische Anlage, die ohne die erforderliche Anmeldung oder Genehmigung errichtet, betrieben oder wesentlich geändert wird, ganz oder teilweise stillzulegen oder zu beseitigen ist. 2Sie hat die vollständige oder teilweise Beseitigung anzuordnen, wenn die in § 1 Nr. 1 genannten Rechtsgüter auf andere Weise nicht ausreichend geschützt werden können.

(4) 1Die zuständige Behörde hat eine Freisetzung zu untersagen, soweit die Voraussetzungen von Absatz 1 Satz 2 Nr. 1 und 2 vorliegen. 2Sie kann eine Freisetzung untersagen, soweit die Voraussetzungen von Absatz 1 Satz 2 Nr. 3 und 4 vorliegen.

(5) 1Die zuständige Behörde hat ein Inverkehrbringen zu untersagen, wenn die erforderliche Genehmigung nicht vorliegt. 2Sie hat ein Inverkehrbringen bis zur Entscheidung oder bis zu einem Beschluss der Europäischen Gemeinschaften oder der Europäischen Union nach Artikel 23 in Verbindung mit Artikel 30 Abs. 2 der Richtlinie 2001/18/EG vorläufig zu untersagen, soweit das Ruhen der Genehmigung angeordnet worden ist. 3Sie kann das Inverkehrbringen bis zu dieser Entscheidung oder bis zu diesem Beschluss vorläufig ganz oder teilweise untersagen, wenn der hinreichende Verdacht besteht, dass die Voraussetzungen für das Inverkehrbringen nicht vorliegen. 4Die zuständige Behörde sieht von Anordnungen nach Satz 1 ab, wenn das Produkt, das nicht zum Inverkehrbringen zugelassene gentechnisch veränderte Organismen enthält, zur unmittelbaren Verarbeitung vorgesehen und sichergestellt ist, dass das Produkt weder in unverarbeitetem noch in verarbeitetem Zustand in Lebensmittel oder Futtermittel gelangt, die gentechnisch veränderten Organismen nach der Verarbeitung zerstört sind und keine schädlichen Auswirkungen auf die in § 1 Nr. 1 genannten Rechtsgüter eintreten."

에 해당하는지 그 여부 및 조치내용과 관련된다. 환경방출이나 GMO의 유통이 문제되면 행정청은 동법 제26조 제4항과 제5항에서 중요한 사정에 대하여 이러한 재량여지를 갖게 된다.

셋째로, 유전공학법 제16b조[286]와 관련 유전공학작물생산명령[287]

286) "§ 16b Umgang mit in Verkehr gebrachten Produkten
(1) 1Wer zum Inverkehrbringen zugelassene Produkte, die gentechnisch veränderte Organismen enthalten oder daraus bestehen, anbaut, weiterverarbeitet, soweit es sich um Tiere handelt, hält, oder diese erwerbswirtschaftlich, gewerbsmäßig oder in vergleichbarer Weise in den Verkehr bringt, hat Vorsorge dafür zu treffen, dass die in § 1 Nr. 1 und 2 genannten Rechtsgüter und Belange durch die Übertragung von Eigenschaften eines Organismus, die auf gentechnischen Arbeiten beruhen, durch die Beimischung oder durch sonstige Einträge von gentechnisch veränderten Organismen nicht wesentlich beeinträchtigt werden. 2Er muss diese Pflicht hinsichtlich der in § 1 Nr. 2 genannten Belange gegenüber einem anderen insoweit nicht beachten, als dieser durch schriftliche Vereinbarung mit ihm auf seinen Schutz verzichtet oder ihm auf Anfrage die für seinen Schutz erforderlichen Auskünfte nicht innerhalb eines Monats erteilt hat und die Pflicht im jeweiligen Einzelfall ausschließlich dem Schutz des anderen dient. 3In der schriftlichen Vereinbarung oder der Anfrage ist der andere über die Rechtsfolgen der Vereinbarung oder die Nichterteilung der Auskünfte aufzuklären und darauf hinzuweisen, dass er zu schützende Rechte Dritter zu beachten hat. 4Die zulässige Abweichung von den Vorgaben der guten fachlichen Praxis sind der zuständigen Behörde rechtzeitig vor der Aussaat oder Pflanzung anzuzeigen.
(1a) 1Der Bewirtschafter hat ergänzend zu den Angaben nach § 16a Abs. 3 Satz 2
1. die Tatsache des Abschlusses einer Vereinbarung im Sinne des Absatzes 1 Satz 2 oder
2. die Tatsache, vom Nachbarn keine Auskunft auf eine Anfrage im Sinne des Absatzes 1 Satz 2 erhalten zu haben, soweit er die Absicht hat, von den Vorgaben der guten fachlichen Praxis auf Grund einer fehlenden Erteilung von Auskünften abzuweichen,
der zuständigen Bundesoberbehörde spätestens einen Monat vor dem Anbau unter Bezeichnung des betroffenen Grundstückes mitzuteilen.

2Der allgemein zugängliche Teil des Registers nach § 16a Abs. 1 Satz 1 umfasst zusätzlich zu der Angabe nach § 16a Abs. 4 Satz 1 Nr. 3 die auf das betroffene Grundstück bezogene Angabe nach Satz 1. 3Im Übrigen gilt § 16a entsprechend.

(2) Beim Anbau von Pflanzen, beim sonstigen Umgang mit Pflanzen und bei der Haltung von Tieren wird die Vorsorgepflicht nach Absatz 1 durch die Einhaltung der guten fachlichen Praxis erfüllt.

(3) Zur guten fachlichen Praxis gehören, soweit dies zur Erfüllung der Vorsorgepflicht nach Absatz 1 erforderlich ist, insbesondere

    1. beim Umgang mit gentechnisch veränderten Organismen die Beachtung der Bestimmungen der Genehmigung für das Inverkehrbringen nach § 16 Abs. 5a,

    2. beim Anbau von gentechnisch veränderten Pflanzen und bei der Herstellung und Ausbringung von Düngemitteln, die gentechnisch veränderte Organismen enthalten, Maßnahmen, um Einträge in andere Grundstücke zu verhindern sowie Auskreuzungen in andere Kulturen benachbarter Flächen und die Weiterverbreitung durch Wildpflanzen zu vermeiden,

    3. bei der Haltung gentechnisch veränderter Tiere die Verhinderung des Entweichens aus dem zur Haltung vorgesehenen Bereich und des Eindringens anderer Tiere der gleichen Art in diesen Bereich,

    4. bei Beförderung, Lagerung und Weiterverarbeitung gentechnisch veränderter Organismen die Verhinderung von Verlusten sowie von Vermischungen und Vermengungen mit anderen Erzeugnissen.

(4) Wer mit Produkten, die gentechnisch veränderte Organismen enthalten oder daraus bestehen, für erwerbswirtschaftliche, gewerbsmäßige oder vergleichbare Zwecke umgeht, muss die Zuverlässigkeit, Kenntnisse, Fertigkeiten und Ausstattung besitzen, um die Vorsorgepflicht nach Absatz 1 erfüllen zu können.

(5) Wer Produkte, die gentechnisch veränderte Organismen enthalten oder daraus bestehen, in Verkehr bringt, hat eine Produktinformation mitzuliefern, die die Bestimmungen der Genehmigung enthält, soweit diese sich auf den Umgang mit dem Produkt beziehen, und aus der hervorgeht, wie die Pflichten nach Absatz 1 bis 3 erfüllt werden können.

(6) Die Bundesregierung wird ermächtigt, durch Rechtsverordnung[2] mit Zustimmung des Bundesrates die Grundsätze der guten fachlichen Praxis im Sinne des Absatzes 3, einschließlich des Informationsaustauschs mit Nachbarn und Behörden, die Eignung von Person und Ausstattung nach Absatz 4 und die inhaltliche Gestaltung der Produktinformation nach

의 규정들은 녹색 유전공학기술을 이용하는 자에게 과다한 의무들과
관료적 부담들을 부과하고 있다.

넷째로, 나머지 관료주의는 유전공학법 제16a조[288])에 따른 입지등

Absatz 5 näher zu bestimmen."

287) Gentechnik-Pflanzenerzeugungsverordnung.

288) "§ 16a Standortregister

(1) 1Zum Zweck der Überwachung etwaiger Auswirkungen von gentechnisch veränderten Organismen auf die in § 1 Nr. 1 und 2 genannten Rechtsgüter und Belange sowie zum Zweck der Information der Öffentlichkeit werden die nach Absatz 2 mitzuteilenden Angaben über Freisetzungen gentechnisch veränderter Organismen und die nach Absatz 3 mitzuteilenden Angaben über den Anbau gentechnisch veränderter Organismen in einem Bundesregister erfasst. 2Das Register wird von der zuständigen Bundesoberbehörde geführt und erfasst die nach Absatz 2 oder Absatz 3 gemeldeten Angaben für das gesamte Bundesgebiet. 3Das Register muss nach Maßgabe des Absatzes 4 allgemein zugänglich sein.

(2) 1Der Betreiber hat die tatsächliche Durchführung der genehmigten Freisetzung von gentechnisch veränderten Organismen spätestens drei Werktage vor der Freisetzung der zuständigen Bundesoberbehörde mitzuteilen. 2Die Mitteilung umfasst folgende Angaben:

1. die Bezeichnung des gentechnisch veränderten Organismus,

2. seine gentechnisch veränderten Eigenschaften,

3. das Grundstück der Freisetzung sowie die Größe der Freisetzungsfläche,

4. den Freisetzungszeitraum.

3Änderungen in den Angaben sowie die Beendigung des Freisetzungsvorhabens sind unverzüglich mitzuteilen.

(3) 1Der Anbau von gentechnisch veränderten Organismen ist von demjenigen, der die Fläche bewirtschaftet, spätestens drei Monate vor dem Anbau der zuständigen Bundesoberbehörde mitzuteilen. 2Die Mitteilung umfasst folgende Angaben:

1. die Bezeichnung und den spezifischen Erkennungsmarker des gentechnisch veränderten Organismus,

2. seine gentechnisch veränderten Eigenschaften,

3. den Namen und die Anschrift desjenigen, der die Fläche bewirtschaftet,

4. das Grundstück des Anbaus sowie die Größe der Anbaufläche.

3Änderungen in den Angaben sind unverzüglich mitzuteilen.

록과 유전공학법에 보충적으로 고려할 수 있는 자연보호규정들에 의해 이용자에게 발생한다.[289]

다섯째로, GMO생산물의 표시에 관한 규정들은 사실상 원칙적으

---

(4) 1Der allgemein zugängliche Teil des Registers umfasst:
1. die Bezeichnung und den spezifischen Erkennungsmarker des gentechnisch veränderten Organismus,
2. seine gentechnisch veränderten Eigenschaften,
3. das Grundstück der Freisetzung oder des Anbaus sowie die Flächengröße.
2Auskünfte aus dem allgemein zugänglichen Teil des Registers werden im Wege des automatisierten Abrufs über das Internet erteilt.
(5) Die zuständige Bundesoberbehörde erteilt aus dem nicht allgemein zugänglichen Teil des Registers Auskunft auch über die personenbezogenen Daten, soweit der Antragsteller ein berechtigtes Interesse glaubhaft macht und kein Grund zu der Annahme besteht, dass der Betroffene ein überwiegendes schutzwürdiges Interesse an dem Ausschluss der Auskunft hat.
(5a) Die für die Ausführung dieses Gesetzes zuständige Behörde eines Landes darf zum Zweck der Überwachung die im nicht allgemein zugänglichen Teil des Registers gespeicherten Daten im automatisierten Verfahren abrufen, soweit ein Grundstück betroffen ist, das in ihrem Zuständigkeitsbereich belegen ist; § 10 Abs. 2 bis 5 des Bundesdatenschutzgesetzes ist anzuwenden.
(6) 1Die zuständige Bundesoberbehörde hat dem jeweiligen Stand der Technik entsprechende Maßnahmen zur Gewährleistung von Datensicherheit und Datenschutz zu treffen, die insbesondere die Unversehrtheit der Daten und die Vertraulichkeit der im nicht allgemein zugänglichen Teil des Registers gespeicherten Daten gewährleisten; im Falle der Nutzung allgemein zugänglicher Datennetze für Auskünfte nach Absatz 5 sind Verschlüsselungsverfahren anzuwenden. 2Die Daten des Bundesregisters werden nach Ablauf von 15 Jahren nach ihrer erstmaligen Speicherung gelöscht.
(7) § 19 des Bundesdatenschutzgesetzes gilt für juristische Personen entsprechend."

289) § 22 III i.V. mit §§ 35 und 34 BNatSchG.

로 한계치에 의해 인정되어서 농업에서는 생물체를 완전히 구분하는 것은 실현될 수 없다. 구체적인 수치들은 GMO재배에 대해서는 특히 유전공학법 제36a조[290]에서의 책임규정들 때문에 심각한 도전에 직면하게 된다. 종자에 대한 한계치는 아직 없다.

마지막으로, 사실 세계의 다른 부분들이 아니라 EC에서 승인된 GMO생산물에 대한 소위 무관용은 국제적인 상품거래나 전 세계적

---

290) "§ 36a Ansprüche bei Nutzungsbeeinträchtigungen

(1) Die Übertragung von Eigenschaften eines Organismus, die auf gentechnischen Arbeiten beruhen, oder sonstige Einträge von gentechnisch veränderten Organismen stellen eine wesentliche Beeinträchtigung im Sinne von § 906 des Bürgerlichen Gesetzbuchs dar, wenn entgegen der Absicht des Nutzungsberechtigten wegen der Übertragung oder des sonstigen Eintrags Erzeugnisse insbesondere

1. nicht in Verkehr gebracht werden dürfen oder

2. nach den Vorschriften dieses Gesetzes oder nach anderen Vorschriften nur unter Hinweis auf die gentechnische Veränderung gekennzeichnet in den Verkehr gebracht werden dürfen oder

3. nicht mit einer Kennzeichnung in den Verkehr gebracht werden dürfen, die nach den für die Produktionsweise jeweils geltenden Rechtsvorschriften möglich gewesen wäre.

(2) Die Einhaltung der guten fachlichen Praxis nach § 16b Abs. 2 und 3 gilt als wirtschaftlich zumutbar im Sinne von § 906 des Bürgerlichen Gesetzbuchs.

(3) Für die Beurteilung der Ortsüblichkeit im Sinne von § 906 des Bürgerlichen Gesetzbuchs kommt es nicht darauf an, ob die Gewinnung von Erzeugnissen mit oder ohne gentechnisch veränderte Organismen erfolgt.

(4) 1Kommen nach den tatsächlichen Umständen des Einzelfalls mehrere Nachbarn als Verursacher in Betracht und lässt es sich nicht ermitteln, wer von ihnen die Beeinträchtigung durch seine Handlung verursacht hat, so ist jeder für die Beeinträchtigung verantwortlich. 2Dies gilt nicht, wenn jeder nur einen Teil der Beeinträchtigung verursacht hat und eine Aufteilung des Ausgleichs auf die Verursacher gemäß § 287 der Zivilprozessordnung möglich ist."

으로 성장하고 있는 유전자변형작물의 재배지역에서 더 이상 실제적인 문제로 발전하고 있다.

이점에서 리스나 부담의 현재 배분을 바로잡아야 한다면 명백한 개정 규정들의 필요성이 문제 제기된다. 그렇다면 국내법뿐만 아니라 유럽법에서도 그 개정이 검토될 수 있을지도 모른다.

특히 녹색 유전공학기술을 개발하거나 이용할 경우에 부담스럽다고 보여준 것은 최근에 법규정들이 아니라 그 이용 방법이나 이용하지 않는 방법이다.

예를 들어 첫째, 여러 해 동안 유럽에서는 GMO유통에 관한 허가들이 발령되지 않았다('모라토리엄'291)). 이러한 모라토리엄은 당분간 식품류 이외의 생산물에만 적용되기는 하지만 최근에 끝나게 되었다.

둘째, 이러한 분야에서의 허가들은 정치적 관점의 영향을 받으면서 과학적 기초에 대한 행정청의 결정으로 분명히 증가하고 있다.292)

마지막으로, 농업의 여러 구분 형태들의 병존을 규정하고 있는 병존은 개별 작물들이 '공존할 수 없다고' 판명된다면 녹색 유전공학기술에 대한 도구들을 발전시키는데 위협적인 것이 된다.293)

---

291) 'Moratorium'
292) 현행 선거기간 동안 연립협약(Koalitionsvertrag)에서 GMO 생산물에 대한 구체적인 개별결정에 관한 진술 참조
293) Schubert, NVwZ 2010, S. 877f. 참조

V. 맺는말

독일 유전공학법 20주년을 맞이하여 그 대차대조표는 이중적인 결과를 나타내고 있다. 유전공학의 안전한 이용을 위해 법 규정들과 그 집행은 그것을 분명히 보증하고 있다. 유전 공학기술에 대한 비평가들조차도 이의를 제기하지 않고 있다. 그렇다면 이제 논의의 초점은 안전 측면에서의 공존의 문제와 GM제품을 취급할 때의 우수 생산물의 문제로 이동되었다고 볼 수 있다.[294]

무제한으로 기념축제의 기쁨을 누리기 위해서는 아직도 미흡한 점이 많다. 독일과 유럽에서의 연구 및 산업 현황을 살펴보면, 유전공학기술을 개발하고 이용하기 위한 법제도적 틀로서 그 기능은 단지 제한적으로만 충족하고 있을 따름이다. 아직 승인되지 않은 GMO의 흔적을 취급하고 유통시키는 절차에 관해서는 브뤼셀에서 발표한 개정안이 어느 정도 개선에 기여할지는 두고 봐야 알 것이다.

부연하자면 유전공학기술을 안전하게 취급하기 위해서 유전공학법은 결코 포기할 수 없을 정도로 아직도 필수적임이 분명하다. 그러나 바라건대 조용하고 객관적인 분위기에서 새로운 개발과 경험들은 계속해서 조정해 나가야 할 것이다[295].

인간이 제정한 유전공학법이 완전무결할 수는 없다. 우선 유전공

---

294) Schubert, NVwZ 2010, S. 877f. 참조.

295) 예컨대 소위 종합적인 생물학에 관해서는 최근에 Science Vol. 328 no. 5981 v. 21. 5. 2010, S. 958 참조.

학법을 제정한 인간 자체가 완전하지 못하기 때문이다. 인간이 신이 아닌 이상 향후 발생할 사정을 예측할 수 없으며 유전공학관련 이해 관계자 상호 간에 발생할 수 있는 역학관계를 정확하게 수렴하기가 그렇게 쉽지 않을 것이다. 또 다른 이유는 유전공학과 관련된 사회 현상은 고정되어 있지 않고 끝임 없이 변동하고 있다는 점이다. 이 렇듯 무한히 변동하고 있는 실제 사정을 고정된 유전공학법으로 고 착화한다는 것은 애초부터 불가능한지도 모른다. 독일의 유전공학법 도 이러한 한계상황을 파악이라도 한 듯이 무수히 개정되어 왔다. 그러나 우리나라의 유전공학법으로서 '유전자변형생물체의 국가 간 이동 등에 관한 법률'296)은 2001년 제정된 이후 지금까지 한 번도 개정된 적이 없다. 동법은 규율범위를 수출·수입되는 GMO의 안전 성 확보 외에도 국내에서 개발·생산·유통되는 GMO에 이르기까 지 확대함으로써 동법은 GMO의 인체·환경에 대한 안전성 확보를 목표로 삼고 있다. 동법의 목표에 입각한 구체적 규정들이 2011년 현재에도 아직 한국적 실정에 부합한 법인지 냉철한 검토가 필요할 것이다.

1995년 생물다양성협약297)(CBD) 당사국들은 GMO의 잠재적 위

---

296) 2001년 3월 28일 법률 제6448호 공포. 동법은 단순히 '바이오 안전성의정서'
   의 이행이라는 단순한 차원을 넘어서 GMO의 안전성 확보에 관한 기본법적
   성격을 가지고 있다. 그래서 GMO의 비의도적인 환경방출위험을 사전에 차단
   하기 위하여 실험실에서 안전성 확보에 관한 규정도 포함하게 되었다. 또한 동
   법의 규율범위를 외국에서 우리나라의 영토로 유입되는 GMO의 안전성 확보
   외에도 국내에서 개발·생산·유통되는 GMO에 이르기까지 확대함으로써 이
   법률은 GMO의 인체·환경에 대한 안전성 확보를 위한 기본법이 되고 있다.
   한국생명공학연구원, 2003년 바이오 안전성백서, 158면.

297) Convention on Biological Diversity.

험을 다루게 될 '바이오 안전성에 관한 카르타헤나의정서'298)의 작성을 촉진하기에 이르렀으며, 2003년 9월 11일부로 GMO의 국가 간 이동에 중점을 둔 동 의정서가 국제적으로 발효되었다.

의정서의 국제적 흐름 속에서 우리나라는 2000년 9월 동 의정서에 서명하였으며, 시민단체 등 바이오 안전성 확보 요구와 더불어 의정서 국내이행체제 구축에 대한 초석을 마련하고자 2001년 3월 당시 산업자원부(현재 지식경제부)가 주관이 되어 '유전자변형생물체의 국가 간 이동 등에 관한 법률'을 제정·공포하였다.

이러한 법률은 바이오 안전성에 관한 기본법으로서 역할을 하게 될 것이다. 이 법률은 의정서의 시행과 GMO의 개발·생산·수입·수출·유통 등에 관한 안전성 확보를 위하여 필요한 사항을 정함으로써 GMO로 인한 국민의 건강과 생물다양성의 보전 및 지속적인 이용에 미치는 위해를 사전에 방지하고 국민생활의 향상 및 국제 협력을 증진함을 목적으로 하고 있다.

그동안 관계 부처 간 협의를 거쳐 동법 시행령 및 시행규칙, 관련 지침·고시 등이 상당 부분 정비되었고, 이에 따라 2005년 9월 30일에는 동법 시행령이 국무회를 통과함으로써 확정되기에 이르렀다. 동 법률은 의정서의 국내 이행을 위하여 GMO의 수입 및 생산 승인 제도, GMO의 개발·이용에 관한 연구시설의 설치와 바이오 안전성 위원회를 설치하도록 규정하고 있으며, 이에 GMO의 수입 및 생산

---

298) '바이오 안전성의정서(Cartagena Protocol on Biosafety)'는 '생물다양성협약 (CBD)' 당사국 총회에서 2000년 1월 29일 채택되었다.

승인방법 및 절차에 관한 사항 등 법에서 위임된 사항과 그 시행에 있어 필요한 사항을 시행령에서 정하였다.

현재 우리나라는 1991년부터 농업생명공학 연구를 착수하여 여러 품목과 종에 대한 GM 작물을 개발 중이며 아직까지 실용화된 작물은 없으나, 현재 선발과정이나 안전성 평가 단계에 있다. 국내 대학, 연구소 및 종묘회사 등에서도 연구개발이 이루어지고 있으나 보급 및 판매를 위해 승인된 GM 작물은 국내에 아직까지 없다.

우리나라의 '유전자변형생물체의 국가 간 이동 등에 관한 법률' 제22조에서는 연구시설의 설치 및 운영허가에 관하여 규정하고 있다. 연구시설은 연구시설의 안전관리등급별로 관계중앙행정기관의 장의 허가를 받거나 신고하도록 규정하고 있다. 다만 이 법률에서는 연구시설에 관하여는 안전성확보를 위한 노력을 하고 있으나 생산시설에 관하여는 안전성확보에 관한 규정을 하지 아니하고 있다. 이는 다음의 법률개정작업에서 보완될 필요성이 있다.

위에서 논의한 독일 유전공학법 20년의 성과와 과제들은 향후 한국에서의 법 개정 논의에서 법정책적으로 커다란 참고가 될 것으로 예상된다. 특히 선진국들은 이미 GMO와 관련한 국내법령을 완비하여 GMO로부터 보호를 받고 있지만, 개도국들의 경우에는 국내 체제구축 등의 미비로 무방비상태라는 점이 국제적으로 우려를 낳고 있다는 현실에서 더욱 그렇다.

제3장 환경규제의 경제화에 대한 의의와 전망

-독일에서의 실질적 · 절차적 · 제도적 · 조직적 경제화 차원을 중심으로-

I. 들어가는 말

독일에서는 '환경규제의 경제화'299)라는 테마에 관해서 특히 대표적인 환경법저널(ZUR300))이 창립 이래301) 오늘에 이르기까지302) 꾸준히 다루어 오고 있는데, 이러한 테마는 20년 동안 최근 동향에 관하여서도 조금도 소홀히 취급하지 않았다. 그동안 이 테마는 중요한 문제로서 깊이 있고 복잡하게 그 해법을 모색해 온 것이다. 그러므로 환경규제의 경제화라는 테마는 오늘날 가정에서 사용하는 전구에서부터 시작하여 글로벌 금융·경제위기에 이르기까지 여러 테마영역을 포함하고 있다. 따라서 본 테마가 다루고 있는 것은 대체로 그 테마의 윤곽을 그리고, 또한 환경법의 발전지침을 제시하며,303) 그리

---

299) 환경규제의 경제화와 관련하여 우리나라에서의 문헌을 소개하면 다음과 같다: 김인환, 환경관리제도에 관한 경제학적 접근, 환경법연구 제7권, 1985; 강운산, 법경제학적 연구에 기초한 현행 경제적 유인제도의 문제점과 개선 방안, 환경법연구 제25권 2호, 2003; 이기한, 환경법제의 경제적 유인수단 연구, 환경법연구제24권 1호, 2002; 박정훈, 경제적 유인제도 도입확대를 위한 환경법상 환경정책수단의 비교연구, 환경법연구 제25권 1호, 2003; 중원무수, 최환용 (역), 교토메카니즘과 일본의 환경법 -경제적 수법을 중심으로-, 환경법연구 제30권 2호, 2008; 허성욱, 지속 가능한 발전의 원칙에 대한 법경제학적 고찰 - 효율성과 형평성을 함께 고려하는 환경법의 일반원리로서의 가능성에 관하여, 환경법연구제27권 4호, 2005.

300) Zeitschrift für Umweltrecht(ZUR).

301) 예컨대 Thema »Konfliktmittlung im Umweltrecht«, Heft 2/1990 참조, 또는 경제적 수단의 장점에 관해서는, Böhm, Das Abgabenrecht als Mittel des Umweltrechts, IUR 1991, 177 ff. 참조.

302) 최근에, 예컨대 Knopp/Piroch, Umweltschutz und Wirtschaftskrise, ZUR 2009, 409 ff. 참조.

303) 환경법의 역사에 관하여 기초적인 것은, Kloepfer, Zur Geschichte des deutschen Umweltrechts, 1994 참조; 특별히 간접적 행위조종수단의 역사에 대해서는, Franzius, Die Herausbildung der Instrumente indirekter Verhaltenssteuerung im Umweltrecht der Bundesrepublik Deutschland,

고 환경법에 있어서 그 미래 가능성의 관점에서 그것을 고찰하는데 그친다. 동시에 두 번째 도전으로서 환경규제의 경제화라는 테마는 정치적이며 감정적으로 그 자리를 차지하고 있다. 다시 말해서 환경규제의 경제화는 한편으로, 경제테러와 환경마케팅 또는 행정작용의 상용화로서 브랜드를 추구하고 있고, 다른 한편으로, 생태학적 독재라고도 한다. 그러나 여기에서는 과거의 이데올로기적 무덤투쟁은 결코 중요하지 않고, 2009년 ZUR의 어떤 연구논문에서도 지적한 바와 같이 계속하여 벌이는 최근 논쟁방법이 더욱더 중요할 것이다.304)

경제와 생태는 종종 서로 대립하여 움푹 패여 있는 것처럼 보인다. 그러나 이 경우에 실무에서는 오히려 두 가지 문제가 상호 유익하게 될 수 있음을 보여주고 있다. 최근 몇 년 동안 벌어지고 있는 환경법의 발전에 관하여 주목하면서, 본고가 고찰하려고 하는 것은, 사실 경제화라는 관념이 고도의 환경보호수준에 대한 위험을 포함할 수 있으나, 그러나 여러 분야에서 역시 환경법의 필수적인 부분이며 또한 그렇게 되어야 한다는 것이다. 이것은 미래의 환경법에 있어서 그 환경법적 수단을 어떻게 구성할 것인가에 대한 전망과도 연결될 수 있다.

본고는 이렇게 법 정책적으로 동기 부여하는 방식을 참작하여, 최근 독일에서의 논의를 중심으로,305) 향후 몇 년간 벌어질 환경법의

2000 참조.
304) 인상 깊은 것으로는, 예컨대 Winter, Das Klima ist keine Ware, ZUR 2009, 289 ff. 참조.

내용 가운데 특히 그 수단의 입법을 전망하기 위한 전제로서, 먼저 환경규제의 경제화의 개념을 4가지 차원에서 명확히 분류하고(아래 II. 참조), 아울러 이러한 개념을 바탕으로 환경규제의 경제화의 의미나 중요성을 기술하려고 한다(아래 III. 참조).

환경법이 질서법과 얼마나 부합한가 또는 양자가 달리 호환될 수 있는가? 아니면 환경법이 어느 정도 질서법을 꼭 필요로 하는가? 이때 본질적으로 나타나야 할 것은, 진보적인 경제화에 모순되지 않으면서도 질서법의 의미가 미래의 환경법에서도 또다시 커질 것이라는 점이다(아래 IV. 참조).

II. 환경규제의 경제화의 개념과 차원

아직 모호한 개념에 대한 수많은 다양한 이해에도 불구하고, '경제화'란 - Schneider에 따르면306) - 매우 일반적인 수준에서 "환경법상 경제적 이해관계와 방향에서 상대적으로 중요한 이득"이라고 정의할 수 있다. 이러한 중요한 이득은 법 텍스트에서 직접적으로 표현될 수도 있고, 법을 통하여 실현되거나 아마도 자극을 주어 법을 적용할 때 고려될 수도 있다. 그래서 그 중요한 이득은 4가지 차원에서 다시 말해 실질적 · 절차적 · 제도적 · 조직적으로 표현될 수

---

305) 독일에서의 논의 중에서도 특히 Wustlich, Ökonomisierung im Umweltrecht, ZUR 2009, 515 ff.를 주로 참고하였다.

306) Schneider, Zur Ökonomisierung von Verwaltungsrecht und Verwaltungssrechtswissenschaft, Die Verwaltung Bd. 34 (2001), 317 (320).

있다.[307]

1. 실질적 경제화

'실질적 경제화(Materielle Ökonomisierung)'라는 관념은 입법자가 실질적 환경법을 구체적으로 형성하고 집행할 때 경제적 이해관계를 포함한다. 입법차원에서 이미 입법자가 대체로 행동으로 보여주려고 하는 것을 평가하는 것으로부터 시작한다. 입법영향평가에서도 경제적 이해관계가 환경법에서 점점 더 늘어나고 있는데, 환경보호비용에 대한 경제적 평가를 그 예로 들 수 있다. 이미 알려진 바와 같이 전 세계은행의 이코노미스트 Nicolas Stern은 2006년 그 이름을 붙여 기후보호에 대한 '기후변화 경제학에 관한 Stern 연구'[308]에서 사회에서는 아무것도 하지 않는 것이 거래하는 것보다 더 비싸다는 사실을 계산해 보였다.[309] 또한 현재 Deutsche-Bank의 이코노미스트 Pavan Sukhdev도 생물다양성에 대한 '생태계와 생물다양성의 경제학'[310]이라는 타이틀에서 유사한 조사를 수행하고 있다.[311] 거시경제차원에서도 마찬가지로 최근 몇 년 동안 환경보호는 생태적일 뿐만 아니라 경제적으로도 긍정적인 영향을 미쳐 혁신과 고용을

---

307) Schneider, a.a.O., Die Verwaltung Bd. 34 (2001), 317 (320 ff.).

308) Stern Review on the Economics of Climate Change.

309) 이것에 관해서는, 예컨대 인터넷
http://www.hm-treasury.gov.uk/stern_review_report.htm 참조.

310) The Economics of Ecosystems and Biodiversity.

311) 첫 번째 중간결과는, 인터넷
http://www.bmu.de/naturschutz_biologische_vielfalt/teeb/doc/43001.php에서
찾을 수 있다.

위해서도 유용하다는 점이 부각되고 있다. 독일에서는 5% 이상의 산업제품생산 중에서 2007년에는 환경보호제품에 그 몫이 돌아가게 되었고,312) 환경기술은 2007년 독일 GDP의 약 8%를 차지할 정도로 관리를 잘해서 얻은 것이다. 특히 6가지 선도시장으로서 지속 가능한 에너지변동, 에너지효율, 지속 가능한 이동성, 지속 가능한 물관리, 소재 효율성 그리고 폐기물관리 및 재활용경제 등을 들 수 있다. 연방환경부가 만든 환경기술도해서 'GreenTech made in Germany 2.0'313)에서 예측한 바에 따르면, 독일의 산업생산에서 환경기술의 몫은 2020년에 16%까지 2배 이상 증가할 수 있다고 한다. 이것은 또한 고용에 미치는 영향에도 반영되고 있다 연방환경부는 2007년 소위 green jobs에 약 180만의 고용창출 효과가 있다고 계산했다. 오늘날에는 재생에너지분야만해서도 250만 이상의 일자리를 만들어 낼 수 있다고 한다.314)

그 밖에도 실질적 경제화라는 관념은 환경법의 단행 법률을 구체적으로 형성하는데도 반영될 수 있으므로 그 법률들은 경제적 효율성의 규정에 따라 설계되도록 유도하고 있다.315) 그래서 입법자는 검색 가능한 시장구조에서 최상의 법적 요건 통합을 보장하기 위하여 특정 사업에 연결할 수 있다. 따라서 예컨대 재생에너지분야에서

---

312) 이것에 관해서는, Bundesministerium für Umwelt, Naturschutz und Reaktorsicherheit (BMU), Umweltwirtschaftsbericht 2009, S. 13 참조.

313) 자세한 정보는,
http://www.bmu.de/wirtschaft_und_umwelt/downloads/doc/43943.php 참조.

314) BMU, Erneuerbare Energien in Zahlen, Stand: Juni 2008, S. 31.

315) 입법자가 선택 결정하는 다양한 매개변수에 관하여는, 예컨대 Kloepfer, Umweltrecht, 3. Aufl. (2004), § 5 Rdnr. 4 참조

최근 전기 시장가격을 결정하기 위해 "Leipzig 소재 증권거래소 European Energy Exchange AG의 제품 Phelix Baseload Year Future의 평균가격"316)에 연결하였다. 이것은 EEG비용을 연방에 걸쳐 더 효율적으로 조정하기 위한 것이다.317) 더 나아가 입법자는 수범자가 자기 관점에서 최선의 옵션을 선택할 수 있도록 예컨대 연방자연보호법(BNatSchG)318) 제15조319)에 의한 미래의 침해(개입) 및

---

316) "durchschnittlichen Preis für das Produkt Phelix Baseload Year Future der Strombörse European Energy Exchange AG in Leipzig"

317) § 4 der Verordnung zur Weiterentwicklung des bundesweiten Ausgleichsmechanismus (AusglMechV) v. 17. 7. 2009, BGBl. I S. 2101; 이 Verordnung의 소개에 관해서는, 예컨대 Altrock/Eder, Verordnung zur Weiterentwicklung des EEG-Ausgleichsmechanismus, ZNER 2009, 128 ff. 참조

318) Bundesnaturschutzgesetz. Gesetz über Naturschutz und Landschaftspflege v. 29. 7. 2009, BGBl. I S. 2542.

319) "§ 15 Verursacherpflichten, Unzulässigkeit von Eingriffen; Ermächtigung zum Erlass von Rechtsverordnungen
  (1) 1Der Verursacher eines Eingriffs ist verpflichtet, vermeidbare Beeinträchtigungen von Natur und Landschaft zu unterlassen. 2Beeinträchtigungen sind vermeidbar, wenn zumutbare Alternativen, den mit dem Eingriff verfolgten Zweck am gleichen Ort ohne oder mit geringeren Beeinträchtigungen von Natur und Landschaft zu erreichen, gegeben sind. 3Soweit Beeinträchtigungen nicht vermieden werden können, ist dies zu begründen.
  (2) 1Der Verursacher ist verpflichtet, unvermeidbare Beeinträchtigungen durch Maßnahmen des Naturschutzes und der Landschaftspflege auszugleichen (Ausgleichsmaßnahmen) oder zu ersetzen (Ersatzmaßnahmen). 2Ausgeglichen ist eine Beeinträchtigung, wenn und sobald die beeinträchtigten Funktionen des Naturhaushalts in gleichartiger Weise wiederhergestellt sind und das Landschaftsbild landschaftsgerecht wiederhergestellt oder neu gestaltet ist. 3Ersetzt ist eine Beeinträchtigung, wenn und sobald die beeinträchtigten Funktionen des Naturhaushalts in dem betroffenen Naturraum in gleichwertiger Weise hergestellt sind und das Landschaftsbild landschaftsgerecht neu gestaltet ist. 4Festlegungen von Entwicklungs- und Wiederherstellungsmaßnahmen für Gebiete im Sinne des § 20 Absatz 2 Nummer 1 bis 4 und in Bewirtschaftungsplänen nach § 32 Absatz 5, von Maßnahmen nach § 34 Absatz 5 und § 44 Absatz 5 Satz 3 dieses

Gesetzes sowie von Maßnahmen in Maßnahmenprogrammen im Sinne des § 82 des Wasserhaushaltsgesetzes stehen der Anerkennung solcher Maßnahmen als Ausgleichs- und Ersatzmaßnahmen nicht entgegen. 5Bei der Festsetzung von Art und Umfang der Ausgleichs- und Ersatzmaßnahmen sind die Programme und Pläne nach den §§ 10 und 11 zu berücksichtigen.

(3) 1Bei der Inanspruchnahme von land- oder forstwirtschaftlich genutzten Flächen für Ausgleichs- und Ersatzmaßnahmen ist auf agrarstrukturelle Belange Rücksicht zu nehmen, insbesondere sind für die landwirtschaftliche Nutzung besonders geeignete Böden nur im notwendigen Umfang in Anspruch zu nehmen. 2Es ist vorrangig zu prüfen, ob der Ausgleich oder Ersatz auch durch Maßnahmen zur Entsiegelung, durch Maßnahmen zur Wiedervernetzung von Lebensräumen oder durch Bewirtschaftungs- oder Pflegemaßnahmen, die der dauerhaften Aufwertung des Naturhaushalts oder des Landschaftsbildes dienen, erbracht werden kann, um möglichst zu vermeiden, dass Flächen aus der Nutzung genommen werden.

(4) 1Ausgleichs- und Ersatzmaßnahmen sind in dem jeweils erforderlichen Zeitraum zu unterhalten und rechtlich zu sichern. 2Der Unterhaltungszeitraum ist durch die zuständige Behörde im Zulassungsbescheid festzusetzen. 3Verantwortlich für Ausführung, Unterhaltung und Sicherung der Ausgleichs- und Ersatzmaßnahmen ist der Verursacher oder dessen Rechtsnachfolger.

(5) Ein Eingriff darf nicht zugelassen oder durchgeführt werden, wenn die Beeinträchtigungen nicht zu vermeiden oder nicht in angemessener Frist auszugleichen oder zu ersetzen sind und die Belange des Naturschutzes und der Landschaftpflege bei der Abwägung aller Anforderungen an Natur und Landschaft anderen Belangen im Range vorgehen.

(6) 1Wird ein Eingriff nach Absatz 5 zugelassen oder durchgeführt, obwohl die Beeinträchtigungen nicht zu vermeiden oder nicht in angemessener Frist auszugleichen oder zu ersetzen sind, hat der Verursacher Ersatz in Geld zu leisten. 2Die Ersatzzahlung bemisst sich nach den durchschnittlichen Kosten der nicht durchführbaren Ausgleichs- und Ersatzmaßnahmen einschließlich der erforderlichen durchschnittlichen Kosten für deren Planung und Unterhaltung sowie die Flächenbereitstellung unter Einbeziehung der Personal- und sonstigen Verwaltungskosten. 3Sind diese nicht feststellbar, bemisst sich die Ersatzzahlung nach Dauer und Schwere des Eingriffs unter Berücksichtigung der dem Verursacher daraus erwachsenden Vorteile.

조정(보상) 규정과 같이, 수범자에게 의무이행을 위한 다양한 가능성
을 부여할 수 있다. 마찬가지로 입법자는 간접적인 동작 제어수단의
중요한 부분으로서 이른바 경제적인 수단에 대해서도 선택할 수 있
다. 질서를 지키는 자에게 명령 모드에서 특정 동작을 필수적으로
규제하는 질서법과 달리, 그에게 간접적으로 영향을 미치는 수단이
제공되는데, 이것은 자신의 행동 자체를 결정할 자유를 부여하여 환
경 정책적으로 기대되는 행동에 대한 경제적 인센티브를 제공하게
되는 것이다.[320] 이러한 목적을 위해서는 특히 예컨대 환경공과금처

<hr>

4Die Ersatzzahlung ist von der zuständigen Behörde im Zulassungsbescheid
oder, wenn der Eingriff von einer Behörde durchgeführt wird, vor der
Durchführung des Eingriffs festzusetzen. 5Die Zahlung ist vor der
Durchführung des Eingriffs zu leisten. 6Es kann ein anderer Zeitpunkt für
die Zahlung festgelegt werden; in diesem Fall soll eine Sicherheitsleistung
verlangt werden. 7Die Ersatzzahlung ist zweckgebunden für Maßnahmen des
Naturschutzes und der Landschaftspflege möglichst in dem betroffenen
Naturraum zu verwenden, für die nicht bereits nach anderen Vorschriften
eine rechtliche Verpflichtung besteht.

(7) 1Das Bundesministerium für Umwelt, Naturschutz und Reaktorsicherheit
wird ermächtigt, im Einvernehmen mit dem Bundesministerium für Ernährung,
Landwirtschaft und Verbraucherschutz und dem Bundesministerium für
Verkehr, Bau und Stadtentwicklung durch Rechtsverordnung mit Zustimmung
des Bundesrates das Nähere zur Kompensation von Eingriffen zu regeln,
insbesondere

1. zu Inhalt, Art und Umfang von Ausgleichs- und Ersatzmaßnahmen
einschließlich von Maßnahmen zur Entsiegelung, zur Wiedervernetzung
von Lebensräumen und zur Bewirtschaftung und Pflege sowie zur
Festlegung diesbezüglicher Standards, insbesondere für vergleichbare
Eingriffsarten,
2. die Höhe der Ersatzzahlung und das Verfahren zu ihrer Erhebung.
2Solange und soweit das Bundesministerium für Umwelt, Naturschutz
und Reaktorsicherheit von seiner Ermächtigung keinen Gebrauch
macht, richtet sich das Nähere zur Kompensation von Eingriffen nach
Landesrecht, soweit dieses den vorstehenden Absätzen nicht
widerspricht."

럼 국가적으로 구체적으로 형성되거나, 예컨대 배출거래처럼 시장의 무상게임에 의해 구체적으로 형성되는 가격신호가 작동하게 된다. 이러한 가격신호를 통해서 환경자원을 사용함으로써 생기는 - 예전의 외부 - 비용이 내면화된다. 환경보호가 수범자에게 상대적으로 가격우위를 가져온다면, 비용과 혜택을 계산하는 homo oeconomicus는 환경보호를 결정하게 될 것이다. 따라서 영향력이 있고 동기를 부여하는 규범을 통해 시장참여자의 경제적 합리성은 환경보호를 위해 활성화될 수 있다. 동시에 자기책임은 - 국가 행위규범의 틀 내에서 - 원칙적으로 유지된다.

마지막으로, 입법자가 그 집행을 결정하고 실질적 의무의 범위는 경제적 관점에 의해서도 영향을 받게 된다는 점을 지적할 수 있다. 그에 따라 그 집행은 경제적 이익에 의해 좌우되어 유연하게 될 수도 있다. 이것은 종종 환경법상 금지의 상대화 또는 경제적 대체 가능성이 정하는 요구사항에 따른 결과이다. 연방임미시온방지법(BImSchG) 제17조 제2항321)을 예로 들 수 있

---

320) 이것에 관해서는, Kloepfer, a.a.O., § 5 Rdnr. 36 ff., 166 ff. 참조.

321) Bundes-Immissionsschutzgesetz. "(2) Die zuständige Behörde darf eine nachträgliche Anordnung nicht treffen, wenn sie unverhältnismäßig ist, vor allem wenn der mit der Erfüllung der Anordnung verbundene Aufwand außer Verhältnis zu dem mit der Anordnung angestrebten Erfolg steht; dabei sind insbesondere Art, Menge und Gefährlichkeit der von der Anlage ausgehenden Emissionen und der von ihr verursachten Immissionen sowie die Nutzungsdauer und technische Besonderheiten der Anlage zu berücksichtigen. Darf eine nachträgliche Anordnung wegen Unverhältnismäßigkeit nicht getroffen werden, soll die zuständige Behörde die Genehmigung unter den Voraussetzungen des § 21 Abs. 1 Nr. 3 bis 5 ganz oder teilweise widerrufen; § 21 Abs. 3 bis 6 sind anzuwenden."

다. 이 규정은 사후명령 발급을 위한 임미시온방지행정청의 수
권과 연결되어 이 명령이 비례원칙에 어긋나서는 아니 된다.
"무엇보다 그 명령이행 경비가 명령을 가지고 추구했던 성과와
비례하지 않다면"322), 여기에서는 예컨대 시설의 기술특성과 이
용기간이 고려될 수 있다. 이것과 유사한 상대화란 관념은 에너
지절약법(EnEG) 제5조323)와 에너지절약명령(EnEV) 제25조에

---

322) "vor allem wenn der mit der Erfüllung der Anordnung verbundene
    Aufwand außer Verhältnis zu dem mit der Anordnung angestrebten Erfolg
    steht"

323) "§ 5 Gemeinsame Voraussetzungen für Rechtsverordnungen
    (1) 1Die in den Rechtsverordnungen nach den §§ 1 bis 4 aufgestellten
        Anforderungen müssen nach dem Stand der Technik erfüllbar und für
        Gebäude gleicher Art und Nutzung wirtschaftlich vertretbar sein.
        2Anforderungen gelten als wirtschaftlich vertretbar, wenn generell die
        erforderlichen Aufwendungen innerhalb der üblichen Nutzungsdauer
        durch die eintretenden Einsparungen erwirtschaftet werden können. 3Bei
        bestehenden Gebäuden ist die noch zu erwartende Nutzungsdauer zu
        berücksichtigen.
    (2) In den Rechtsverordnungen ist vorzusehen, dass auf Antrag von den
        Anforderungen befreit werden kann, soweit diese im Einzelfall wegen
        besonderer Umstände durch einen unangemessenen Aufwand oder in
        sonstiger Weise zu einer unbilligen Härte führen.
    (3) In den Rechtsverordnungen kann wegen technischer Anforderungen auf
        Bekanntmachungen sachverständiger Stellen unter Angabe der Fundstelle
        verwiesen werden.
    (4) In den Rechtsverordnungen nach den §§ 1 bis 4 können die
        Anforderungen und ‑ in den Fällen des § 3a ‑ die Erfassung und
        Kostenverteilung abweichend von Vereinbarungen der Benutzer und von
        Vorschriften des Wohnungseigentumsgesetzes geregelt und näher
        bestimmt werden, wie diese Regelungen sich auf die Rechtsverhältnisse
        zwischen den Beteiligten auswirken.
    (5) In den Rechtsverordnungen nach den §§ 1 bis 4 können sich die Anforderungen
        auch auf den Gesamtenergiebedarf oder -verbrauch der Gebäude und die
        Einsetzbarkeit alternativer Systeme beziehen sowie Umwandlungsverluste der
        Anlagensysteme berücksichtigen (Gesamtenergieeffizienz)."

서도 발견된다. 이 규정에서는 동시에 입법자의 경향이 점점 더 구체적인 규정과 그에 따라 점점 더 그 자체로 자기 관점에서 경제적이라고 추측할 수 있는 구성이 나타나고 있다. 이렇게 경제성을 단행법으로 구체적으로 형성할 경우 그 세부사항을 고려한다면, 때로는 이 방법의 유용성에 대해 의구심이 일 수 있다. 예를 들어 이해당사자가 EnEV의 최근 개정[324)에 의해 야간에 전기난방 저장의 종료시점을 언제라고 추측할 수 있는지, 없는지는 잘게 새겨진 차별성에 대한 주의를 환기시킬지도 모른다 (EnEV 제10a조).[325)

2. 절차적 경제화

‘절차적 경제화(verfahrensmäßige Ökonomisierung)’에 관한 예도 역시 다양하다. 예컨대 수요에 맞게 절차의 종류를 국가적으로 준비하거나 절차를 경제적으로 구체적이게 형성하는 것을 들 수 있다. 최근의 예로는 재생에너지법(EEG) 제57조에 따라 연방환경부에 의해 설치된 Clearingstelle를 들 수 있다. 이것은 재생에너지분야에서 시설 및 망 운영자 사이에서 신속하고 비관료적이며 비용 측면에서도 유익한 분쟁해결의 대안으로서 경제행위자에 의해 매우 긍정적으로 채택되었다.[326) 절차적 경제화는 결국 범위를 더 넓혀 종래 시장

---

324) BGBl. 2009 I S. 954.

325) 이것에 관해서 개관한 것으로는, 예컨대 Stock, Zur geplanten Novellierung des Energieeinsparungsgesetzes und der Energieeinsparverordnung, ZfBR 2008, 647 ff. 참조.

326) 이것에 관해서는, 특히 http://www.clearingstelle-eeg.de 또는 Mikešić/Strauch,

경제적으로 미개발 분야에 있어서도 그 시장개방을 다룬다. 예컨대 최근 배기가스 배출거래제도[327])에서 배출인증서의 시장 창출과 같은 것을 들 수 있다.[328])

3. 제도적 경제화

'제도적 경제화(institutionelle Ökonomisierung)'의 경우에는 특히 경제참여자나 기술표준화기관에 의해 만들어진 규범이라고 볼 수 있는 비국가적인 규정집도 환경법에 통합된다. 여기에서는 예를 들어 환경법에서 매우 광범위하며 - CO_2 소비를 줄이기 위한 자동차산업의 자기의무이행을 생각한다면 - 매우 차별적으로 성공적인 자기의무이행을 고려할 수 있다.[329]) 또 다른 예들도 다양하고 최근의 예들

Die EEG-Clearingstelle ― Alternative Streitbeilegung auf dem Gebiet des Rechts der Erneuerbaren Energien, ZUR 2009, 531 ff. 참조.

327) 이것에 관한 우리나라 문헌으로는, 한귀현, 지구온난화와 배출권거래 - 독일의 배출권거래법제를 중심으로 -, 환경법연구 제29권 2호, 2007, 575면 이하; 데 트레프 치블카, 김현준(역), 유럽과 독일의 기후변화대책법 - 배출권거래제도 이외의 법제도를 중심으로 -, 환경법연구 제30권 2호, 2008, 183면 이하; 프란츠 요셉 파이네, 김명용/김현준(역), 독일의 배출권거래법의 최근 동향, 환경법연구 제30권 2호, 2008, 119면 이하; 오준근, 기후변화협약에 따른 환경산업관련법제의 개선에 관한 입법론적 고찰, 환경법연구 제30권 3호, 2008, 485면 이하 참조.

328) 예컨대 Schneider, a.a.O., Die Verwaltung Bd. 34 (2001), 317 (321) 참조.

329) 환경법에서 자기의무이행(Selbstverpflichtungen)의 의미에 관해 상세한 것은, 예컨대 Kloepfer, a.a.O., § 5 Rdnr. 513; Schendel, Selbstverpflichtungen der Industrie als Steuerungsinstrument im Umweltschutz, NVwZ 2001, 494 ff.; Frenz, Selbstverpflichtungen der Wirtschaft, 2001 참조. 여기에서 특히 Schendel의 논문은 맨 앞부분에서 다음같이 요약하고 있다. "산업의 자기의무이행은 독일과 유럽 차원에서의 환경정책에서 최근 경향에 맞는 수단이다. 자기의무이행의 내용을 거론하고 있다. 질서법에 대한 관계도 마찬가지로 언급한다. 자기의무이행에 대한 법적 심사기준은 상세히 고찰하고 있고, 그 장단점

역시 충분하다. 예컨대 팜 오일처럼 독일에서 기후보호 이익을 위해
에너지로 이용하는 바이오매스는 물론 부분적으로 예컨대 원시 생물
다양성의 파괴와 우림의 남벌과 같은 치명적인 조건 하에서 세계적
으로 생산되고 있다.330) 2009년 여름에 채택된 지속 가능명령
(Nachhaltigkeitsverordnung)331)을 통해 바이오매스가 독일에서 지속
적으로 생산되는 전기 공급을 위해 이용되고 크게 기후보호에 기여
하도록 연방정부는 보장하려고 한다. 이것은 전 세계의 문제이기 때
문에 지속 가능명령은 세계적으로 작동하여 자체 인증표준을 기반으
로 바이오매스의 재배를 통제하는 소위 인증시스템과 같은 사경제제
적 검증시스템과 관련된다. 그래서 국가는 이 인증기관의 통제를 제
한한다('Kontrolle der Kontrolleure').332) '통제된 자기책임'333)을
위한 국가감독의 그 경향은 예컨대 폐기물법과 같이 환경법의 기타

도 형량하고 있다. 흥미로운 부분은 여러 수단들의 결합에 관한 부분이다. 또
한 2000년 11월 독일 산업(경제)의 새로운 기후보호-자기의무이행도 제시하고
있다."

330) SRU, Klimaschutz durch Biomasse, Sondergutachten 2007, Tz. 39.

331) Verordnung über Anforderungen an eine nachhaltige Herstellung von flüssiger
Biomasse zur Stromerzeugung － Biomassestrom-Nachhaltigkeitsverordnung v.
23. 7. 2009 (BGBl. I S. 2174); 제정 이유에 관해서는 BT-Drs. 16/13326 참조.

332) 지속 가능명령의 내용에 관해 자세한 것은, Ekardt/Hennig, Die Biomass-
estrom-Nachhaltigkeitsverordnung － Chancen und Grenzen von
Nachhaltigkeits-Kriterienkatalogen, ZUR 2009, 543 ff. 지속 가능명령은
Nachhaltigkeitsanforderungen der Richtlinie 2009/28/EG를 독일 국내에 이
행한 것인데, 이것에 관해서는, Ludwig, Nachhaltigkeitsanforderungen beim
Anbau nachwachsender Rohstoffe im europäischen Recht, ZUR 2009, 317
ff. 참조; 이러한 Richtlinie의 기초적인 것으로는, Lehnert/Vollprecht, Neue
Impulse von Europa: Die Erneuerbare-Energien-Richtlinie der EU, ZUR
2009, 307 ff. 참조; 지속 가능성의 논쟁에 관해 기본적인 것으로는,
Lee/Bückmann/Haber, Bio-Kraftstoff, Nachhaltigkeit, Boden- und
Naturschutz, NuR 2008, 821 ff. 참조.

333) kontrollierten Eigenverantwortlichkeit.

여러 분야에서도 발견된다.[334]

4. 조직적 경제화

마지막 예로써 밀접하게 관련되는 것은 '조직적 경제화(organisa-torische Ökonomisierung)'라는 관념이다. 여기에서 경제행위자는 국가적 생활배려와 환경보호라는 과제를 수행하는 조직에 참여한다. 이것을 위해 특히 형식적 내지 기능적 민영화(formelle wie funktionale Privatisierung)[335]의 전체분야가 고려될 수 있다.[336] 예를 들어 민관협력[337]을 통한 공적 과제의 수행을 들 수 있다. 따라서 특히 폐기물처리 분야에서 수많은 그 민관협력이 발생할 수 있는데, 예를 들어 그 이유는 재활용경제·폐기물법(KrW-/AbfG) 제16조 제1항[338]

---

334) 폐기물법에서의 통제된 자기책임에 관해서는, 최근 BVerwG, ZUR 2009, 487 ff. 참조; 이 판결에 관해 상세한 것은, III. 이하 참조; 이것에 관해 일반적으로 상세한 것은, Trute, Vom Obrigkeitsstaat zur Kooperation, in: Hendler/Marburger/Reinhardt/Schröder, Rückzug des Ordnungsrechtes im Umweltschutz, UTR Bd. 48, S. 13 ff. (36 ff.) 참조.

335) 졸고, 독일 지방 상수도사업의 민영화에 관한 법정책적 과제, 법학연구 제12집 제2호, 2009. 8. 31, 37-38면. 이 논문은 형식적 민영화는 국가가 임무를 스스로 수행하지만 사법상 조직형태를 이용하는 것이고(일명 조직민영화), 기능적 민영화는 임무이전이 일어나지 않고 다만 국가는 제3자를 행정보조자로서 끌어들여 임무를 이행한다(일명 이행민영화)고 지적하고 있다.

336) 이것에 관해 자세한 것은, 예컨대 SRU, Umweltverwaltungen unter Reformdruck: Herausforderungen, Strategien, Perspektiven, Sondergutachten 2007, S. 330 ff. 참조.

337) 졸고, 전게논문, 54-55면. 여기에서는 공사협력모델로서 경영지도자모델, 운영자모델, 협력모델, 특허모델을 소개하고 있다.

338) Kreislaufwirtschafts- und Abfallgesetz. "(1) Die zur Verwertung und Beseitigung Verpflichteten können Dritte mit der Erfüllung ihrer Pflichten beauftragen. Ihre Verantwortlichkeit für die Erfüllung der Pflichten bleibt hiervon unberührt. Die beauftragten Dritten müssen über die erforderliche

이 처리의무기관에게 명백히 제3자에게 처리의무의 수행을 제공할 가능성을 열어놓고 있기 때문이다. 그럼에도 이행책임은 여전히 기관에 남아 있다. 수법에서도(물관리법339) 제18a조 제2a항340)) 제3자의 개입 가능성은 폐수제거에서 명시적으로 그 가능성을 규정하고 있다.

III. 환경규제의 경제화의 의미

이러한 개념 이해와 더불어 경제화의 다양한 형태들은 기술되었고, 경제화가 이미 환경법에서 중심적 의미를 갖고 있는 여러 예들이 많이 있었다. 이것에는 여러 가지 이유가 있을 수 있을 것이다.

무엇보다도 우선 순수하게 질서법상으로 조종하는 경우 오랫동안 인식된 무능력을 들 수 있다. 위험방지를 벗어난 리스크예방의 분야에서는 질서법만으로 환경보호가 충분히 정당화될 수 없다.341) 질서

Zuverlässigkeit verfügen."

339) Wasserhaushaltsgesetz(WHG); Gesetz zur Ordnung des Wasserhaushalts v. 31. 7. 2009, BGBl. I S. 2585. 최종 개정은 Art. 24 Abs. 2 Satz 2 G zur Neuregelung des Wasserrechts vom 31. 7. 2009(BGBl. I S. 2585)에 의해 이루어졌다.

340) "(2a) Die Länder können regeln, unter welchen Voraussetzungen eine öffentlich-rechtliche Körperschaft ihre Abwasserbeseitigungspflicht auf einen Dritten ganz oder teilweise befristet und widerruflich übertragen kann. Zu diesen Voraussetzungen gehört insbesondere, dass 1. der Dritte fachkundig und zuverlässig sein muss, 2. die Erfüllung der übertagenen Pflichten sicherzustellen ist, 3. der Übertragung keine überwiegenden öffentlichen Interessen entgegenstehen dürfen."

법 규정도 더 효율적인 집행이 필요하다. 법 집행의 결함은 질서법의 효율성을 떨어뜨린다. 예를 들어 직원이 부족한 환경행정청이 특히 허가 발급에 의한 감독절차에서 국제적으로 조직된 대기업과 부딪힌다면, 그 집행은 불평등한 협상능력에 의해 약화될 수밖에 없다. 결국 여러 해 동안 증가한 복잡성, 환경오염의 여러 가지 인과관계, 경제적이거나 비경제적인 생활관계의 성숙한 세계화 그리고 "이익사회의 부분 시스템들의 조종 저항"342) 등은 민족국가에는 그 규제권한의 한계를 갖게 한다. 따라서 효과적인 환경보호를 위해서는 경제적인 기득권 이익을 포함해야 하고, 모든 국가 및 비국가 기관 사이에 공고한(수평적이고 수직적인) 협력을 추구하고 일방적이고 명령적인 국가행동을 유연화해야 할 것이다.343) 이 모든 것은 모든 행위자들 사이의 교차 및 상호의존성, 입법과 입법차원의 다양한 상호의존 그리고 환경법상 협력의 중요한 의미뿐만 아니라,344) 직접적으로 경제화를 이끌어내고 있다. 문헌에서는 대체로 경제화, 특히 제도적 경제화는 '상당한 탈국가화'와 함께한다고 지적하고 있다.345) 또한 이것은 경제화의 효과뿐만 아니라, 그 원인도 설명하고 있다. 환경법의 세계화346)와 환경법의 경제화는 서로 의존하고 있다. 최근 예를 들

---

341) 이것에 관해서는, 예컨대 Franzius, a.a.O., S. 91 ff. 참조.

342) "Steuerungsresistenz der gesellschaftlichen Teilsysteme"; Trute, a.a.O., S. 13 (14).

343) 이것에 관해 기본적인 것은, Kloepfer, Über die Flexibilisierung staatlichen Handelns, in: Appel/Hermes, Mensch ‐ Staat ‐ Umwelt, 2008, S. 79 ff. 참조.

344) 이것에 관해서는, 예컨대 Trute, a.a.O., S. 13 ff.; Rengeling, Kooperationsprinzip, Kooperationsinstrumente und Instrumentenverbund im Umweltrecht, in: Eberle/Ibler/Lorenz, Der Wandel des Staates vor den Herausforderungen der Gegenwart, FS Brohm, 2002, S. 509 ff. 참조.

345) Schneider, a.a.O., Die Verwaltung Bd. 34 (2001), 317 (322).

면 지금까지 다시 한 번 지속 가능명령이 지적되고 있다. 독일에서 재생에너지의 확대를 위해 열정적으로 이용되는 바이오매스의 모든 형태가 지속적으로 생산되고 있는지 국가가 통제하려고 한다면, 국가는 야자유 농장을 세계적으로 관리해야 할 것이다. 모든 국제법 전문가들뿐만 아니라 모든 예산 전문가들의 상상을 고려해 보아야 할 것이다. 따라서 효과적인 환경법은 사회적인 부분 시스템에서의 리스크 조종이 부분적으로 다시 변화하지 않거나 또한 경제참여자와 협력하지 않고서는 오래 지탱하지 못할 것이다.347) 그래서 환경법의 경제화는 점점 더 증가하는 세계화와 복잡성의 시대에 합리적인 선결조건이라고 볼 수 있다.

이와 같이 내생적으로 환경법에서 도출될 수 있는 이런 이유 외에도 추가하여 지적하자면 밖에서 끌어낼 수 있는 외연적인 필요성이 있다. 다시 말해서 생태와 경제를 서로 조정할 필요가 있는 것이다. 지속 가능발전에 바로 접근하는 것을 말한다. 1992년 리오회의 이래로 환경국제법348)과 유럽 및 국내 환경법에 근거를 두고 있는 이 모

---

346) 이것에 관해서는, Koch/Mielke, Globalisierung des Umweltrechts, ZUR 2009, 403 ff. 참조

347) Trute, a.a.O., S. 13 ff. (15).

348) Beyerlin, Umweltvölkerrecht, 2000, Rdnr. 33 ff.; Feist, Von Rio nach Berlin: Die Aktivitäten der Vereinten Nationen auf den Gebieten des Umwelt- und Klimaschutzes, JuS 1997, 490 (493): "Die Entwicklung des Umweltvölkerrechts bis zur Rio-Konferenz.- Die Rio-Konferenz von 1992.- Die Berliner Konferenz 1995.- Andere Folgewirkungen der Rio-Konferenz." 기본적인 것으로는 이미 Bericht der Weltkommission für Umwelt und Entwicklung von 1987 (Brundtland-Kommission)이 있는데, 이 위원회는 지속 가능발전을 하나의 발전으로 이해했다. 이 발전은 현재의 필요를 만족시키고, 미래세대의 가능성이 없더라도 자기 고유의 필요를 충족하고 영향을 미친다.; 이것에 관해서는 World Commission on Environment and Development,

델[349]은 경제적이고 사회친화적인 발전의 동등한 목표를 조화시키려는 장기적 관점에서 - 예컨대 세대 간 정의와 같은 다른 목표 외에도[350] - 환경보호를 위해 노력하고 있다. '에코개발법(law of ecodevelopment)'에 관해 환경·경제법을 함께 실행하는 노력들을 국제법으로부터 끄집어낼 수도 있다.[351] 따라서 지속 가능모델은 환

Our common future, 1987, S. 8 ff. 참조.

349) 지속 가능발전에 관한 문헌은 셀 수 없이 많은데, 그 중 유익한 것을 예로 들면, Menzel, Das Konzept der »nachhaltigen Entwicklung« - Herausforderungen an Rechtsetzung und Rechtsanwendung, ZRP 2001, 221 (223 ff.): "Im Februar 2001 benannte Bundeskanzler Gerhard Schröder die 16 Personen des nationalen „Rats für nachhaltige Entwicklung". Im Juni 2001 erwartet der Europäische Rat die Vorlage einer Gemeinschaftsstrategie, „mit der die Umweltaspekte und die wirtschaftlichen Aspekte nachhaltiger Entwicklung besser verzahnt werden können". Und für 2002 wird derzeit ein „Weltgipfel für nachhaltige Entwicklung" („Rio + 10") in Johannesburg/Südafrika vorbereitet. Was aber ist „nachhaltige Entwicklung"? Der Aufsatz bemüht sich um eine Klärung dieses Begriffs, zeigt seine verfassungsrechtlichen und europarechtlichen Bezüge auf und beleuchtet exemplarisch Auswirkungen auf einzelne Verwaltungsrechtsbereiche."; Epiney/ Scheyli, Strukturprinzipien des Umweltvölkerrechts, 1998, S. 36 ff.; Kloepfer, a.a.O., § 4 Rdnr. 31 ff.; 최근 문헌으로는, 예컨대 Ekardt, Nachhaltigkeit und Recht, ZfU 2009, 223 ff.; Knopp/Piroch, a.a.O., ZUR 2009, 409 (410); 연방정부의 지속 가능전략과 계속적인 정보에 관해서는 http://www.bmu.de/nachhaltige_entwicklung/stategie_und_umsetzung/ nachhaltigkeitsstrategie/doc/38935.php 참조. 이 가운데, 특히 Menzel 논문의 본문은 다음과 같이 그 내용을 요약할 수 있다. "2001년 2월 연방수상 Gerhard Schröder는 국가 '지속 가능발전위원회'의 16명 위원을 임명했다. 2001년 6월 유럽의회는 '지속 가능발전의 환경적 관점과 경제적 관점이 더 낫게 맞물리게 연결될 수 있는' 공동체전략의 제출을 예상하고 있다. 그리고 현재는 2002년 Johannesburg/Südafrika '지속 가능발전을 위한 세계정상회의('Rio+10')'를 준비하고 있다. 도대체 '지속 가능발전'이란 무엇인가? 본고는 이러한 개념을 설명하기 위해 노력하고 있고, 그 헌법적이고 유럽법적 연관성을 제시하며, 개별 행정법분야에 대한 모범적인 효과를 조명하고 있다."

350) 여기에서는 그 설명을 의식적으로 포기하고 있다; 예를 들어, Ekardt, a.a.O., ZfU 2009, 223 ff. 참조.

351) 상세한 것은, Schröder, Sustainable Development - Ausgleich zwischen Umwelt und Entwicklung als Gestaltungsaufgabe der Staaten, AVR 1996,

경법에 있어서 그 경제적인 관점을 고려하기 위한 이상적인 출발점으로도 간주될 수 있다. 이미 리오선언 원리16은 국가 행정청에 지속 가능발전의 이익에서 경제적 수단의 사용을 촉진하도록 권장하고 있다.

이렇게 경제적 이익들을 고려하는 것은 절차적·실질적·조직적 경제화에 관해서도 그 윤곽을 어떻게 그려야 할 것인지 종종 비판을 받고 있다.

① (압축된) 키워드로서 규제 완화로 요약되는 행정절차를 경제적으로 구체적이게 형성할 경우, 예를 들어 공공참여를 제한하거나 집행결함을 사전에 프로그램화하는 것이 우려될 수 있다. 2년 전 환경문제에 대한 전문가자문위원회(SRU)가 설명한 바와 같이[352] 현대환경행정의 엄청난 요구사항을 감안할 때, 바로 사실상의 간소화 효과에 대한 경험적인 증거부족 때문에 그러한 규제 완화 노력이 사실 당연하게 회의론에 직면할 수 있지만, 그러나 절차적 경제화에 대한 일괄적인 거부를 정당화하지는 못할 것이다. 첫 번째 이유는 규제 완화와 높은 환경보호수준이 서로 배타적이지 않는 선례가 있기 때문이다.[353] 예컨대 2007년 발효한 폐기물법상의 감독 간소화를 들 수 있고,[354] 또한 UGB에 따르면, 관료비용절감이 특히 중소기업에

---

251 (268).

352) Sachverständigenrat für Umweltfragen. SRU, a.a.O. 도처에 있는 자료들 참고

353) 이것에 관해서는, Krohn/Näckel/Schlacke/Wustlich, Editorial zur ZUR-Aufsatzserie zur Deregulierung und Verfahrensbeschleunigung im Umweltrecht, ZUR 2006, 281 또는 이것과 관련한 논문들 참고

354) 이것에 관해서는, 특히 Stöhr, Vereinfachung der abfallrechtlichen Überwachung,

대해 최고 2,700만 유로라는 것이 확인되었다.355) 두 번째 이유는
환경법의 효율성이 규제 완화 입법보다 훨씬 심하게 영향을 미치기
때문이다. 예컨대 환경행정의 인력배치나 감독규정들을 집행지향적으
로 구체적이게 형성하는 것을 들 수 있다.356)

② 실질적 경제화의 측면에서 자주 예산 삭감하는 것은 환경보호
수준에서 우려할 수 있다. 그러나 이것 역시 결코 자동적으로 저절
로 생기지는 않는다. 바로 최근 금융ㆍ경제위기의 시대에 실질적 경
제화가 더욱더 환경보호를 약화시키면서 진행될 필요는 없다. 이것
은 2008년 12월 유럽연합(EU)에 의해 승인된 에너지ㆍ기후 패키지
가 증명해주고 있다. 이러한 에너지ㆍ기후 패키지는 자체 목표가 전
혀 바뀌지 않으면서 금융위기로부터 압력을 받고서 자체 내용이 단
지 부분적으로만 변경되었다.357)

③ 조직적 경제화의 측면에서도 예산 절감이 환경보호수준에서 우

ZUR 2007, 77 ff. 참조.

355) 이러한 맥락에서, 요약한 것으로는, Knopp/Piroch, a.a.O., ZUR 2009, 409
(411).

356) 이것에 관해서는, 특히 SRU, a.a.O.에서 경험적인 데이터를 참고할 것.

357) 이것에 관해서는, Wegener, Zukunftsfähigkeit des europäischen Umweltrechts,
ZUR 2009, 459 (461); Thoms, Europäisches Klimaschutzpaket unter dem
Diktat der Finanzkrise?, ZNER 2009, 121 ff.; Frenz, Wirtschaftskrise und
nachhaltiger Umweltschutz, UPR 2009, 48 ff.;Knopp/Piroch, a.a.O., ZUR
2009, 409 ff. 참조. 이러한 논문들 가운데, 특히 Frenz의 논문의 내용은 다음과
같다. "환경과 경제는 원칙적인 것에서 뿐만 아니라, 바로 배출거래분야에서도
서로 화해할 수 있다. 이러한 형량을 할 때, 경제 위기의 사실상의 발전을 고
려할 수 없는 것은 아니다. 따라서 경제적 이해관계에 사실적일 뿐만 아니라,
법적으로도 커다란 의미를 부여할 수 있다. 환경보호는 실현할 수 있고, 무엇
보다 재정지원이 가능하다."

려될 수 있다. 이런 우려는 특히 조직에 대한 국가 영향력을 축소한 결과이거나 또는 조직적으로는 책임을 지지만 원칙적으로는 오직 자신의 이익극대화만을 추구한 개인들의 수익률 기대의 결과로 생긴 것이다. 결국 실무에서는 커다란 위험에 봉착하게 될지도 모른다. 조직적 조치들이 단지 환경보호의 개별적인 수익률 관점에만 관련되고 조직 분할을 통해 나머지 부분이 결핍되므로 일반적으로 더 많은 비용을 지불하거나 나머지 부분의 가격이 더 이상 저렴하지 않을 수 있는 위험이 발생할 수도 있는 것이다. 바로 폐기물법은 최근 '폐지 투쟁'에서 보여준 것처럼 여기에서 수많은 모범을 제시하고 있다.358) 그에 따라 조직적 경제화의 도전은, 사회적 과제의 수행이나 조직의 기능적 능력 또는 환경보호수준의 달성이 위험에 빠지지 않으면서, 환경보호조치를 하는 조직이 더 효율적으로 성과를 거둘 수 있는 테두리를 정하는 것이다. 따라서 그 목표 달성은 조직적 경제화의 한계이고 국가적 보증책임의 의미에서 국가적 최종책임을 통해 보장되어야 한다.359) 폐지 투쟁에 관한 원칙적 판결에서 연방행정법원(BVerwG)은 이러한 원칙을 명시적으로 확인했다. 조직이 우선 공법상 폐기물처리시스템의 존재를 위태롭게 하지 않고, 이미 "그 조직과 공법상 폐기물처리주체의 계획안전에 대한 경미한 효과 이상을 초래하거나" 또는 기능능력이 영향을 받는다면, 법원은 공공이익을 가볍게 다룬 것으로 (그리고 대부분 조직적 경제화와 비교된다)고 간주했다.360)

---

358) 폐지 투쟁(Kampf um das Altpapier). 이것에 관해서는, Wenzel, Überlassungspflichten für Verwertungsabfälle aus privaten Haushaltungen － Regel oder Ausnahme?, ZUR 2008, 411 ff. 참조.

359) 보증책임(Gewährleistungsverantwortung). Trute, a.a.O., S. 13 (20 ff.); 상세한 것은, SRU, a.a.O. 여기 저기 참조.

이러한 배경에서 경제화의 의미와 난센스에 대한 일괄적인 언급에서 의구심이 일어났고, 그리고 자주 그 장단점이 같은 이유로 표현될 수도 있다. 그래서 예컨대 절차적 경제화는 행정절차상 기본권 보장기능을 수행하기 위한 수단일 뿐만 아니라 기본권보호를 제한하는 수단일 수도 있는 것이다.

만약 생태이익과 환경이익 조합의 지속 가능성이 기여하는 바가 서로 최상의 균형을 위해 목전에서 발생한다면, 그 이미지는 아직도 더 구별될 것이다. 따라서 경제적 효율성을 기준으로 환경보호의 방향을 단일화하지 않고, 상호 재조정한다. 지속 가능발전의 사고를 가진 자는 법, 특히 경제법의 다른 분야에서 더 많은 환경적 고려사항을 포함해야 한다. 이러한 이면에도 많은 긍정적인 발전을 확인할 수 있다. 예를 들어, 공공조달법은 경제적이고 특히 비용 면에서 효율적인 행정작용의 주된 목적 이외에 실질적인 2차 목적을 추구할 수 있고, 따라서 예를 들어 공공조달결정의 생태학적인 기준도 그 기반이 될 수 있다.[361] 이것은 경제행정법의 실질적 경제화에 관한 하나의 예로서 적용될 수 있다. 또 다른 예를 들면 최근 경기부양·

---

360) BVerwG, ZUR 2009, 487 (489, Rn. 34); 이것에 대해 비판적인 것으로는, Kopp-Assenmacher, Abfallwirtschaft: Respice finem!, ZUR 2009, 345 f.

361) 이것에 관해서는, Wegener, a,a,O., ZUR 2009, 459 (461); Schneider, a.a.O., 317 (323 ff.); 더 상세한 것은, Schneider, Umweltschutz im Vergaberecht, NVwZ 2009, 1057 ff. 참조. Schneider의 두 번째 논문 내용을 요약하면 다음과 같다. "공공조달제도의 조정된 생태화를 위한 유럽집행위원회의 최근 발안, 니더작센주의 협정요금준수법(Tariftreuegesetz)이 공동체법에 위배되었는지에 대한 유럽법원(EuGH)의 판결, 그리고 독일 공과금법의 개혁 등은 공과금법에서 환경보호에 관해 새로운 문제를 제기하고 있다. 본고는 이러한 문제들에 몰두하고 있고 이러한 배경에서 환경지향적인 공공조달제도의 여지, 한계 그리고 개선가능성을 분석하고 있다."

투자패키지는 단지 경제 활성화에만 기여하는 것이 아니라, 동시에 생태학적 목표를 달성해야 한다. 그래서 독일에서는 경기부양패키지 가운데 환경보호조치에 대한 지출 비중이 약 13%를 차지하고 있는 것이다. 아울러 유럽과 비교하여 독일의 생태학적 비중은 유럽연합 집행위원회의 조사에 의하면 선두그룹에 있다. 국제적으로 비교하더라도, 그 비중은 크게 증가할 수 있다고 한다.[362] 그 밖에 독일 '해체 프리미엄'에 관한 논의가 보여주는 바에 따르면, 예컨대 해체 프리미엄에서 새 차의 CO_2 대차대조표가 고려되지 않은 점이 목전에서 발생한다면, 경기부양패키지의 생태학적으로 분류된 비중은 생태학적 이익의 지속적 고려를 위한 최적의 잠재력을 포함할 수 있다는 것이다.[363] 또한 경제법의 다른 영역에서도 더 크게 조절할 필요성이 있다는 점이 감추어져서는 아니 된다. 예를 들어 국제무역법은 - GATT 제20조의 규정에도 불구하고[364] - 단지 무역장벽의 정당성을 위해서는 불충분하지만 지속적인 환경보호조치도 허용하고 있다.

마지막으로, 교차영역으로서 환경규제의 경제화의 의미는 매우 상

---

362) »EU-Kommission: Konjunkturpakete nicht grün genug«, Frankfurter Allgemeine Zeitung v. 16. 6. 2009, S. 10.

363) '해체 프리미엄(Abwrackprämie)'의 배경에 대해 비판적인 것으로는, Groß, Welche Klimaschutzpflichten ergeben sich aus Art. 20a GG?, ZUR 2009, 364 ff. "Art. 20a [Schutz der natürlichen Lebensgrundlagen]
Der Staat schützt auch in Verantwortung für die künftigen Generationen die natürlichen Lebensgrundlagen und die Tiere im Rahmen der verfassungsmäßigen Ordnung durch die Gesetzgebung und nach Maßgabe von Gesetz und Recht durch die vollziehende Gewalt und die Rechtsprechung."

364) 이것에 관해 상세한 것은, 예컨대 Beyerlin, a.a.O., Rdnr. 615 ff.; Koch/Mielke, a.a.O., ZUR 2009, 403 (408)도 참조

이하다. 몇몇 분야, 예컨대 쓰레기 집하장과 핵폐기물 최종저장소처럼 장기적으로 안전성을 필요로 하는 분야에서는,365) 경제화의 의미가 자연스럽게 거의 표현되지 않거나, 또는 - 전체적으로 행정절차의 기본권보장적인 기능이라는 의미에서 - 절차적 경제화가 제한적일 수 있는 반면, 환경법의 다른 분야, 예컨대 기후보호법은 바로 거의 삶의 모든 영역에 할당될 수 있는 온실가스배출량의 보편성과 세분성에서 도출되는 고도로 광범위하게 세분된 경제화를 통해 부각되고 있다.366) 게다가 환경보호의 높은 수준을 달성하기 위해 나머지 분야는 의식적으로 다른 것과 대조함으로써 두각을 나타낸다. 즉 자연보호법367)에 있어서 단체소송법처럼, 단지 의식적으로 경제적 자기

---

365) 이것에 관해서는, Lübbe-Wolff, Instrumente des Umweltrechts - Leistungsfähigkeit und Leistungsgrenzen, NVwZ 2001, 481 (482) 참조: "Für umweltpolitische Steuerungsaufgaben steht eine breite Palette umweltrechtlicher Instrumente zur Verfügung. Über die Funktionsfähigkeit und Effizienz einiger dieser Instrumente wird häufig zu pauschal geurteilt. Eine differenziertere Analyse zeigt, daß über den Einsatz, Ausbau oder Rückbau bestimmter Instrumententypen sinnvoll nicht anhand von Annahmen über deren allgemeine Vorzugswürdigkeit oder Minderwertigkeit entschieden werden kann, sondern nur pragmatisch unter Berücksichtigung der Vor- und Nachteile des jeweiligen Instruments und der konkreten Anwendungsbedingungen, von denen abhängt, wie diese Vor- und Nachteile sich in einzelnen Anwendungsbereichen ausprägen."

366) 이미 Wissenschaftlicher Beirat der Bundesregierung Globale Umweltänderungen (WBGU), Jahresgutachten 1993 - Welt im Wandel, BT-Drs. 12/7144, S. 18에서 확인되고 있다. 즉 '다양한 온실가스자원 때문에 거의 모든 인간 활동은 비판적으로 검토되지 않으면 안된다'; 계속해서, Wustlich, Die Atmosphäre als globales Umweltgut, 2003, S. 91ff. 참조.

367) "§ 64 Rechtsbehelfe
    (1) Eine anerkannte Naturschutzvereinigung kann neben den Rechtsbehelfen nach § 2 des Umwelt-Rechtsbehelfsgesetzes, ohne in eigenen Rechten verletzt zu sein, Rechtsbehelfe nach Maßgabe der Verwaltungsgerichtsordnung einlegen gegen Entscheidungen nach § 63 Absatz 1 Nummer 2 bis 4 und Absatz 2 Nummer 5 bis 7, wenn die Vereinigung

이익의 집착으로부터 벗어나기 때문에 성공적인 영역을 예로 들 수 있다. 바로 개인의 경제적 이익에 연결되지 않기 때문에, 환경법의 필수불가결한 기둥이라고 할 수 있을 것이다.

〈참고: 환경규제의 경제화의 전망〉[368]

Bereits das Beispiel Verbandsklagerecht zeigt, dass die Ökonomisierung keine isolierte Strömung ist, sondern nur eine unter verschiedenen, die durchaus zwiespältig betrachtet werden können. Dennoch ist unbestritten, dass die Ökonomisierung im Umweltrecht auch künftig weiter an

---

1. geltend macht, dass die Entscheidung Vorschriften dieses Gesetzes, Rechtsvorschriften, die auf Grund dieses Gesetzes erlassen worden sind oder fortgelten, Naturschutzrecht der Länder oder anderen Rechtsvorschriften, die bei der Entscheidung zu beachten und zumindest auch den Belangen des Naturschutzes und der Landschaftspflege zu dienen bestimmt sind, widerspricht,
2. in ihrem satzungsgemäßen Aufgaben- und Tätigkeitsbereich, soweit sich die Anerkennung darauf bezieht, berührt wird und
3. zur Mitwirkung nach § 63 Absatz 1 Nummer 2 bis 4 oder Absatz 2 Nummer 5 bis 7 berechtigt war und sie sich hierbei in der Sache geäußert hat oder ihr keine Gelegenheit zur Äußerung gegeben worden ist.

(2) § 1 Absatz 1 Satz 4, § 2 Absatz 3 und 4 Satz 1 des Umwelt-Rechtsbehelfsgesetzes gelten entsprechend.

(3) Die Länder können Rechtsbehelfe von anerkannten Naturschutzvereinigungen auch in anderen Fällen zulassen, in denen nach § 63 Absatz 2 Nummer 8 eine Mitwirkung vorgesehen ist."

368) Guido Wustlich, Ökonomisierung im Umweltrecht ZUR 2009 Heft 11, 519ff.

Bedeutung gewinnen wird und dass ökonomische und ordnungsrechtliche Instrumente gleichermaßen, jeweils in Abhängigkeit ihres Leistungsprofils,[369] wichtige Anwendungsbereiche abdecken können. Die bisherigen Beispiele zeigen, dass insbesondere wachsende Globalisierung und Komplexität sowie ‑ in Zeiten klammer öffentlicher Kassen ‑ eine tendenzielle Zurückhaltung der öffentlichen Hand zur stärkeren Kontrolle eine ökonomische Ausgestaltung des Umweltrechts weiterhin erforderlich machen: Ökonomische Instrumente werden auch in Zukunft wichtig sein, insbesondere auch zur Bewältigung von zentral nicht mehr steuerbaren Innovationsprozessen.

Dennoch bedeutet dies keinesfalls, dass der Staat zurücktreten wird; im Gegenteil: die stärkere Ökonomisierung kann durchaus (und wird auch) mit einer Stärkung des staatlichen Handlungsspielraums einhergehen. Ökonomisierung kann auch Ausdruck eines machtvollen Staates sein.[370] Dass dies kein Widerspruch ist,[371] soll anhand der Instrumentenfrage dargestellt werden. Stark vereinfacht soll die Zukunftsfähigkeit des Umweltrechts anhand der Instrumente der direkten und der indirekten Verhaltenssteuerung dargestellt werden, oder noch stärker verkürzt: Ordnungsrecht versus ökonomische Instrumente. Beide Ansätze befinden sich in einer

---

369) Lübbe-Wolff, Instrumente des Umweltrechts ‑ Leistungsfähigkeit und Leistungsgrenzen, NVwZ 2001, S. 481 (483).

370) Kloepfer, Über die Flexibilisierung staatlichen Handelns, in: Appel/Hermes, Mensch ‑ Staat ‑ Umwelt, 2008, S. 79 (103).

371) Daher zu Recht auch kein Widerspruch, wenn BMU, Ökologische Industriepolitik, 2008, einerseits ökonomischen Instrumenten eine »Schlüsselrolle« (S. 14) zuweist, andererseits eine »Renaissance« des Ordnungsrechts prognostiziert (S. 23).

historischen Wellenbewegung: Nachdem im Umweltrecht zunächst über Jahrzehnte das Ordnungsrecht überwog, folgte - angestoßen durch die Umweltökonomie - eine Welle der Ökonomisierung; das Ordnungsrecht galt plötzlich als »unmodern obrigkeitsstaatlich und, ökonomisch gesprochen, als ineffizient«.[372] Das Umweltrecht der Gegenwart setzt sich daher aus einem policy mix beider (und noch weiterer) Instrumente zusammen. Nach dem bisherigen Verständnis stehen beide Instrumententypen in einem Ausschließlichkeitsverhältnis. Diese Dichotomie durchzieht die gesamte Instrumentendebatte und gipfelt in einem Grundsatz, der als Grundsatz der Instrumentenklarheit und Systemgerechtigkeit bezeichnet werden kann: Instrumente wirken direkt oder indirekt. Dies führt etwa dazu, dass Maßnahmen, die der Erfüllung einer ordnungsrechtlichen Pflicht dienen, nicht auch indirekt durch finanzielle Förderung angereizt werden dürfen, und Abgaben dürfen - jedenfalls nach der herrschenden Meinung zu den sog. Erdrosselnden Steuern[373] - nicht verbotsgleich wirken. (Scheinbare) Vermischungen gibt es partiell zwar auch,[374] aber tatsächlich sind dies eher Zusammenfassungen von direkt und indirekt wirkenden

---

372) Lübbe-Wolff, Instrumente des Umweltrechts - Leistungsfähigkeit und Leistungsgrenzen, NVwZ 2001, 481 (482).

373) Hierzu im Überblick und zugleich mit beachtlichen Gegenargumenten Fenner, Erdrosselnde Abgaben als staatliches Interventionsinstrument, 2004.

374) Kloepfer, Umweltrecht, 3. Aufl. (2004), § 5 Rdnr. 39, 169; im Ansatz ähnlich Franzius, Die Herausbildung der Instrumente indirekter Verhaltenssteuerung im Umweltrecht der Bundesrepublik Deutschland, 2000, S. 115 ff.; Rengeling, Kooperationsprinzip, Kooperationsinstrumente und Instrumentenverbund im Umweltrecht, in: Eberle/Ibler/Lorenz, Der Wandel des Staates vor den Herausforderungen der Gegenwart, FS Brohm, 2002, S. 509 (518).

Instrumenten zu Instrumentenverbunden, wie das Wasserrecht zeigt, wo teilweise neben das ordnungsrechtliche Bewirtschaftungsregime die ökonomisch wirkende Abwasserabgabe tritt: Mit dem Ordnungsrecht wird demnach das erforderliche Minimum gewährleistet, während das Abwasserabgabenrecht einen Anreiz zur Übererfüllung dieses Minimums setzt.[375] Im Prinzip ähnlich sagt nun das neue Erneuerbare-Energien-Wärmegesetz (EEWärmeG),[376] dass bei Neubauten verpflichtend ein Mindestanteil an Erneuerbaren Energien für die Wärmeversorgung eingesetzt werden muss, und schreibt hierzu ein technisches und ökologisches Minimum vor; anspruchsvollere und innovativere Technologien, die in Neubauten eingebaut werden, werden darüber hinaus finanziell auch durch den Staat gefördert.[377]

Ungeachtet dieser Instrumentenverbunde zeigt sich jedoch: Die Trennung zwischen den beiden Instrumententypen ist weder in der Theorie noch in der Praxis durchzuhalten. Das zeigt bereits das letzt genannte Beispiel: Die scheinbar so klare Abgrenzung beim EEWärmeG zwischen ordnungsrechtlicher Pflicht einerseits und finanzieller Förderung andererseits wird im Gesetz selbst durchbrochen, wenn durch § 15 EEWärmeG unter

---

375) Zu Instrumentenverbunden Kloepfer, Umweltrecht, 3. Aufl. (2004), § 5 Rdnr. 188 und zum Instrumentenverbund im Wasserrecht § 13 Rdnr. 239.

376) Gesetz zur Förderung Erneuerbarer Energien im Wärmebereich v. 7. 8. 2008, BGBl. I S. 1658.

377) Näher zum Inhalt dieses Gesetzes Klemm, Das Erneuerbare-Energien-Wärmegesetz, CuR 2008, 124 ff.; Müller, Das neue Wärmegesetz als Instrument deutscher Klimaschutzpolitik, ZNER 2008, 132 ff.; Wustlich, Das Erneuerbare-Energien-Wärmegesetz, NVwZ 2008, 1041 ff.; ders., »Erneuerbare Wärme« im Klimaschutzrecht, ZUR 2008, 113 ff.

engen Voraussetzungen eine staatliche Förderung bereits bei dem Einsatz Erneuerbarer Energien für die Erfüllung der ordnungsrechtlichen Pflicht kraft Gesetzes zugelassen wird.[378] Als weiteres, wenngleich anders gelagertes Beispiel für die Verwischung der Grenzen zwischen den Instrumenten sei auch der Emissionshandel genannt: Der Emissionshandel wird als ökonomisches Instrument par excellence an gesehen, da Anlagenbetreiber selbst entscheiden können, ob sie ihre Treibhausgasemissionen selbst reduzieren oder ob sie Emissionszertifikate am Markt erwerben; insofern kann die Entscheidung über die Ergreifung von Klimaschutzmaßnahmen nach dem Kosten-Nutzen-Kalkül getroffen werden. Diese Sichtweise ist zweifellos richtig ‑ und greift trotzdem zugleich zu kurz. Denn zunächst einmal bedient sich der Emissionshandel des klassischen Planungs- und Ordnungsrechts, zum einen bei der Festlegung einer Gesamtemissionsmenge für die einbezogenen Wirtschaftssektoren und zum anderen bei der Einführung einer Genehmigungspflicht für das Emittieren von Kohlendioxid (Emissionsgenehmigung nach § 4 TEHG) ‑ ein Umstand, der noch vor zehn Jahren unvorstellbar war, denn mit diesen Festlegungen wird eine Knappheitsentscheidung getroffen und dadurch eine Bewirtschaftungsordnung für die Atmosphäre eingeführt.[379] Auch die kostenlose Zuteilung

---

378) Zu § 15 EEWärmeG auch Müller, Das neue Wärmegesetz als Instrument deutscher Klimaschutzpolitik, ZNER 2008, 132 (135); Wustlich, Das Erneuerbare-Energien-Wärmegesetz, NVwZ 2008, 1041 (1047 f.).

379) Siehe hierzu vorausahnend Enders, Ökonomische Prinzipien im Dienste des Umweltrechts?, DÖV 1998, 184 (187); zusammenfassend Wustlich, Die Atmosphäre als globales Umweltgut, 2003, S. 91ff., passim. Dagegen hieß es noch bei BVerfG, NJW 1998, 3264 (3265): »Das Medium »Luft« unterliegt keiner öffentlich-rechtlichen Benutzungsordnung«.

von Emissionsberechtigungen sowie die Pflicht zur Emissionsberichterstattung entsprechen genuinem Ordnungsrecht. Erst bei der Frage der Zielerfüllung fließen ökonomische Überlegungen ein, denn auf dieser letzten Stufe erlaubt der Gesetzgeber die Flexibilisierung, indem er einen Handel mit Emissionszertifikaten ermöglicht. Allein deshalb den Emissionshandel als ein Instrument der indirekten Verhaltenssteuerung einzustufen, erscheint daher als Verkürzung; zutreffender wäre eine Einstufung als ein Instrument der kombinierten direkt-indirekten Verhaltenssteuerung, bei dem der Staat durch die ordnungsrechtliche Festlegung der Gesamtemissionsmenge und durch die (strikte) Überwachung der Abgabepflichten ein notwendiger Systemgarant ist.

Ein weiterer Aspekt mag dies unterstreichen: Während als Argument für die Ökonomisierung des Umweltrechts die Vermeidung von Vollzugsdefiziten angeführt wird, ist beim Emissionshandel sogar von »systembedingten Vollzugshindernissen« die Rede.[380] Der zutreffende Kern dieser Kritik an der Ausgestaltung des bisherigen EU-Emissionshandelssystems geht dahin, dass die Effizienzgewinne dieses Instruments durchaus durch überkomplexe Regelungen und die mit dem Emissionshandel verbundenen Transaktionskosten aufgezehrt werden können.[381] Dass darüber hinaus ökonomische Instrumente mit keiner oder einer nur geringen ordnungsrechtlichen

---

380) Beckmann/Fisahn, Probleme des Handels mit Verschmutzungsrechten – eine Bewertung ordnungsrechtlicher und marktgesteuerter Instrumente in der Umweltpolitik, ZUR 2009, 299 (301 f.).

381) Zu der damit aufgeworfenen Frage, ob ökonomische Instrumente tatsächlich immer effizient sind, vgl. z.B. SRU, Umweltgutachten 2008, Tz. 164 ff., 172 ff.

Flankierung wenig bewirken, ist jüngst für die flexiblen Instrumente des Kyoto-Protokolls diskutiert worden.[382] Dies alles soll nicht als Kritik am Instrument Emissionshandel und seiner flankierenden flexiblen Instrumente missverstanden werden; im Gegenteil: Die jüngst auf europäischer Ebene beschlossenen systemischen Verbesserungen für die nächste Handelsperiode (2013-2020)[383] zeigen stattdessen, dass auch ökonomische Instrumente in der Umsetzung von der Theorie in die Praxis erhebliche Lernkurven nachzeichnen können. So reagiert das novellierte Emissionshandelssystem beispielsweise auf das Problem übermäßiger Transaktionskosten durch eine Privilegierungsmöglichkeit für Kleinanlagen[384] und verringert die Komplexitätsprobleme, indem die kostenlose Zuteilung grundsätzlich auf das zur Gewährleistung der internationalen Wettbewerbsfähigkeit erforderliche Niveau reduziert wird.[385]

Umweltrechtliche Instrumente können daher heute und künftig noch stärker Mischformen beinhalten und sich aus unterschiedlichen Wirkungen gegenüber dem Adressaten auszeichnen. Erst recht gilt dies für die Wirkung auf unterschiedliche Adressaten. Als Beispiel kann hier das EEG dienen: Das EEG gewährt jedem Betreiber einer

---

382) Siehe insbesondere Winter, Das Klima ist keine Ware, ZUR 2009, 289 (297): »allzu radikale Ökonomisierung eines ökologischen Problems«.

383) Vgl. Richtlinie 2009/29/EG des europäischen Parlaments und des Rates v. 23. 4. 2009 zur Änderung der Richtlinie 2003/87/EG zwecks Verbesserung und. Ausweitung des Gemeinschaftssystems für den Handel mit Treibhausgasemissionszertifikaten, ABl. EU Nr. L 140 v. 5. 6. 2009, S. 63.

384) Vgl. Art. 27 der neuen Emissionshandels-Richtlinie.

385) Vgl. Art. 10a-10c der neuen Emissionshandels-Richtlinie.

Erneuerbaren-Energien-Anlage das Recht, den in dieser Anlage erzeugten Strom vorrangig in das Stromnetz einzuspeisen und durchzuleiten, und jede eingespeiste Kilowattstunde wird nach einem fixen Tarif vergütet. Dies ist klassische ökonomische Steuerung: Es gibt keine Verpflichtung, Strom aus Erneuerbaren Energien zu erzeugen wie etwa im sog. Quotenmodell[386] (das sich in der ökonomischen Theorie als effizienter, in der Praxis aber als sehr viel ineffizienter erwiesen hat), sondern es wird ein Anreiz gesetzt, indem allen Investoren mit festen Einspeisevergütungen eine auskömmliche Rendite in Aussicht gestellt wird. Infolge dessen investieren nicht nur Idealisten, sondern auch renditeorientierte Ökonomen in die Stromerzeugung aus Erneuerbaren Energien in Deutschland – ein Umstand, der dazu geführt hat, dass das EEG sogar nach Auffassung der eher an ökonomischen Kriterien bewertenden EU-Kommission zu den effizientesten Instrumenten zum Ausbau der Erneuerbaren Energien gehört.[387] Aber dies alles hat auch eine Kehrseite, denn nichts geht ohne Verpflichtung: Das Recht der Anlagenbetreiber korreliert mit der entsprechenden Verpflichtung der Netzbetreiber, diesen Strom abzunehmen und zu vergüten. Die Aussage, das EEG sei ein Instrument der indirekten Verhaltenssteuerung, würde daher

---

386) Zur Beschreibung des Quotenmodells und einer (positiven) Bewertung siehe Himmer, Energiezertifikate in den Mitgliedstaaten der Europäischen Union, 2004; zu ihrer (stetig sinkenden) Verbreitung in der EU siehe die Übersicht über die unterschiedlichen Fördersysteme in der EU in BMU, Erneuerbare Energien in Zahlen, Stand: Juni 2008, S. 53 f., und den EEG-Erfahrungsbericht 2007, BT-Drs. 16/7119, S. 31 f.

387) Siehe etwa die Mitteilung der EU-Kommission »Förderung von Strom aus erneuerbaren Energiequellen«, KOM (2005) 627 endg. v. 7. 12. 2005, S. 4 ff.

bei einem Netzbetreiber kaum Begeisterung ernten – die notwendigen Zwangswirkungen, die mit den Rechten der Anlagenbetreiber korrespondieren, machen es schwer, das EEG in die Rubrik der indirekten Instrumente einzuordnen. Dieselbe Amorphität weist z.B. das Dosenpfand auf, das auf der einen Seite, bei den Herstellern, eine strikte Zwangswirkung enthält, auf der anderen Seite, beim Verbraucher, eine ökonomische Anreizwirkung zur Abfallvermeidung mit auf den Weg gibt.[388]

Dies zeigt, dass es instrumentelle Mischformen gibt und dass diese in den neueren Umweltgesetzen durchaus selbstverständlich sind. Diese Mischungen, die von einem hohen ordnungsrechtlichen Begriffsverständnis gekennzeichnet sind, aber dennoch ökonomische Anreize setzen, also in gewisser Weise ökonomisch ausgestaltete Verpflichtungen darstellen, werden in Zukunft sehr viel stärker an Bedeutung gewinnen, vereinigen sie doch sowohl Vorteile der direkten als auch der indirekten Verhaltenssteuerung und zeugen zugleich von einer instrumentellen Kreativität. Ein Instrument, das diese differenzierte Wirkungsorientierung im Sinne einer ökonomisch ausgestalteten Verpflichtung besonders reflektiert und dem daher eine große Zukunft vorhergesagt werden kann, ist der Top-Runner-Ansatz, der als besonders »marktorientiert «[389] gepriesen wird, im Ergebnis aber auf ein klassisches Verbot hinausläuft: Bei diesem Instrument, das bislang

---

388) Auf dieses Beispiel verweist auch Lübbe-Wolff, Instrumente des Umweltrechts – Leistungsfähigkeit und Leistungsgrenzen, NVwZ 2001, 481 (490).

389) Zuletzt so auch Kachel, Das Energieeffizienzgesetz – Scheitern als Chance, ZUR 2009, 281 (282).

insbesondere in Japan angewendet wird, wird für eine bestimmte Produktgruppe eine Marktübersicht mit den jeweils energieeffizientesten Geräten erstellt und diese beste verfügbare Technologie als Standard festgesetzt, der von allen anderen Produkten innerhalb eines definierten Übergangszeitraums (z.B. in fünf Jahren) erreicht werden muss; dies kann durch weitere Maßnahmen flankiert werden, z.B. durch Kennzeichnungspflichten, Gerätedatenbanken oder Kaufprämien.[390] Diesem Instrument wird eine hohe Treffsicherheit und Effektivität nachgesagt, es fällt aber schwer, angesichts seiner ordnungsrechtlichen und ökonomischen Elemente dieses Instrument in die bekannten Schubladen der umweltrechtlichen Instrumentenlehre einzureihen.[391]

Wer dem Top-Runner-Ansatz in Deutschland wahrscheinlich als erstes zum Opfer gefallen wäre, ist die alte Glühbirne. Sie hat einen Wirkungsgrad von fünf Prozent. Aufgrund des Umstandes, dass Energiesparlampen rund 80 Prozent weniger Strom verbrauchen als herkömmliche Glühbirnen und private Haushalte rund zehn Prozent ihres Stroms für die Beleuchtung aufwenden, schätzt die EU-Kommission, dass in Europa mit Energiesparlampen jedes Jahr 40 TWh Strom – was ungefähr dem Stromverbrauch Rumäniens entspräche – und 15 Mio. t CO_2 eingespart werden können.[392] Im

---

390) Schomerus, Rechtliche Instrumente zur Verbesserung der Energienutzung, NVwZ 2009, 418 (420); BMU, Ökologische Industriepolitik, 2008, S. 26 f.

391) Schomerus, Rechtliche Instrumente zur Verbesserung der Energienutzung, NVwZ 2009, 418 (420), bezeichnet es als ein »im Wesentlichen ordnungsrechtlich einzuordnende(s) Instrument«, das aber ökonomisch wirke.

392) Siehe die Presseinformationen der EU unter http://europa.eu/rapid/press

Rahmen der Ökodesign-Richtlinie[393] hat daher die EU entschieden, dass die Glühbirne schrittweise verboten wird – ein ordnungsrechtliches Verbot par excellence (das nach dem marktorientierten Top-Runner-Ansatz längst überfällig gewesen wäre). Dennoch ist dieses Verbot bereits heftig kritisiert und als unnötiger Freiheitsverlust und als »krude Mischung aus Lobbyismus, Symbolismus und ökologischer Machtphantasie «[394] bezeichnet worden. Diese Kritik relativiert sich jedoch schnell, wenn man sich die Alternativen vor Augen führt: Wollte man über Preissignale den Siegeszug der Energiesparlampen forcieren, könnte dies z.B. bedeuten, eine besondere Abgabe auf diese Produkte zu erheben oder die Strompreise zu erhöhen. Ob ein Anstieg der Strompreise allerdings eine geringere Freiheitseinbuße darstellt, ist erheblich zweifelhaft. Darüber hinaus haben auch diese scheinbar ökonomischen Alternativen ihre Grenzen, wie sich aktuell zeigt. Angesichts der stark gestiegenen Strompreise der letzten Jahre und angesichts der Fülle an informatorischer Aufklärung über die Kostenvorteile der Sparlampen (ganze Internetportale berichten hierüber[395]) stellt sich nämlich die Frage, warum überhaupt noch Glühbirnen gekauft werden.

ReleasesAction.do?reference=MEMO/09/113&format=HTML&aged=0&language=en&guiLanguage=en.

393) Richtlinie 2005/43/EG des Europäischen Parlaments und des Rates v. 6. 7. 2005 zur Schaffung eines Rahmens für die Festlegung von Anforderungen an die umweltgerechte Gestaltung energiebetriebener Produkte, ABl. EU Nr. L 191 v. 22. 7. 2005, S. 29.

394) So Wegener, Die Freiheit stirbt mit der Glühbirne (wieder ein Stück), ZUR 2009, 169 (170).

395) Siehe etwa www.test.de/spargeraete/ oder http://www.umweltbundesamt.de/energie/licht.htm.

Die Preissignale verpuffen offensichtlich, und die informatorischen Instrumente bewirken das Gegenteil: Nach Medienberichten setzte es im ersten Halbjahr 2009 Hamsterkäufe, die Verkaufszahlen für Glühbirnen stiegen um 50 bis 100 Prozent sprunghaft an, und die Hersteller von Sparlampen haben teilweise Kurzarbeit angemeldet[396] – Ökonomie paradox. Instrumente der indirekten Verhaltenssteuerung, dies zeigt sich erneut, weisen daher in der Praxis nicht dieselben Wirkungen wie in der Theorie auf, sie werden auch durch andere Effekte beeinflusst, insbesondere psychologischer Natur, z.B. Liebhaberinteressen, und sie sind daher nur begrenzt geeignet, Verhaltensweisen wirklich zu beeinflussen. Ihre Bedeutung erlangen sie daher in besonderer Weise (nur) in Instrumentenverbunden.

Abschließend sei daher ein letzter Instrumentenverbund – wiederum aus dem Bereich der Energieeffizienz – genannt, der zugleich die ökonomische Bedeutung der informatorischen Instrumente[397] belegt: Diesen Instrumenten der indirekten Verhaltenssteuerung kann, auch wenn sie bei den Energiesparlampen vergleichsweise wenig bewirkt haben, grundsätzlich eine wichtige und als flankierendes Instrument in Instrumentenverbunden künftig weiter wachsende Bedeutung beigemessen werden. Sie können dem Bereich der aufgabenzuweisenden Kooperationsinstrumente zugerechnet werden und dienen der indikativen Steuerung.[398] Ihre

---

396) Der Spiegel v. 27. 7. 2009, S. 79; Hannoversche Allgemeine Zeitung v. 4. 5. 2009, S. 25.

397) Zu dieser – wichtigen – Instrumentengruppe statt vieler Kloepfer, Umweltrecht, 3. Aufl. (2004), § 5 Rdnrn. 381 ff.

398) Rengeling, Kooperationsprinzip, Kooperationsinstrumente und Instrumentenverbund

Bedeutung zeigen die Energieausweise: Ein Vermieter hat in der Regel kein eigenes (wirtschaftliches) Interesse an der energetischen Qualität seines Gebäudes, denn die Strom- und Heizkosten zahlt der Mieter über die laufenden Betriebskosten, und entsprechende Verbesserungen der energetischen Qualität wären investive Maßnahmen, die er selbst finanzieren müsste, die aber (nur) dem Mieter bei der Betriebskostenabrechnung zu gute kämen (Investor-Nutzer-Dilemma).[399] In der Folge unterbleiben zahlreiche Sanierungen von vermietetem Grund und Boden, obwohl sich diese Maßnahmen ökonomisch geradezu aufdrängen. Nun könnte das Ordnungsrecht den Vermieter dazu verpflichten, die energetische Qualität zu verbessern, also etwa sein Haus besser zu dämmen. Angesichts von knapp 20 Mio. Gebäuden in Deutschland fällt es dem Gesetzgeber aber schwer, hier anspruchsvolle Dämmverpflichtungen zu verabschieden, denn zu groß ist die Gefahr, dass bei solchen allgemeingültigen Normen zu viele Eigentümer im Einzelfall in unzumutbarer Weise betroffen wären. Die EnEV enthält daher, auch nach ihrer jüngsten Novelle, nur eher moderate Nachrüstverpflichtungen.[400] Hierneben treten jedoch seit kurzem, in dem Instrumentenverbund des Energieeffizienzrechts, die Energieausweise nach den §§ 16 ff. EnEV: Indem der Energieausweis bei allen Vermietungen und

---

im Umweltrecht, in: Eberle/Ibler/Lorenz, Der Wandel des Staates vor den Herausforderungen der Gegenwart, FS Brohm, 2002, S. 509 (514 f.).

399) Siehe hierzu Kramer, Energieeinsparung im Mietwohnsektor durch Wärme-Contracting, ZUR 2007, 283 ff.

400) Hierzu im Überblick Stock, Zur geplanten Novellierung des Energieeinsparungsgesetzes und der Energieeinsparverordnung, ZfBR 2008, 647 ff.

Verkäufen von Gebäuden oder Wohnungen dem Mieter oder Käufer vorgelegt werden muss, kann der Interessent die energetische Qualität des Gebäudes in seine Entscheidung einbeziehen; die Energieeffizienz des Gebäudes bekommt dadurch einen Marktwert und setzt den Vermieter oder Verkäufer unter Druck, seine Immobilie z.B. besser zu dämmen. Trotz aller Mängel, die der Energieausweis derzeit noch hat,[401] ist dies ein überaus marktwirtschaftlicher und ökonomischer Ansatz im Instrumentenverbund des Umweltenergierechts.

IV. 맺는말

극심한 환경법의 경제화가 필연적으로는 환경보호를 약화시키지 않으면서, 경제와 생태는 서로 밀접한 상호작용을 하면서 서로 영향을 미치고 있다. 그것도 금융·경제위기의 시대에 환경보호의 경제적 혜택을 기술할 수 있는 것은 일정한 조화가 원칙적으로 가능하고 오히려 정치적인 형성능력의 문제라는 점을 증명해주고 있는 것이다.[402] 이것은 또한 환경법상 수단들을 선택하는 데도 영향을 미친다. 이러한 수단들은 항상 자신의 장점과 단점을 지니고 있는 다양한 급부의 요구사항 및 프로필을 가지고 있다. 그것들은 결합될 수도 있고, 자기의 경계를 흐릿하게 지울 수도 있고, 그리고 '협상능력을 통한 조정'이라는 예가 보여주는 바와 같이, 단지 다른 차원에 대

---

401) Siehe hierzu z.B. Schmidt, Energieeffizienz im Mietrecht: Der neue Energieausweis, ZUR 2008, 463 ff.

402) Knopp/Piroch, a.a.O., ZUR 2009, 409 (413) 참조.

한 상황에서, 같은 문제들의 실무에서 다른 수단들을 거의 제시하고 있지 않다. 질서법의 경우에 국제적인 대기업에 대한 집행 행정청은 경제전문변호사 군단과 만날 수 있는 동안에, 배출거래의 경우에 연방정부나 유럽연합집행위원회가 산업정책적 측면에서 집중된 로비에 직면할 때, 그것은 구조적으로 별다른 차이가 없다.[403] 개별적인 수단들의 장점이라고 할 수 있는 것들의 모호성과 상대성의 관점에서 참작하여 볼 때, 그리고 첫해 후에 오늘날에도 경제화의 경험을 폭넓게 전개하고 있다는 어떤 각성을 고려할 때, 환경법의 미래를 위해서는 질서법이 필수불가결이라는 점을 훨씬 더 중요하게 들 수 있고, 그리고 경제적 수단이 질서법적으로 안전하게 되어 있을 때에만, 그리고 국가가 리스크조종을 다시 변경할 때도 사회적인 부분 시스템에서, 특히 개인들 사이의 관계에서, 최소한 시스템보증인으로서의 역할에 남아 있을 때에만, 환경경제이론의 장점도 실무에서 종종 확인되고 있다는 것을 지적할 수 있다. 따라서 환경법의 미래는 개별적인 수단들이 아니라 그 수단들을 상호 연결하는 것이 필요할 것이다.[404] 이러한 상호연결에서는, 기본권침해의 축적과 특히 권리보호에 있어서 이와 관련된 문제를 방지하기 위하여,[405] 항상 질서법적 구속이 필요하다. 그러나 질서법적 구속은 경제적인 안전장치가 필

---

403) 이러한 방향에서 단초적인 것으로는, Beckmann/Fisahn, Probleme des Handels mit Verschmutzungsrechten ‐ eine Bewertung ordnungsrechtlicher und marktgesteuerter Instrumente in der Umweltpolitik, ZUR 2009, 299 ff.; Wegener, Die Novelle des EU-Emissionshandelssystems, ZUR 2009, 283 ff. 참조.

404) 단지 유연한 메카니즘에 대한 것이지만, 유사한 단초로는 Winter, a.a.O., ZUR 2009, 289 (298) 참조. 여기에서 제안하고 있는 것은 바로 일종의 '질서법, 보조금지원, 공과금 그리고 자발적인 협약의 실용적인 혼합'이라고 할 수 있다.

405) 이것에 관해서는, 최근에 Klement, Die Kumulation von Grundrechtseingriffen im Umweltrecht, AöR 2009, 35 ff.; Rengeling, a.a.O., S. 509 (520 ff.) 참조.

요하고 수단들을 상호 연결할 때 그 일관성을 확인하지 않으면 아니 된다(이른바 일관성 명령406)). 따라서 동시에 종래의 경제적 이해관계보다 더 강하게 성공을 거둔 질서법으로 흘러 들어갈 수 있고 흘러들어 가지 않으면 아니 된다. 환경법은 미래에 더 많은 혼합 형태를 체험할 것이고, 그리고 입법과 학문의 창의성은 거의 제한을 받지 않을 것이다. 이러한 흥미진진한 과정을 ZUR를 비롯한 독일 환경법 저널들은 향후에도 틀림없이 계속 동행할 것이다.

경제와 환경 - 또는 경제와 생태 - 은 항상 긴장으로부터 완전하게 자유로운 관계에 놓여 있는 것은 아니다. 그 기본적인 갈등은 - 간단명료하게 말하면 - 두 가지 상반되는 위치로 인하여 특징지을 수 있다. 즉 환경보호는 관료적이며 경쟁을 저해하지만, 경제는 이와 반대로 국가가 억제해주지 않는 한 무분별하게 환경에 부담을 준다는 점이다. 이런 상반된 이익들은 현재의 금융·경제위기에서는 분명하게 다시 한 번 그 강도를 더할 것이라고 볼 수 있다. 우선 어떤 예제들이 여기에 과연 적합한지, 그리고 지속 가능원칙이 이런 갈등을 완화하는 데 얼마나 기여할 수 있는지는 앞으로도 더 신중하게 계속해서 고려해야 할 중요한 주제가 될 것이다.

우리나라의 경우에 예컨대 온실가스 배출규모가 세계 10위로서 2013년 이후 의무감축국가에 포함될 가능성이 높다. 무엇보다도 지속 가능한 발전을 실현하려고 하는 관점도 고려해야 할 필요가 있다. 이미 2007년 7월 3일 지속 가능발전 기본법이 제정되어 현재 시행

---

406) sog. Kohärenzgebot; Rengeling, a.a.O., S. 509 (519).

중에 있다. 따라서 이제는 예를 들어 배출권거래제도에 대한 본격적인 법적 논의를 장차 상세하게 진행할 필요가 있다고 본다. 다만 이러한 법적 논의에 있어서는 배출권거래법 및 배분법에 관련하여 독일에서 제기되었던 헌법 적합성의 문제 등에 주의하여야 할 것이다.407) 물론 여기에서는 배출거래제도가 환경보호와 경제 사이에서 그 긴장관계의 측면에서 과연 적합한지와 아울러 지속 가능원칙이 양자 간 갈등을 얼마나 완화시켜주는 역할을 수행할 수 있는지가 관건이 될 것이다.

---

407) 한귀현, 전게논문, 603면 참조.

제4장 금융시장·경제위기의 시대에 환경보호와 경제 사이의 긴장관계

- 독일에서의 논의를 중심으로 -

I. 환경보호와 경제 사이의 긴장관계

무엇보다도 환경보호와 경제 사이에 발생하는 갈등관계는 결코 일차원적이라고 볼 수 없다.[408] 그것은 오히려 상호 의존적이거나 배타적인 다수의 기본위치에 의해 그 특징을 나타내고 있다. 그런데 이런 특징에 관해 명료한 설명을 하기 위해서는, 환경보호와 경제 사이의 관계에 관한 다음과 같은 진술이나 명제가 도움을 줄 수도 있다.

① 환경보호는 경제와 더불어 인구 대부분이 오로지 형편이 좋을 때만 효과적으로 그것을 실행할 수 있다. 경제위기의 시대에서는 환경보호가 아무 소득도 없다.[409]

② 환경보호는 비용이 많이 든다. 그러므로 풍요로운 사회에서만 그 실현이 가능하다.[410]

③ 환경보호는 하나의 경제 엔진이다.[411]

---

408) 경제와 환경보호 사이의 관계에 관해서는 예를 들어, Nowotny, Wirtschaftpolitik und Umweltschutz, 1974; Michaelis/Scholz, ET 1984, 421 ff.; Donner/Magoulas/Simon/Wolf (Hrsg.), Umweltschutz zwischen Staat und Markt, 1989 참조; 최근 자료는 Frank, NordÖR 2000, 487 ff.; Grandjot, NuR 2005, 679 ff.; Frenz, UPR 2009, 2 ff. 참조; 최근 금융·경제위기 시대에서 그 긴장관계의 새로운 강도에 관해서는 예컨대, Held, Eine teure Illusion, Die Welt v. 10. 1. 2009, S. 8 참조.

409) 예를 들어, Grandjot, NuR 2005, 679 f. 참조

410) 이러한 의미에서, Held, Eine teure Illusion, Die Welt v. 10. 1. 2009, S. 8. 참조

411) 예컨대, BMU/UBA (Hrsg.), Umweltwirtschaftsbericht 2009 참조, 인터넷에

④ 생태자원들(특히 생물다양성)은 경제에 대해서도 그 경제적 가치가 매우 중요하다. 그것을 보호하는 것은 산업에 대해서도 오랜 기간 고려되고 있다.412)

이러한 각각의 진술이나 명제는 그 자체로서는 적절한 측면도 있지만, 경제와 생태 사이의 관계는 단지 일정한 부분영역에서만 설명될 수도 있으므로 부적절한 면이 있을 수도 있다. 그래서 재생가능에너지법413)에 의해 촉진된 전기절약과 더불어, 재생 가능한 원료물질·에너지로부터 역동적으로 성장하는 경제영역이 생겨난 것은 의심의 여지가 없을 것이다.414) 다른 한편으로는, 산업에 대한 광범위한 환경법상 규제조치를 통해 - 예컨대 유럽법으로서 REACh-VO415)에 의한 화학물질법과 같이 - 행정이나 비용 면에서 값비싼 대

서는 다음 사이트에서 찾을 수 있다;
http://www.bmu.de/wirtschaft_und_umwelt/downloads/doc/42923.php.

412) Sukhdev, The Economics of Ecosystems and Biodiversity, TEEB 참조. 이 보고서는 UNEP 후원을 받아 수행한 연구로서 최초의 중간보고를 한 것인데, 2007년 Bonn에서 거행된 5월 29일 UN 자연보호회의(UN-Naturschutzkonferenz)에서 제시되었다. 인터넷에서는 다음 사이트에서 자료를 찾을 수 있다: http://www.bmu.de/files/pdfs/allgemein/application/pdf/sukhdev_interim_report.pdf.

413) Erneuerbare-Energien-Gesetz(EEG): V. 29. 3. 2000, BGBl. I S. 305; 교체된 것은 EEG v. 21. 7. 2004, BGBl. I S. 1918; 다시 교체된 것은 EEG v. 25. 10. 2008, BGBl. I S. 2074; 2009년 1월 1일 발효되었다. 바이오가스시설의 촉진에 관해서는, Peine/Knopp/Radcke, Das Recht der Errichtung von Biogasanlagen, 2009 참조.

414) BMU, Erneuerbare Energien in Zahlen － nationale und internationale Entwicklung, 2008. 인터넷에서는 다음과 같은 사이트에서 찾을 수 있다: http://www.bmu.de/erneuerbare_energien/downloads/doc/2720.php.

415) Verordnung (EG) Nr. 1907/2006 des Europäischen Parlaments und des Rates v. 18. 12. 2006 zur Registrierung, Bewertung, Zulassung und Beschränkung chemischer Stoffe (REACh), zur Schaffung einer

가를 치르는 요구사항들을 만들었다. 다만 이러한 요구사항들은 반드시 경제를 항상 촉진시킨 것은 아니었다.416)

어쨌든 경제와 환경보호는 꼭 긴장으로부터 완전하게 자유로운 관계는 아닐 것으로 본다. 그 이유는 서로 반대되는 두 가지 위치에 기본적으로 갈등이 잠복해 있기 때문이다. 환경보호는 비교적 관료적이며 경쟁을 막을 수도 있는 반면에, 경제는 국가를 통해 제어되지 않으면 비이성적으로 환경에 손해를 끼칠 수도 있다는 점을 유의해야 한다. 이런 반대이익들은 오늘날 금융·경제위기에서는 오히려 명확하게 다시 반복하여 그 강도가 더 심해질 수도 있다.

따라서 본고는 이러한 문제의식에서, 먼저 지속 가능원칙417)이 이런 갈등을 완화하는 데 기여할 수 있는지 살펴보고(아래 II. 참조),

---

Europäischen Agentur für chemische Stoffe, zur Änderung der Richtlinie 1999/45/EG und zur Aufhebung der Verordnung (EWG) Nr. 793/93 des Rates, der Verordnung (EG) Nr. 1488/94 der Kommission, der Richtlinie 76/769/EWG des Rates sowie der Richtlinien 91/155/EWG, 93/67/EWG, 93/105/EG und 2000/21/EG der Kommission, ABl. EU L 396 v. 30. 12. 2006, S. 1.

416) REACh-VO에 관해서는, 예를 들어 Knopp, UPR 2008, 248 ff. 참조.

417) 허성욱, 지속 가능한 발전의 원칙에 대한 법경제학적 고찰 - 효율성과 형평성을 함께 고려하는 환경법의 일반원리로서의 가능성에 관하여, 환경법연구 제27권 4호, 2005, 39면 이하; 안수현, 기업의 지속 가능성 공시제도화를 위한 시론(試論): 사회적 책임(Corporate Social Responsibility, CSR)정보와 그외 비재무정보 유형화에 기초하여, 환경법연구 제29권 1호, 2007, 35면 이하; 소병천, 환경법상 지속 가능한 발전과 시민소송제도에 대한 담론, 환경법연구 제27권 2호, 2005, 131면 이하; 이종영, 지속 가능한 하천수개발과 유지를 위한 현행 제도와 그 개선방안, 환경법연구 제25권 1호, 2003, 337면 이하; 김광수, 다양한 환경법 분야의 과제; 지속 가능한 사회를 위한 폐기물법제, 환경법연구, 1999, 265면 이하 참조.

이어서 금융·경제위기 시대에 이러한 긴장관계가 재생하는 데 대한 지속 가능한 정책대응의 관점에서 특히 환경법전, CO_2차량세, 배출권거래 등의 예제를 중심으로 과연 이런 예제들이 여기에 적합한지 고찰하고자 한다(아래 III. 참조).[418]

II. 지속 가능원칙(Grundsatz der Nachhaltigkeit)에 의한 긴장관계의 조정

경제와 환경보호 사이의 긴장관계를 조정하기 위하여, 오래전부터 여러 문헌에서 지속 가능원칙을 사용하여 왔다.[419] 원래 독일 산림법에 포함된 지속 가능원칙[420]은 오늘날 먼저 1987년 '우리 공동의 미래'[421]라는 Brundtland 위원회의 보고와 그 이후 1992년 '환경과 개발에 관한 리오선언'[422]에 의하여 승인된 국제법적 원칙이라고 볼

---

418) 본고는 독일에서의 논의를 중심으로 특히 Lothar Knopp/Ingmar Piroch, Umweltschutz und Wirtschaftskrise, ZUR 2009, S. 409 ff.를 주로 참고하였음을 밝혀 둔다.

419) Grundsatz der Nachhaltigkeit. 최근에는, Frenz, UPR 2009, 48 ff. 참조; 지속 가능발전 또는 지속 가능개발(Sustainable Development)은 환경 분야에서뿐만 아니라 많은 분야에서도 그 주요 지도원리 중 하나이며, 각 분야별에서 정책적으로 수천 개의 의미를 담고 있다고 한다. 소병천, 전게논문, 131면; Douglas R. Porter, et al, The Practice of Sustainable Development, Washington, D.C: ULI-the Urban Land Institute, 2000, p.1(재인용) 참조.

420) Kloepfer, Umweltrecht, 3. Aufl. 2004, § 4 Rn. 31 참조.

421) Unsere gemeinsame Zukunft. Report of the World Commission on Environment and Development v. 4. 8. 1987, UN Doc. A/42/427. 이러한 보고서는 다음과 같은 인터넷 사이트에서 찾을 수 있다: http://www.un-documents.net/wced-ocf.htm.

422) Rio Declaration on Environment and Development v. 12. 8. 1992, ILM 31

수 있다.423) 지속 가능원칙의 핵심은 현재 세대와 미래 세대의 이익들을 고려해야 하며 사회·환경 친화적이고 경제적인 장기 발전에 대하여 국가작용이 그 초점을 맞추는 것에 있다.424) 그러므로 이러한 지속 가능성에 있어서 이른바 3기둥모델(Drei-Säulen-Modell)은 경제활동, 사회 안전 그리고 환경보호 사이에서 그것을 적절하게 조정하는 것을 그 목표로 삼고 있다.425) 여기에서 이러한 3기둥은 대체로 동등한 비중으로 다루고 있다.426)

독일에서 지속 가능원칙은 헌법(GG) 제20a조와 단행법률 차원에서 예를 들면, 연방자연보호법(BNatSchG) 제1조 제2호, 건축법(BauGB) 제1조 제5항 제1문 또는 공간질서법(ROG) 제1조 제2항에서 그 표현을 발견할 수 있다. 이러한 규정들의 의미에서 그 지속 가능성은 다음과 같은 특징을 가지고 있다. 즉 자연자원들이 그 범

      (1992), S. 874.

423) 허성욱, 전게논문, 39면; 소병천, 전게논문, 131-132면; Epiney, JuS 2003, 1066 ff., 1067 참고.

424) 허성욱, 전게논문, 41면; Kahl, DÖV 2009, 2 ff. 참조.

425) Rat von Sachverständigen für Umweltfragen (SRU), Umweltgutachten 2002, BT-Drs. 14/8792, S. 58 ff. (Tzn. 6 ff.); Die Bundesregierung, Fortschrittsbericht 2008 zur nationalen Nachhaltigkeitsstrategie, Berlin 2008, S. 11 참조; 참고로 우리나라에서 2008년 2월 4일 시행된 지속 가능발전 기본법[법률 제8612호, 2007. 8. 3, 제정] 제2조에 따르면, '지속 가능성'이란 현재 세대의 필요를 충족시키기 위하여 미래 세대가 사용할 경제·사회·환경 등의 자원을 낭비하거나 여건을 저하시키지 아니하고 서로 조화와 균형을 이루는 것이며, 또한 '지속 가능발전'이란 지속 가능성에 기초하여 경제의 성장, 사회의 안정과 통합 및 환경의 보전이 균형을 이루는 발전이라고 정의하고 있다.

426) Sieben, NVwZ 2003, 1173 ff., 1175; Glaser, Nachhaltige Entwicklung und Demokratie, 2006, S. 47; Frenz, EWS 2007, 337 ff., 339 참조; 오히려 생태 중심적 해석의 의미에서는, Epiney, JuS 2003, 1067 참조.

위에서만 사용될 필요가 있고 또한 잘 관리할 수 있어서 미래세대를 통해서도 그 장기적 보존과 이용 가능성이 보장된다는 것이 그 특징이다.427) 리오선언이 의미하는 지속 가능원칙에 있어서 그 경제적이고 사회적인 구성요소는 여기에서 고려되지 않고 있다.428) 그러나 생태적 관점에만 초점을 맞추어 지속 가능성을 해석하는 것은 게다가 자기의 자원을 예방하는 표현에서 포괄적으로 환경법상 사전예방원칙(Vorsorgeprinzip)과 일치함으로써, 그 지속 가능성은 이런 환경법에 밀접한 의미에서는 독자적인 기능이 없다고도 말할 수 있다.429) 지속 가능개발원칙(Grundsatz der nachhaltigen Entwicklung)에 의해 본건에서 고찰될 수 있는 경제와 환경보호 사이의 조정에 대해서는 예를 들어, 독일 헌법(GG) 제20a조에서 표현한 생태중심적 접근이 더 이상 도움이 되지 않는다.

넓은 의미에서 지속 가능원칙은 종래 독일 국내법에 수용되지 않았다.430) 물론 정책적 차원에서 그것은 최근 2002년 국가적 지속 가

---

427) Rehbinder, NVwZ 2002, 657 ff.; Murswiek, in: Sachs (Hrsg.), GG, 5. Aufl. 2009, Art. 20a Rn. 32; Kahl, DÖV 2009, 2 f. 참조.

428) 독일 헌법(GG) 제20a조에 대해서도 그렇다. 예를 들어, Kahl, DÖV 2009, 3 참조.

429) 참고할 것으로는 Kloepfer, Umweltrecht, § 4 Rn. 31; Peters, Umweltrecht, 3. Aufl. 2005, Rn. 17; 다른 견해로는 Sanden, ZUR 2009, 3 ff., 5, 여기에서 지속 가능원칙에 있어서 자원절약의 구성요소는 사전예방원칙에 의해 고려되지 않는다고 보고 있다; 차별화할 수 있는 것으로는 Rehbinder, NVwZ 2002, 660 f., 여기에서는 중복된 것 외에도 기초적인 차이점을 지적하고 있다; 따라서 자원예방은 생태적 관련성에 대한 지식과 달리, 지속 가능원칙이라는 무지에 근거를 두고 있다.

430) Kahl, DÖV 2009, 2 ff. 참조. zum fraktionsübergreifenden Entwurf eines Generationengerechtigkeitsgesetzes v. 9. 11. 2006, BT-Drs. 16/3399, S. 1, 여기에서는 국가 목표로서 지속 가능성과 세대 사이의 형평(Generationengerechtigkeit)

능전략과 더불어 정책의 중심 가이드라인으로 간주될 수 있다.431) 법원칙432)과 달리, 정책의 정치적 가이드라인은 어떤 정책을 결정할 때 그 지향점의 안내자로서 기여할 뿐, 입법자를 구속하지 않으며, 그리고 법적 품질(Rechtsqualität)을 갖고 있지도 않다.433) 따라서 넓은 의미에서 지속 가능원칙의 과제는 정책적 차원에서 경제, 생태 및 사회 사이에서 그것을 조정하는 데 있다고 할 수 있다.434) 지속 가능원칙은 특히 정책 결정의 효과를 포괄적으로 고려함으로써 환경 보호와 경제 사이의 조정을 가능하게 한다고 한다.435)

지속 가능원칙을 구체화하기 위해서는 소위 관리규칙들(Management-regeln)이 사용되고 있다. 그에 따르면 재생 가능한 자원들을 관리할 수 있으므로, 그 저하속도나 그 손상 정도는 장기적으로 자연적 성장속도나 재생속도를 초과하지 말아야 한다. 재생 가능하지 않은 자원들은 경제적으로 취급해야 한다. 그것들은 장기적으로 볼 때 기능적으로 적절한 대체가 이루어지는 범위에서만 소비되어야 한다. 물

을 독일 헌법(Grundgesetz)에 받아들인 것에 대한 것이다.

431) 여기에서 최근에 참고할만한 것으로는, Die Bundesregierung, Fortschrittsbericht 2008 zur nationalen Nachhaltigkeitsstrategie, Berlin 2008; 유럽법적 근거로서, Frenz, UPR 2009, 48 ff. 참조.

432) 여기에서 법원칙(Rechtsprinzipien)은 예를 들어, 환경법의 3원칙으로서 사전예방원칙, 원인자책임원칙, 그리고 협력원칙을 말한다.

433) Di Fabio, NVwZ 1999, 1153 ff., 1154; Murswiek, ZUR 2001, 7 ff., 8, 11 참조.

434) 그래서 독일 연방정부는 국가적 지속 가능전략(Nachhaltigkeitsstrategie)에서 다음과 같이 설명하고 있다. 즉 제안된 환경법적 조치들은 다른 관련 정책 분야와 조정할 때 지속 가능개발의 의미에서 제안된 환경법적 조치들을 취하였다는 것이다. Die Bundesregierung, Fortschrittsbericht 2008 zur nationalen Nachhaltigkeitsstrategie, S. 11 ff., 20 f.

435) Frenz, UPR 2009, 48 ff. 참조.

질을 손상시키거나 에너지를 환경에 방출하는 것은 환경의 자연적 적응능력을 초과하지 말아야 한다.[436) 그 밖에 독일 연방정부는 국가적 지속 가능전략에서 나머지 다른 관리규칙들을 추가하였는데, 에너지소비나 자원소비 또는 유통은 경제성장으로부터 분리하고 효율성을 통해 보상되어야 한다는 것이다.[437) 게다가 국가적 지속 가능전략은 세대 사이의 평등 관점을 강조하고 그 기본규칙으로서 설명하고 있다. 즉 "모든 세대는 자기 과제들을 스스로 해결해야 하고 다가오는 세대들에게 부과해서는 아니 된다. 동시에 모든 세대는 예측할 수 있는 미래의 부담을 사전에 예방해야 한다."[438) 따라서 오로지 지속 가능원칙에 내재된 미래책임은 공식화함으로써[439) 세대 사이의 형평 관점에서는 독자적 의미가 없게 된다.

넓은 의미에서 지속 가능원칙은 개별 정책분야들에 대한 지도 모티브가 되기도 하는데, 이들 정책분야들은 통합될 수도 있으므로, 경제성장, 높은 취업, 사회적 연대, 그리고 환경보호가 국내적으로 또는 글로벌하게 함께 나타나게 된다.[440) 사실상 이러한 높은 기대를 정당하게 평가할 수 있을 지는 오히려 조정될 수 있는 정책적 이익

---

436) 재생, 대체, 그리고 적응능력의 관리규칙들, 이것에 관해서 참고할만한 것으로는, Murswiek, in: Sachs (Hrsg.), GG, Art. 20a Rn. 38.

437) Die Bundesregierung, Fortschrittsbericht 2008 zur nationalen Nachhaltigkeitsstrategie, S. 207 f., 그 밖에도 예를 들어, 공공예산의 수립, 지속 가능한 농업, 사회적 결합의 강화, 그리고 지속 가능개발의 글로벌한 차원들에 관한 언급들이 있다.

438) Die Bundesregierung, Fortschrittsbericht 2008 zur nationalen Nachhaltigkeitsstrategie, S. 207 참고.

439) Murswiek, in: Sachs (Hrsg.), GG, Art. 20a Rn. 32 참조.

440) Bundesregierung, Fortschrittsbericht 2008 zur nationalen Nachhaltigkeitsstrategie, S. 207 in einer ihrer Managementregeln.

들에 대한 다양한 스펙트럼의 관점에서 의심의 여지가 있다.

III. 금융·경제위기에 따른 긴장관계의 재생과 지속 가능한 정책대응

1. 환경법전(UGB)[441]

어떤 법전편찬에서 환경법을 통합하는 종래 실패한 시도에 대해서는 2009년 환경법전(UGB)초안과 더불어 여러 가지가 추가되었다.[442] 사실상 독일 연방정부는 연립협약(Koalitionsvereinbarung)에서 UGB 프로젝트를 감칠맛이 나게 처방하였는데,[443] UGB의 원칙적인 부가가치가 더 이상 진지하게 의심할 여지가 없음에도 불구하고,[444] (끝나는) 의회 회기에 UGB에 대해 정치적으로 획책한 충돌 때문에 그것을 실현할 수 없었다.[445] 여전히 환경법의 전체 법전편

---

441) 고문현, 한국 환경법의 발전과 바람직한 개정방향, 공법학연구 제9권 제3호, 2008. 8, 555면 이하; 김현준, 통합환경법전 - 독일의 이른바 "전문가위원회안"에 대한 검토를 중심으로, 법학논고 제15집, 1999, 261면 이하 참고.

442) Der Referentenentwurf vom 4. 12. 2008 und die vorhergehenden Versionen (v. 19. 11. 2007, 20. 5. 2008). 이 초안은 다음과 같은 인터넷 사이트에서 찾을 수 있다:
http://www.bmu.de/umweltgesetzbuch/downloads/doc/40448.php.

443) Koalitionsvertrag zwischen CDU, CSU und SPD v. 11. 11. 2005, Unterabschnitt B Nr. 7.3, S. 56 참고, 이 연립 협약은 다음과 같은 인터넷 사이트에서 그 자료를 찾을 수 있다:
http://www.cducsu.de/upload/koavertrag0509.pdf.

444) Kloepfer, Verw 41 (2008), 195 ff., 198 참조.

445) UGB를 설정하는 예전의 시도를 고려한 '비극게임 UGB(Trauerspiel UGB)'에

찬에 대해 말하는 논쟁들은 - 요약하면 - 다음과 같다. 즉 전체적이고 통합된 보호개념의 현실화, 독일 환경법을 다시 유럽법에 맞게 만들면서, 통일되고 일관성이 있으며 투명한 규제의 틀 제정, 특별히 경제에 신뢰할만한 행위의 틀을 주기 위한 허가절차의 간소화 또는 환경법의 기타 규제 완화와 단순화 등을 들 수 있다.[446] 전반적으로 기대한 것들은 환경법이 법전편찬을 통해 중요한 의미를 갖는 것이다.[447] 이러한 배경에서 이렇게 중심적인 정치적 구상이 좌절된 것은 더더욱 이해할 수가 없다.

제출된 초안을 반대한 자들은 특히 다음과 같은 점을 비판하였다. 즉 새로운 법에 따르면 수천 가지 시설들(예를 들어, 바이오가스시설, 수력발전소, 그리고 양어장 등)이 추가로 허가 의무를 질 것이라는 점이다. 또한 초안의 개념에 따라 오늘도 아직 필요한 수많은 허가를 대체해야 할[448] 소위 통합된 계획허가(integrierte Vorhabengenehmigung; IVG)[449]는 '몬스터관료제(Monsterbürokratie)'를 만들 것이라는 점이다. 그리고 UGB의 이해관계인에게는 - 대부분 경제적 측면에서 - 새로운 규정들에 의해 전반적으로 법적 불안정성을 야기할 것이라는 점이다.[450] 여기에서 이러한 논쟁들이 정말 설득력이 있는지 불확실할지 모

관해서는 최근에 Knopp, UPR 2009, 121 ff. 참조.

446) 참고할만한 것으로는, UGB I-RefE Begründung, a.a.O., S. 1 u. 12 ff.;Bohne, EurUP 2006, 276 ff.; Grandjot, DÖV 2006, 511 ff., 512; Sengenstedt, ZUR 2007, 505 ff.; Lottermoser, UPR 2007, 401 ff.; 상세히는 Kloepfer, UPR 2007, 161 ff.; ders., Verw 41 (2008), 195 ff. 참조.

447) UGB I-RefE Begründung, a.a.O., S. 14; Kloepfer, Verw 2008 (41), 198 참조.

448) Lottermoser, UPR 2007, 404 참조.

449) IVG에 관해서는 예를 들어 Calliess, ZUR 2008, 343 ff.; Erbguth/Schubert, NuR 2008, 474 ff.; Guckelberger, NuR 2008, 369 ff. 참조.

르나, 연립정당들은 UGB를 형성할 때 무슨 일이 닥칠지 처음부터 알고 있었다.[451] 그에 비해 이러한 자리에서는 UGB에 의해 예상할 수 있는 관료적 낭비에 관해서 연방정부의 규범통제위원회(Normenkontrollrates der Bundesregierung; NKR))의 연구를 지적하고 있다. 여기에서는 무엇보다 중소기업에서의 최근 상황과 비교하여 약 2,700만 Euro 정도의 절약이 확인되었다.[452]

어떤 논쟁들과 숫자들이 궁극적으로 '옳은 것들'인지 불문하고, 오히려 실제적인 질문은 바로 UGB의 실패가 무엇에 유용한가라는 점이다. 비록 그런 유용성을 직접적으로는 검증할 수 없을지라도, 확인할 수 있는 것은 현재 환경법상 '단락별 정글지대'를 극복하기 위해 상응하는 좋은 법적 자문을 감당할 수 있는 기업들에 현행 환경법상 상황을 준수하는 것이 적어도 손해가 되지 않는다는 점이다. 반면, 위기·선거 시기에 평가할 수 없는 약점과 천박함을 가지고 환경법적 '괴물 공장'을 적용하는 것은 - 무엇보다 UGB에 비해서 기초적인 경제회의론의 관점에서도 - 또다시 재선하려고 하는 자들의 견해

---

450) 이것에 관해서 참고할만한 것으로는 예를 들어, Mrusek, Die unendliche Reformgeschichte, FAZ v. 3. 2. 2009, S. 2, 또는 Welt online v. 2. 2. 2009, 다음과 같은 인터넷 사이트에서도 찾을 수 있다: http://www.welt.de/welt_print/article3130923/das-Projekt-Umweltgesetzbuch-endet-in-Schuldzuweisungen.html; Fried, Süddt. Zeitung v. 3. 2. 2009, S. 1 참조

451) 부정적인 것으로 - 핵심을 치른 것을 들면 - 예를 들어, Knopp, UPR 2009, 124 f. 참조; 비판적인 것으로는, der Rat von Sachverständigen für Umweltfragen (SRU), Das Umweltgesetzbuch als erstes Opfer des Vorwahlkampfes, Pressemitteilung v. 3. 2. 2009, 다음과 같은 인터넷 사이트에서 찾을 수 있다: http://www.umweltrat.de.

452) NKR, Jahresbericht 2009, S. 18, 다음과 같은 인터넷 사이트에서 찾을 수 있다: http://www.normenkontrollrat.bund.de/Webs/NKR/DE/Publiktionen/publikationen.html.

에서 반드시 뚜렷한 목표를 지향한 것이라고 할 수 없다. 그 때문에 독일 연방수상은 UGB 초안에 대해 정치적으로 투쟁할 때 '고상하면서' 아울러 결코 전술적으로 미련하지 않게 유보하였던 것이다.453) 경제적 이익들을 고려하는 것은 - 오로지 위기의 시대에서뿐만 아니라 - 정치적인 결정을 형량할 경우에도 하나의 정당한 기준이 된다. 이러한 맥락에서 만약 지속 가능원칙에 의해 요구된 장래의 개발을 참작한다면(미래 책임), 또 다른 평가를 하지 않으면 안 될 것이다. 왜냐하면 일관적인 환경법을 통해 환경을 보호하기 위한 규정집이 갖는 장점에 비해 UGB의 제정과 같이 포괄적으로 법률을 구상하는 것은 내재된 법적 적용이나 해석의 어려움을 무시할 수 있거나 이러한 장점이 UGB의 잠재적 단점에 비해 우위를 가지고 있기 때문이다.454)

〈참고: 환경법전(UGB) 개요 및 평가〉455)

I. 환경법전(UGB) 요약

Der Beitrag bewertet den vorliegenden Referentenentwurf eines Umweltgesetzbuchs am Maßstab des selbstgesetzten Ziels »Vereinfachung des Umweltrechts unter Beibehaltung

---

453) Knopp, UPR 2009, 121 참고.

454) 2001년 채권법현대화법률(Schuldrechtsmodernisierungsgesetz)에 대한 반응과 비교할 수 있다. 시간이 지나면서 법 문헌에서는 초기 비판이 사라졌다. 예를 들어, Lorenz, NJW 2005, 1889 ff., 1896 참조.

455) Gerd Winter, Das Umweltgesetzbuch ‐ Überblick und Bewertung ZUR 2008 Heft 7-8, 337ff. 참조.

des gegenwärtigen Schutzniveaus«. Unter Vereinfachungsaspekten sind Verbesserungen im Einzelnen festzustellen, das Gesamtkonzept eines »Buchs der Bücher« erscheint jedoch im Vergleich zu einem Satellitenkonzept als zu unflexibel. Im Hinblick auf das Schutzniveau zeigen sich in UGB II und III zwar gewisse Fortschritte, UGB I und die anderen besonderen Bücher zeugen jedoch von Mutlosigkeit in einer Umweltsituation, die entschiedenere Schritte erforderte. Insgesamt empfiehlt es sich, zunächst nur UGB II und III – als separate Gesetze – zu verabschieden und aus dem UGB I ein Allgemeines Umweltgesetz zu schmieden, das sich den Herausforderungen der Zeit stellt.

II. 환경법전(UGB) 개요

Die schier unendliche Geschichte eines deutschen Umweltgesetzbuchs hat nach zwei großen Vorläufen – dem sog. Professorenentwurf und dem »UGB-KomE«[456] – ein drittes großes Werk hervorgebracht, das nunmehr als Referentenentwurf des BMU vorliegt. In seiner Fassung vom 20. 5. 2008 enthält er folgende einzelne Bücher:

UGB I: Allgemeine Vorschriften und vorhabenbezogenes Umweltrecht.

Das Buch enthält einen vor die Klammer alles Weiteren

---

456) Zur Geschichte im Einzelnen s. Kloepfer, Bedeutung des Umweltgesetzbuchs aus Sicht der Rechtswissenschaft, in: Herausforderung Umweltgesetzbuch, Tagung des BMU am 16. 2. 2007, Forum Umweltgesetzbuch, hrsg. v. UBA, 2007, S. 21 ff.

gezogenen Allgemeinen Teil, in dem das Gesetz über die strategische Umweltprüfung, das Umweltschadensgesetz und das Umweltrechtsbehelfsgesetz aufgehen. Zugleich werden in ihm Vorschriften verschiedener Gesetze zum betriebliche Umweltschutz zusammengezogen. UGB I bringt zudem die integrierte Vorhabengenehmigung, für die auf der Basis insbesondere des BImSchG weitgehend originäre Regeln zu Verfahren, Inhalt und Wirkung getroffen werden.[457] Im Einzelnen ist es wie folgt gegliedert:

Kapitel 1. Allgemeine Vorschriften

Abschnitt 1. Gemeinsame Vorschriften für alle Bücher des Umweltgesetzbuchs

Abschnitt 2. Strategische Umweltprüfung

Abschnitt 3. Betrieblicher Umweltschutz; Erleichterungen für auditierte Unternehmensstandorte

Abschnitt 4 Vermeidung und Sanierung von Umweltschäden

Abschnitt 5. Rechtsbehelfe in Umweltangelegenheiten

Abschnitt 6. Recht- und Regelsetzung

Kapitel 2. Integrierte Vorhabengenehmigung

---

457) S. dazu Calliess in diesem Heft (ZUR 2008, S. 343 ff.).

Abschnitt 1. Allgemeine Vorschriften

Abschnitt 2. Genehmigung

Abschnitt 3. Planerische Genehmigung

Abschnitt 4. Umweltverträglichkeitsprüfung

Abschnitt 5. Verfahren

Abschnitt 6. Eingreifende Maßnahmen

Abschnitt 7. Überwachung

Abschnitt 8. Bestehende Vorhaben

Kapitel 3. Schlussvorschriften des Ersten Buches

UGB II Wasserwirtschaft

Das Buch ist in Aufbau und Inhalt eng am Wasserhaushaltsgesetz orientiert, geht als Gesetz der nunmehr konkurrierenden Kompetenz aber mehr ins Detail und bringt zudem Vorschriften zum Vollzug und zu Entschädigungen.[458] Im Einzelnen ist es wie folgt gegliedert:

Kapitel 1. Allgemeine Bestimmungen

---

458) S. dazu Reinhardt in diesem Heft (ZUR 2008, S. 353 ff.).

Kapitel 6. Bußgeld- und Überleitungsbestimmungen

UGB III Naturschutz und Landschaftspflege

Das Buch baut inhaltlich und in seiner Gliederung auf dem Bundesnaturschutzgesetz auf, enthält aber als Gesetz der konkurrierenden Kompetenz mehr ins Einzelne gehende Vorschriften und passt es gemeinschaftsrechtlichen Erfordernissen an. Seine Gliede- rung:

Abschnitt 1. Allgemeine Vorschriften

Abschnitt 2. Landschaftsplanung

Abschnitt 3. Allgemeiner Schutz von Natur und Landschaft

Abschnitt 4. Schutz bestimmter Teile von Natur und Landschaft

Abschnitt 5. Schutz der wildlebenden Tier- und Pflanzenarten, ihrer Lebensstätten und Biotope

Abschnitt 6. Meeresnaturschutz

Abschnitt 7. Erholung in Natur und Landschaft

Abschnitt 8. Mitwirkung von anerkannten

Naturschutzvereinigungen

Abschnitt 9. Eigentumsbindung, Befreiungen

Abschnitt 10. Bußgeld- und Strafvorschriften

Abschnitt 11. Übergangsregelungen, Inkrafttreten

UGB IV Nichtionisierende Strahlung

Das Buch enthält originäre Vorschriften zum Strahlenschutz. Im Einzelnen:

Kapitel 1. Allgemeine Vorschriften

Kapitel 2. Schutz vor schädlichen Umweltveränderungen durch nichtionisierende Strahlung

Kapitel 3. Schutz vor schädlichen Wirkungen durch nichtionisierende Strahlung bei der Anwendung am Menschen

Kapitel 4. Schutz vor schädlichen Wirkungen durch nichtionisierende Strahlung bei der Anwendung in der Medizin

Kapitel 5. Gemeinsame Vorschriften

Kapitel 6. Schlussbestimmungen

UGB V Handel mit Berechtigungen zur Emission von Treibhausgasen － Emissionshandel

Das Buch übernimmt kaum verändert das Treibhausgas-Emissionshandelsgesetz. Im Einzelnen ist es wie folgt gegliedert:

Kapitel 1. Allgemeine Vorschriften

Kapitel 2. Genehmigung und Überwachung von Emissionen

Kapitel 3. Berechtigungen und Zuteilung

Kapitel 4. Handel mit Berechtigungen

Kapitel 5. Sanktionen

Kapitel 6. Gemeinsame Vorschriften

Vorgesehen sind weiterhin ein Einführungsgesetz, das u.a. die Folgeänderungen im geltenden sektoralen Recht sowie Übergangsvorschriften enthält, eine Rechtsverordnung, die die genehmigungsbedürftigen und UVP-pflichtigen Vorhaben auflistet, und eine weitere Rechtsverordnung über Bestellung, Aufgaben und Qualifikation des Umweltbeauftragten.

Für spätere Gesetzgebung sind weitere Bücher des UGB vorgesehen für:

- nicht genehmigungsbedürftige Anlagen

- gebiets- und verkehrsbezogenen Umweltschutz

- gefährliche Stoffe

- Produkte und Ressourcenschutz

- Kreislaufwirtschafts- und Abfallrecht

- Bodenschutz, Altlasten.[459]

Nicht vorgesehen sind dementsprechend Bücher zum Energierecht, Bergbaurecht, Landwirtschaftsrecht, Klimaschutzrecht i.w.S., Verkehrsumweltrecht i.w.S., Gentechnikrecht und Kernenergierecht. Es ist aber nicht ausgeschlossen, dass sie später noch eingefügt werden.

III. 환경법전(UGB) 평가

Erklärtes Ziel der geplanten Kodifikation ist die rechtstechnische Verbesserung des Umweltrechts bei Wahrung des bestehenden Schutzniveaus.[460] Das Vorhaben hat sich zudem das Ziel gesetzt, das Moratorium des Art. GG Artikel 125b GG zu nutzen,[461] welches Abweichungsgesetzgebung der Länder vom gegenwärtigen Recht in den Bereichen Naturschutz und Wasserhaushalt bis Ende 2009 und im Bereich Umweltverfahrensrecht bis Ende 2008 unterbindet.

---

459) Begründung des Entwurfs zu E-UGB-I, Abschn. II.1.

460) Begründung des Entwurfs zu E-UGB-I, Abschn. A.I.1.: »Mit dem Umweltgesetzbuch soll das Umweltrecht zusammengeführt und harmonisiert werden. Es soll für Klarheit, Vereinfachung und Transparenz sorgen. [...]. Dabei gilt der Grundsatz, dass das bestehende hohe Schutzniveau gewahrt bleibt.

461) Begründung des Entwurfs zu E-UGB-I, Abschn. A.I.2.

1. 법기술 측면에서 개선

Als rechtstechnische Verbesserung bezeichne ich zusammenfassend die deklarierten Ziele Klarheit, Vereinfachung und Transparenz. Sie ist zweifellos ein legitimes Ziel, nicht zuletzt, weil sie die Folgebereitschaft erhöht und Transaktionskosten verringert. In der Begründung nicht genannt, aber als rechtstechnisches Petitum mitzubedenken ist die Offenheit für Anpassungen an neue Umstände.

(1) 전체 개념

Wie im Überblick gezeigt, wird ein Buch der Bücher vorgeschlagen: ein Umweltgesetzbuch, das in einzelne Bücher gegliedert ist. Ich meine dagegen, dass einer solchen Gesamtkodifikation des Umweltrechts ein Satellitensystem vorzuziehen ist. Dies bestände aus einem Kern, dem Allgemeinen Umweltgesetz (AUG), und einer offenen, ergänzungsfähigen Anzahl sektoraler Umweltgesetze, die das AUG möglichst weitgehend in Bezug nehmen.

Die sektoralen Gesetze könnten in lockerer Folge dem AUG folgen. Sie könnten leichter geändert werden, weil nicht immer »das UGB« angetastet werden müsste. Sie könnten auch flexibler neuen gemeinschaftsrechtlichen Anforderungen angepasst werden.

Zudem müsste der Rahmen dessen, was zum UGB und damit zum Umweltrecht gehört, nicht geschlossen werden. Es könnten auch solche Sektorgesetze auf das AUG Bezug nehmen, die wegen anderer Primärorientierungen nicht als Bücher des UGB in Betracht kommen, wie zum Beispiel das Bergbaurecht und das Landwirtschaftsrecht. Durch seine Grundsätze, Verfahrens- und Organisationsvorgaben könnte das AUG gewissermaßen unterschiedliche Grade von Schwerkraft entfalten, die seine Satelliten in engere oder weitere Umlaufbahnen binden. Es könnte sogar nach dem Muster des Art. 6 EGV eine Art Integrationsprinzip aufnehmen, welches für die Wahrnehmung von Ermessensspielräumen und Gesetzesinterpretationen in allen Rechtsbereichen gilt, die Auswirkungen auf die Umwelt haben.

Ein AUG böte sich auch für eine weitgehende Übernahme in Landesrecht im Bereich verbleibender umweltrechtlicher Länderkompetenzen an. Soweit dadurch, wie es wünschbar ist, Regelungsidentität zwischen Bund und Land entstände, wäre sogar daran zu denken, durch Erweiterung von § 137 Absatz 1 Nr. 2 VwGO die Revision durch das Bundesverwaltungsgericht zu ermöglichen. Dies würde der Wahrung der Rechtseinheit im Umweltrecht dienen.462)

(2) 일반과 특별의 관계

Auch wenn am UGB als einer Gesamtkodifikation festgehalten

---

462) Ein Beispiel: Für eine Landesstraße wird nach neuem Recht (unterstellt, es umfasst auch Verkehrsanlagen) eine planerische Genehmigung erteilt. Diese wird mit Argumenten angegriffen, die sich gegen das Verständnis der Abwägungsdogmatik richten. Hiergegen würde nach obiger Konzeption Revision ermöglicht. Nach geltendem Recht, das das materielle Programm der Planfeststellung nicht dem Verwaltungsverfahrensrecht zurechnet, wäre dies nicht möglich. Vgl. BVerwG, Beschl. v. 15. 1. 2008, BVERWG 15.01.2008 Aktenzeichen 9 B 7.07.

wird, bestehen noch Bedenken gegen die Aufteilung zwischen allgemeinen und besonderen Vorschriften. Das UBG I sollte nur diejenigen Normen enthalten, die die sektoralen Regelungen übergreifen. Die allgemeinen Regelungen könnten teilweise als Bausätze konzipiert werden, die erst durch Verweis und sektorspezifische Ergänzung anwendbar werden.

Zum Beispiel könnten Typen von Verfahrensweisen, Inhalten und Wirkungen von Genehmigungen ausgewiesen werden, aus denen die sektoralen Gesetze sich dann ein passendes Menü zusammenstellen, das von der einfachen bis zur aufwendigen und von der sektoralen bis zur voll integrierten Genehmigung reicht. Es würde vermieden, dass das Gesetz vom Komplexen (in casu: der integrierten Genehmigung) zum Einfachen (in casu: der einfachen Genehmigung) voranschreitet statt umgekehrt. Aus Transparenzgründen könnten im AUG dabei für bestimmte häufig verwendete Kombinationen von Bausteinen Namen eingeführt werde, wie eben die integrierte und planerische Vorhabengenehmigung und die einfache Genehmigung. Dies würde die Inbezugnahme durch sektorale Gesetze vereinfachen (Muster z.B. für das BImSchG: »Die Genehmigung ist als integrierte Vorhabengenehmigung zu erteilen«).

Die planerische Vorhabengenehmigung (E-UGB-I § 63) eröffnet, da sie sich auf komplexe Infrastrukturvorhaben bezieht, zu Recht einen Abwägungsspielraum. Allerdings wird sie auf Verkehrsanlagen auf dem Lande (Straßen, Flughäfen, etc.) und damit auf einen Anwendungsbereich kat exochen nicht anwendbar sein. Für solche Anlagen wäre es besonders sinnvoll, sie hinsichtlich des Genehmigungsinhalts und nachträglicher Anpassungen stärker an die Vorhabengenehmigung anzulehnen. Dies bedeutete, dass z.B. eine Straße einer Änderungsgenehmigung bedürfte, wenn der Verkehr über die in der Ursprungsgenehmigung zugelassene Verkehrsdichte hinauswachsen soll.

In einem wirklichen Allgemeinen Teil würden zudem weitere Regelungen vor die Klammer gezogen werden können. Dazu gehören:

- Eröffnungskontrollen jenseits der Genehmigung, wie die Anzeige und die Anmeldung einer Tätigkeit

- Regelungen über die UVP für alle UVP-pflichtigen Vorhaben, also nicht nur für diejenigen, die der Vorhabengenehmigung unterliegen; damit würde eine Schnittstelle vermieden, die das gegenwärtige Konzept verursacht und die verkomplizierend wirkt, nämlich die Doppelregelung der UVP im UGB und einem weiterbestehenden UVPG[463)]

- der Zugang zu Umweltinformationen: er sollte wieder für alle Bundesländer auf Bundesebene harmonisiert werden, denn er gehört zum materiellen Umweltrecht, nicht zum Verwaltungsverfahrensrecht

---

463) Auch insoweit ist das Satellitenkonzept besser geeignet; denn Vorhaben, die durch Gesetze außerhalb des UGB (wie z.B. das Verkehrsanlagenrecht) geregelt werden, könnten hinsichtlich der UVP auf den Allgemeinen Teil (das »AUG«) verweisen, ähnlich wie dies heute im Verhältnis Fachgesetz - UVPG geschieht.

- Grundpflichten und Instrumente für andere Bereiche als
nur Vorhaben im Sinne des E-UGB-I.[464]

In Konsequenz dessen wäre zu empfehlen, einerseits das
Kapitel über die Vorhabengenehmigung im Sinne des
Baukastensystems in den Allgemeinen Teil zu integrieren,
andererseits aber die anlagenspezifischen Regelungen in ein
eigenes Buch des UGB (oder besser Sektorgesetz) über
gefährliche Anlagen zu überführen. Gleiches gilt für die
planerische Genehmigung.

(3) 집행 단순화

Vereinfachung, insbesondere Beschleunigung und
Widerspruchsfreiheit des Vollzugs, ist ein wünschenswertes
Ziel. Ihre gegenwärtige Dringlichkeit ist allerdings geringer
als Jahre zuvor.

Das Flaggschiff der Reform, die integrierte
Vorhabengenehmigung, hat viel von seiner Zugkraft verloren,
weil frühere Gesetzesnovellen sowie Reformen in der
Verwaltungsorganisation und im Verwaltungsmanagement
bereits erhebliche Vollzugsvereinfachungen gebracht haben.
Zwar stehen (wenn sie einzuholen sind) die immissions
rechtliche und die wasserrechtliche Genehmigung bisher noch
nebeneinander, aber die Verfahren werden kraft gesetzlicher
Vorschrift[465] und in praxi sowohl prozedural wie

---

464) Dazu unten.

465) § 5 Abs. 1 S. 1 BImSchG (»Umwelt insgesamt«) und § 5 Abs. 5 S. 2

materiellrechtlich mittlerweile eng koordiniert. Mehrere Bundesländer haben zudem integrierte Umweltbehörden eingerichtet, so dass die Verfahren durch ein und dasselbe Haus geleitet und auch im Hinblick auf die materiellen Kriterien abgestimmt werden. Widersprüchliche Entscheidungen wurden seitdem praktisch ausgeschlossen, die Verfahrensdauer wurde erheblich verkürzt.[466]

Der Mehrwert einer integrierten Genehmigung liegt jetzt nur noch in der Beseitigung der wasserrechtlichen Genehmigung und eines wenig bedeutsamen Restes an Verfahrensseparatio n.[467]

Angesichts der Perfektionierung des Integrationsprinzips stellt sich von anderer Warte die Frage, ob nicht über das Ziel hinausgeschossen wird. Zweifel erregt insofern die radikale Rückstufung der Befugnis der Wasserbehörde von der Genehmigung auf eine bloße Stellungnahme.[468] Damit wird die spezifische behördliche Kompetenz, die sich aus der Gesamtbetrachtung des Wasserhaushalts ergibt, allzu stark abgewertet. Stattdessen sollte das Einvernehmen der Wasserbehörde (oder in integrierten Behörden der Gewässerabteilung) eingeholt werden müssen.

BImSchG (»vollständige Koordinierung«).

466) Instruktiv Wirtz, Zulassung und Überwachung von Industrieanlagen im Umweltgesetzbuch. Die integrierte Umweltbehörde. Forum Umweltgesetzbuch. Hrsg. vom UBA, 2007.

467) Zu einer weiteren Verdichtung des materiellen Integrationsprogramms s. Calliess, ZUR 2008, S. 343 ff.

468) § 54 Abs. 2 und § 89 E-UGB-I.

Immerhin wird die im geltenden Recht vorgesehene Möglichkeit, auf einen Erörterungstermin zu verzichten, wieder eingeschränkt.[469]

(4) 공동체법 영향의 투명성

Wer es wirklich Ernst meint mit der Transparenz des Umweltrechts für den Bürger, muss sich der Frage stellen, wie dem Normalverstand Durchblick durch das Gewirr von genuin deutschem und unmittelbar anwendbarem Gemeinschaftsrecht verschafft werden kann. Ein Weg dahin bestünde darin, die EG-Verordnungen und diejenigen EG-Richtlinien, auf die das deutsche Recht verweist, in das UGB einzubeziehen. Dies könnte hinsichtlich der Verordnungen nur nachrichtlich erfolgen, weil der deutsche Gesetzgeber der Gemeinschaftsverordnung keinen zusätzlichen Geltungsbefehl verleihen darf.[470] Trotzdem würde das Verständnis und damit auch die Akzeptanz erhöht. Auch würden die häufig noch erforderlichen deutschen Anschlussnormen besser verstehbar. Dies gilt insbesondere für die noch zu verfassenden Bücher zum Gefahrstoffrecht und zum Kreislaufwirtschafts- und Abfallrecht.

Eine solche Integration des unmittelbar wirkenden Gemeinschafts-

---

469) Vgl. § 10 Abs. 6 BImSchG, § 16 Abs. 1 Nr. 4 der 9. BImSchV einerseits, § 94 Abs. 2 Nr. 4 E-UGB-I.

470) Die Frage ist im Einzelnen komplex und hier nicht zu vertiefen. Vgl. EuGH, Urt. v. 10. 10. 1973, Rs. 34/73, Slg. 1973, 981 Rn. 10 f. (Wiederholungen toleriert, aber so zu interpretieren, dass dadurch die unmittelbare Wirkung und die Zuständigkeit des EuGH nicht berührt wird), EuGH, Urt. v. 28. 3. 1985, Rs. 272/83, Slg. 1985, 1057 Rn. 26 (Mitgliedstaat darf keine Lage schaffen, die die unmittelbare Geltung aufs Spiel setzt).

und internationalen Rechts forderte der französische Staatsrat 1989 für die Kodifizierung à droit constant des französischen Umweltrechts, allerdings ohne Erfolg.[471] Immerhin enthält der Code de l'Evironnement in der Fassung von 2007 aber einen umfangreichen Anhang mit bedeutsamen internationalen und gemeinschaftsrechtlichen Normen, auf die in den Teilen mit der Gesetzgebung und der Verordnungsgebung verwiesen wird.[472]

2. 보호 수준

Das zweite Ziel des UGB, die Wahrung des bestehenden Schutzniveaus, zeugt von umweltpolitischer Mutlosigkeit. Viele Umweltindikatoren ‑ solche der Klimaveränderung, der Abnahme von Biodiversität, der Bodenverschlechterung und ihrer jeweiligen Ursachen ‑ zeigen, dass das Schutzniveau keineswegs hoch genug ist. Hinzu kommt, dass seit einiger Zeit Erfahrungen mit ökonomischen Instrumenten (Zertifikatslösungen und Umweltabgaben) sowie Selbstverpflichtungen gemacht worden sind, die zur Skepsis Anlass geben und nach einer Neujustierung im Verhältnis zum Ordnungsrecht rufen. Bei der Fixierung auf das bestehende materielle und instrumentelle Schutzniveau wird eine gute Gelegenheit zur Verbesserung des Umweltrechts versäumt. Nimmt man die noch zu formulierenden weiteren Bücher des UGB in den Blick, wird das UGB-Projekt die umweltpolitischen Akteure noch auf viele Jahre hinaus binden. Sollen sie diese ganze Zeit über auf das

---

471) S. dazu Kromarek, Die Umweltrechtskodifikation in Frankreich, EurUP 2006, 299, 307.

472) Code de l'Environnement, 10. édition, Paris 2007.

bestehende Schutzniveau eingeschworen bleiben?

Verbesserungen des Umweltschutzes können letztlich auch im langfristigen Interesse der »Industrie« wirken, die übrigens ja keineswegs monolithisch dasteht, sondern zu großen Teilen von hohen Standards profitieren kann. Man erinnere sich daran, dass das deutsche Insistieren auf dem Maßstab »Stand der Technik« im europäischen Zusammenhang der hiesigen Industrie technologische Vorsprünge und Absatzchancen erschlossen hat. Kaum zu unterschätzen ist auch, welche immensen Kosten entstünden, wenn Umweltschäden nicht entschieden präventiv bekämpft werden. Umweltschäden zu vermeiden dürfte zukünftig zu einem Kosten- und Standortvorteil in globaler Konkurrenz werden. Nicht zuletzt sind umweltschonende Produkte und Herstellungsweisen attraktiv für einen sich erweiternden Kreis von Konsumenten. Der übliche Kassandraruf, strengeres Umweltrecht verschlechtere Standortbedingungen, ist deshalb kurzschlüssig.[473]

---

473) Auf Verbandsebene scheint sich demgegenüber noch eine schematische Sicht zu halten, die strenge Umweltstandards nur als Behinderung, nicht auch als Chance ansieht. S. z.B. Wansleben, Das Umweltgesetzbuch aus der Sicht der Wirtschaft, in: Herausforderung Umweltgesetzbuch, Tagung des BMU am 16. 2. 2007, Forum Umweltgesetzbuch, hrsg. v. UBA, 2007, S. 14: »Der Staat setzt mit seinen Auflagen regelmäßig Grenzen auf der Angebotsseite. Gleichzeitig fragt der Kunde ein Produkt nach, das mit diesen Vorgaben nicht konform ist.« Berechtigt ist sicherlich die Klage über allzu viele Berichtspflichten (a.a.O. S. 15). Aber diese sind eine lösbare instrumentelle Frage, die von dem materiellen Problem des Schutzniveaus zu unterscheiden ist.

(1) 강화된 환경보호의 Desiderata

Kandidaten für eine Anhebung des Schutzniveaus sind vor allem der Klimaschutz, die Energiepolitik, das Verkehrswesen und das Produktrecht. Denkbar sind eigene umfassende Gesetze, in Gestalt sei es von weiteren UGB-Büchern oder sei es (wie hier propagiert) von sektoralen »Satelliten« eines AUG.

Zum Klimaschutz verfolgt das vorgeschlagene UGB V, welches das Gesetz über den Handel mit Treibhausgasemissionen übernimmt und eigentlich nur mit einer neuen Überschrift versieht, einen zu beschränkten Ansatz.[474] Es müsste den wesentlichen Gehalt des Zuteilungsgesetzes 2012 und Regelungen für die beiden anderen großen Emissionsquellen neben der Industrie, nämlich Verkehr und Haushalte, einbeziehen.

Darüber hinaus ist ein (möglicherweise mit dem Klimaschutzgesetz kombiniertes) umfassenderes Energiegesetz erforderlich, welches die Nachhaltigkeitsziele Schonung fossiler Ressourcen und Förderung erneuerbarer Energien umsetzt.

Drittes Desiderat ist ein anspruchsvolles Verkehrsgesetz, das die Regelungen über Verkehrsanlagen, Verkehrsverhalten und Verkehrstechnik zusammenführt und die Politik der Bedienung jeder Verkehrsnachfrage auf eine Politik der

---

474) So auch Gönner, Anforderungen an das Umweltgesetzbuch aus der Sicht eines Landes, Forum Umweltgesetzbuch, hrsg. vom UBA, 2008, S. 14.

Verkehrsvermeidung, der Optimierung der Verkehrsträger und der verkehrstechnischen Innovation umbaut. Im Vergleich dazu nimmt sich die Ankündigung, es sei ein UGB-Buch über gebiets- und verkehrsbezogenen Umweltschutz und damit wohl nur eine Übernahme der höchst partiellen Regelungen des BImSchG geplant[475], recht anspruchslos aus.

Schließlich sollte für das verstreute und unvollkommene Recht umweltverträglicher Produkte ein neuer Ansatz versucht werden, der Gefährdungs- und Materialaspekte kombiniert und den Anschluss an das Kreislaufwirtschafts- und Abfallrecht verbessert.

Es sei eingeräumt, dass all dies zu verwirklichen den gegenwärtigen politischen Handlungsspielraum überfordern würde. Zwar gab es die innovativen Vorarbeiten der beiden großen Vorentwürfe, aber neue und existentiell bedrohlichere Probleme sind hinzugekommen, die vertieftes Nachdenken über neue Konzepte notwendig machen. So bleibt die Hoffnung, dass die angedachten Bücher oder Gesetze dem Gesamtwerk noch in späteren Legislaturperioden angefügt werden.

Trotzdem, der Allgemeine Teil sollte schon jetzt Flagge zeigen, wohin die Reise geht. Er ist in der vorliegenden Fassung mit seinem Fokus auf die Vorhabengenehmigung, die eingreifenden Maßnahmen und die Überwachung stark vom Recht gefährlicher Anlagen geprägt. Dies ist deshalb

---

475) Begründung des Entwurfs zu E-UGB-I, Abschn. II.1.

unzureichend, weil gefährliche Anlagen heute nicht mehr das Hauptproblem der Umweltbelastung darstellen. In den Vordergrund gerückt ist die diffuse Belastung durch Klimagasemissionen, Energieverbrauch, Luft- und Lärmbelastung durch Verkehr sowie Ressourcenverbrauch und Umweltbelastung durch Produkte. Hierfür sollten im Allgemeinen Teil Grundpflichten aufgestellt und erste instrumentelle Vorgaben gemacht werden.[476)]

(2) 공동체법과 관계

Im Verhältnis zum europäischen Umweltrecht beschreitet der Referentenentwurf weitgehend den in der BRD schon länger üblichen Weg der Umsetzung des vorgeschriebenen Minimums. Spielräume und Anstöße weiterzugehen werden kaum ausgenutzt. Der Entwurf folgt damit zwar einer allgemeinen Tendenz in den Mitgliedstaaten. Diese widerspricht jedoch der Idee des Art. 176 EGV. Das europäisches Umweltrecht lebt von Pionierakten einzelner Mitgliedstaaten, die es ‑ sie moderierend ‑ für alle generalisiert. Wenn die nationale Initiative erstirbt, immobilisiert dies auch das europäische Recht.

Beispiele für durch EG-Richtlinien gesteuertes Recht, bei dem ein Weitergehen wünschenswert wäre, sind: Erstreckung der Strategischen Umweltprüfung (SUP) auf Subventionsprogramm e[477)] und Erstreckung des Anwendungsbereichs der

---

476) Ein Vorbild für die Produktpolitik enthält Kapitel 4 des UGB-KomE.
477) Vgl. § 8 Abs. 1 und Anhang 2 E-UGB-I. S. dagegen § 75 Abs. 1 Nr. 6

Umweltschadenshaftung auf Schutzgebiete außerhalb Natura 2000.[478] Umgekehrt ergreift der RefE nicht die Gelegenheit, Vorschriften, die nach h.M. mit EG-Richtlinien unvereinbar sind, an die Richtlinien anzupassen. Dies gilt insbesondere für die Verknüpfung der Verbandsklagebefugnis mit der Verletzung von Rechten Einzelner. Bedauerlich ist, dass keine Konkurrentenklage vorgesehen ist.[479] Indem diese die wettbewerbsverzerrende Missachtung von Umweltnormen bekämpft, mobilisiert sie die ökonomische Konkurrenz für den Umweltschutz. Andererseits ist positiv zu vermerken, dass bei der SUP für die hochstufige Verkehrsplanung nicht nur andere Trassen, sondern auch alternative Verkehrsnetze und Verkehrsträger zu prüfen sind.[480] Wünschenswert wäre allerdings, dass auch Alternativen, die auf Verkehrsvermeidung zielen, einbezogen werden müssen.

(3) 원리

Es ist zu begrüßen, dass der E-UGB-I nur wenige Prinzipien formuliert. Prinzipien entwickeln sich dynamisch im Spannungsfeld zwischen politischem Diskurs und rechtlicher Praxis. Jede sprachliche Fixierung veraltet deshalb schnell. Prinzipien versprechen zudem mehr als sie halten, weil sie durch unausgesprochene Gegenprinzipien relativiert werden

---

und 7 UGB-KomE.

478) In einigen Mitgliedstaaten wie Polen und Spanien ist dies so vorgesehen, vgl. Winter/ Jans/ Macrory/ Krämer, Weighing up the environmental liability directive, Journal of Environmental Law vol. 20:2, 2008 (i.E.).

479) Vgl. dagegen § 46 UGB-KomE.

480) § 17 Abs. 2 E-UGB-I.

können.

Der rechtliche Status der Prinzipien des Entwurfs ist allerdings unklar. Unzweifelhaft stehen sie nicht über den einzelnen gesetzlichen Regeln, vielmehr stellen sie zusammenfassende Grundlagen solcher Einzelregelungen dar und dienen in dieser Eigenschaft als Leitlinien bei deren Interpretation und der Ausübung u.U. eröffneter Ermessensräume. Zweifelhaft ist dagegen, ob die Prinzipien – wie es nach allgemeinem Verständnis des Begriffs der Fall ist – mit gegenläufigen Prinzipien abwägbar sein sollen. Ist eine Relativierung nicht gewollt, handelt es sich um (Grund-)Regeln.

Eine Durchsicht der in § 1 des Entwurfs aufgelisteten »Prinzipien« zeigt, dass sie entweder bereits in sich relativiert oder so bedeutsam sind, dass sie keine Relativierung vertragen. Zur ersten Gruppe gehören die Regeln der dauerhaft umweltgerechten Entwicklung, zur zweiten das Gefahrvermeidungs- und Vorsorgegebot. Deshalb sollten die »Prinzipien« als Grundregeln bezeichnet werden. Eine Relativierung fehlt allerdings noch im Gebot der Verursacherverantwortung; denn von diesem Gebot muss unter Umständen zu Gunsten der Verantwortlichkeit der Allgemeinheit oder Dritter abgewichen werden können.[481]

Das Kooperationsprinzip des § 1 Abs. 1 Nr. 4 ("beim Schutz von Mensch und Umwelt wirken Staat und Gesellschaft zusammen«) passt m.E. nicht in den Allgemeinen Teil. Wie

---

481) S. dazu Kloepfer, Umweltrecht, München, 3. Aufl., 2004, S. 189 ff.

hier formuliert ist es zu vage und übrigens zu selbstverständlich, als dass es hervorgehoben werden müsste. Würde es spezifischer formuliert, etwa als Gebot der individualisierenden Verhältnismäßigkeit und der Einräumung von Wahlfreiheiten,[482] würde es die Umweltverwaltung zu stark einengen.

§ 1 Abs. 3 (Schutz des Klimasystems) sollte knapper und eleganter formuliert werden. Die Einfügung von »gefährlich« in das Schutzziel der »Verhinderung einer gefährlichen anthropogenen Störung des Klimasystems« setzt das Schutzniveau zu niedrig, wenn man den deutschen Gefahrenbegriff zu Grunde legt. Der Hinweis auf kosteneffiziente Maßnahmen verengt den Regelungsbedarf allzu sehr und sollte gestrichen werden. Kosteneffizienz folgt bereits aus dem - insoweit aber flexibleren - Verhältnismäßigkeitsgrundsatz.

Es fehlt eine Vorschrift über die Umweltverantwortung der Einzelnen. Sie wird für Unternehmen in § 1 Abs. 3 S. 2 angesprochen, jedoch in diffuser und verengter Weise. Vorbild hierfür könnte § 3 Abs. 1 UGB-KomE sein, in dem es heißt: »Jeder trägt eine Verantwortung für den Schutz der Umwelt. Im Rahmen dieser Verantwortung kann er die Umweltgüter nutzen. Seine Rechte und Pflichten im Einzelnen ergeben sich aus der Rechtsordnung.«

---

482) So die abfallbezogenen Pflichten des § 5 Abs. 1 Nr. 3 BImSchG in der Interpretation des BVerfG, s. BVerfGE 98, 83, 102.

Die bisher aufgestellten Prinzipien oder Grundregeln haben eher materiellen Gehalt. Zum Prozeduralen gibt es nur das – wie erwähnt m.E. verfehlte – Kooperationsprinzip. Schmerzlich vermisst man dagegen eine Grundregel zu Transparenz und Verfahrensbeteiligung.

(4) 국가 간 이동

Der Entwurf konzentriert sich auf die innerdeutschen Verhältnisse und berührt grenzüberschreitende Fragen nur im Zusammenhang mit der Verfahrensbeteiligung.[483] Dies wird der vielfältigen Verflechtung inländischer Sachverhalte und Verwaltungsstrukturen nicht gerecht. In Anlehnung und Erweiterung der Vorschläge in §§ 228, 229 UGB-KomE bieten sich folgende Vorschriften an:

– Erstreckung der Schutzprinzipien des § 1 auf Auswirkungen außerhalb des deutschen Hoheitsgebiets

– Gebot zu aktiver internationaler und transnationaler Zusammenarbeit im Umweltbereich

– Innerstaatliche Abstimmung und Transparenz von behördlichem Handeln im Rahmen internationaler und transnationaler Gremien.[484]

---

483) Abschn. 5 Unterabschn. 5 des E-UGB-I.

484) So ein Vorschlag der ad hoc-Kommission »Neuordnung der Verfahren und Strukturen zur Risikobewertung und Standardsetzung im gesundheitlichen Umweltschutz der BRD«, nach deren Gesetzentwurf zur Standardsetzung die materiellen und prozeduralen Vorgaben auch für die Vorbereitung deutscher Stellungnahmen im Zusammenhang mit gemeinschaftsrechtlichen und internationalen Standardsetzungsverfahren zum Schutz der

(5) 기본 의무

Zu begrüßen ist, dass der Entwurf an der Aufstellung von Grundpflichten festhält und den Ansatz anscheinend durch die sektoralen Teile durchgängig verfolgen will. Ihr rechtlicher Status ist allerdings unklar und bedarf weiterer rechtsdogmatischer, kaum aber wohl gesetzlicher Klärung. Grundpflichten bieten zunächst den gesetzestechnischen Vorteil, dass Genehmigungen, Überwachungen und nachträgliche Maßnahmen an einem gemeinsamen Maßstab ausgerichtet werden können. Darüber hinaus sollten sie aber auch zur Konkretisierung von Verkehrssicherungspflichten im Haftungsrecht herangezogen werden können.[485]

(6) 행정상 입법

Der Entwurf konkretisiert in § 46 UGB I, wer anzuhören ist, wenn für den Erlass von Rechtsverordnungen oder Verwaltungsvorschriften die Anhörung der beteiligten Kreise vorgeschrieben wird. Es wäre wünschenswert, den dort verfolgten korporatistischen Ansatz auf die allgemeine Öffentlichkeit auszudehnen. Sachverstand und Interessen sind häufig nicht verbandsmäßig organisiert. Deshalb sollte für den Erlass von Rechtsverordnungen und von mittelbar außenwirkenden Verwaltungsvorschriften ein obligatorisches öffentliches Einwendungsverfahren u.U. mit Erörterungstermin

---

menschlichen Gesundheit und der Umwelt gelten sollen. S. Abschlussbericht von Juni 2003 S. 73 (zugänglich unter http://www.bfs.de/de/bfs/fue_beitraege/apug_riko_ab.pdf.).

485) Zu unentschieden m.E. UGB-KomE S. 96.

vorgeschrieben werden. Anerkannte Umweltverbände und Betroffenenverbände sollten ein Recht auf Beantragung eines Normsetzungsverfahrens erhalten.[486] Das Normenkontrollverfahren nach § 47 VwGO sollte auf Bundesverordnungen erstreckt werden.

Allgemein sollten Rechtsverordnungen und Verwaltungsvorschriften begründungspflichtig sein.

Für die rechtliche Rezeption privater technischer Regelwerke durch dynamische Verweisung und Generalklauseln sollte weitergehend als in §§ 31-33 UGB-KomE gefordert werden, dass die Normungsgremien den relevanten Sachverstand und die Hauptkontroversen im Feld widerspiegeln, und dass die Norm vor Verabschiedung einem öffentlichen Einwendungsverfahren unterzogen worden ist.

(7) 자신의 의무

Angesichts der Tatsache, dass Selbstverpflichtungen nicht selten fehllaufen, ist ein rechtlicher Rahmen erforderlich, der einerseits die Freiwilligkeit anerkennt, andererseits aber durch Berichtspflichten und Sanktionen für die Einhaltung sorgt. Vorbilder finden sich in §§ 35, 36, 38, 39 UGB-KomE.

(8) 경제 수단

Da die Vorschriften über ökonomische Instrumente (Umweltabgaben, Zertifikate, Subventionen) sehr spezifisch ausgestaltet werden

---

486) S. die Vorschläge in §§ 45, 46 UGB-KomE.

müssen, ist entgegen den Vorschlägen in §§ 190 – 201 UGB-KomE kaum Raum für allgemeine Regeln. Anders verhält es sich, wenn man den Allgemeinen Teil teilweise zu einem Maßstäbegesetz ausbaut. Dann empfählen sich folgende Maßgaben:

- Umweltabgaben: Es sollte genauer als im UGB-KomE zwischen den Abgabezwecken Finanzierung, Eingriffsausgleich und Verhaltenslenkung unterschieden werden. Je nach Zweck sollten die Zulässigkeitskriterien spezifiziert werden.

- Umweltzertifikate: Es empfähle sich ein neuer Abschnitt über Umweltzertifikate, d.h. für Rechte der Umweltnutzung. Dabei wäre herauszustellen, für welche Bereiche das Instrument geeignet ist und für welche nicht (z.B. hotspots), nach welchen Kriterien die Zielquoten festzulegen sich (critical loads), nach welchen Kriterien die Nutzungsrechte zu verteilen sind, und unter welchen Voraussetzungen sie handelbar und rückholbar sein sollen.

IV. 결론

Es ist schwer zu verstehen, was in dem wechselvollen Entstehungsprozess des UGB eigentlich vor sich geht. In postmoderner Betrachtung handelt es sich um ein Spiel der Konzeptmoden, die kommen, Konjunktur haben, wieder gehen und dabei manche oder wenige Spuren hinterlassen.[487]

---

487) In diese Richtung geht die Analyse von Smeddinck, Das UGB als »Stunde Null«. Umweltrecht zwischen Historisierung und Neubeginn, EurUP 2007,

Diese Sicht ist erhellend, aber letztlich doch unbefriedigend, weil sie die agierenden Interessen nicht zureichend würdigt. Realistischer gesehen, haben wir es mit einem Politikfeld zu tun, auf dem sich Interessengruppen und ihre politischen Repräsentanten mittels Expertenkommissionen, Entwürfen, Verfassungsargumenten und gar Verfassungsrevisionen bekämpfen und bisher weitgehend paralysiert haben. Wenn aus diesem Prozess dennoch ein Gesamtwerk herauskommt, kann es eigentlich nur ein leeres Gehäuse ohne technischen und sachlichen Mehrwert darstellt.

Das dem vorliegenden Entwurf anzusinnen, wäre jedoch unfair. Es gibt eine überschießende Vernunft in ihm, die zeigt, dass Innovation durch öffentlichen Diskurs und politisches Handeln möglich ist. Nur bleibt sie ängstlich hinter ihren Möglichkeiten zurück. Die Bücher II und III (Wasserwirtschaft sowie Naturschutz und Landschaftspflege) sind solide gearbeitet und enthalten in begrenztem Maß Innovationen.[488] UGB IV ist gut durchdacht, steht aber verloren da. Buch V ist ein Füllkörper, der dem Ganzen den Anschein des Voluminösen geben soll. UGB I enthält positive Ansätze, fällt aber weit hinter dem von den Vorentwürfen bereits Erreichten – und durchaus Konsensfähigen – zurück. Er ist sogar hinderlich, weil zukünftige Fortschreibungen nur als Flickwerk erscheinen können.

Mein Resümee ist deshalb: das Werk, wie es vorliegt, ist nur

---

202 ff.

488) S. dazu den Beitrag von Reinhardt, ZUR 2008, S. 353 ff. (in diesem Heft).

ein Pflänzchen, weil es im Schatten der Furcht vor Standortnachteilen wuchs. Um auszuwachsen, braucht es mehr Zeit in der Sonne freier Vernunft und politischer Entschiedenheit. Konkret: UGB II und III sollten (nach leichter Überarbeitung, die sie vom UGB I löst) unter den gewohnten Namen als separate Gesetze erlassen werden und gegebenenfalls später in ein Gesamtsystem eingearbeitet werden. Das UGB I sollte zu einem wirklich übergreifenden Allgemeinen Teil weiterentwickelt werden, sich dabei die vorliegenden Vorarbeiten stärker zu Nutze machen und neue Gegebenheiten einarbeiten. Ob am Plan eines Gesamt-UGB festgehalten wird oder ein Satelliten system vorzugswürdig ist, wäre zu diskutieren. Am dringlichsten jedoch ist die Arbeit an neuen Gesetzgebungsprojekten zu Klima-, Energie-, Verkehrs- und Produktpolitik, auf deutscher und europäischer Ebene. Das ist der Garten, der kultiviert werden muss.

2. 이산화탄소(CO_2) 자동차세[489]

차량세를 계산할 때 CO_2 배출을 고려할 것인가에 대한 토론에서도 경제와 환경보호 사이의 긴장관계가 매우 분명하게 드러났다. 차량세를 계산하는 근거에 관해 CO_2배출을 참작하려고 한 생각은 그렇게 새로운 일이 아니다. 이미 독일 Meseberg 연방정부의 2007년 에너지 · 기후프로그램에서도 CO_2 배출을 근거로 하여 세금을 부과

---

489) 데트레프 치블카, 김현준(역), 유럽과 독일의 기후변화대책법 - 배출권거래제도 이외의 법제도를 중심으로 -, 환경법연구 제30권 2호, 2008, 195면 이하; 오준근, 기후변화협약에 따른 환경산업관련법제의 개선에 관한 입법론적 고찰, 환경법연구 제30권 3호, 2008, 485면 이하 참조

하는 것이 포함되었다.490) 금융시장·경제위기에 대한 반응으로서 자동차세의 전환이 연방정부의 경기부양패키지 II에 포함되었다.491) 2009년 2월 연방과 주들 사이의 조정위원회에서 자동차세 전환에 관한 법률초안(Gesetzentwurf zur Umstellung der Kraftfahrzeugsteuer)이 취급된 후에, 연방상원(Bundesrat)은 2009년 3월 6일 의회를 통해 전날 채택한 법률에 동의하였다.492)

자동차세의 새로운 규정에 관한 법률은 2007년 에너지·기후프로그램에서의 초기 아이디어에 비해 수정되었다. 당시에는 배기량에 의한 과세를 CO_2 배출에 의한 것으로 완전히 전환할 것을 고려하였다.493) 더 많이 소비하는 차량들은 - CO_2 배출을 많이 하는 것과 더불어 - 더 절약하는 차량들보다 더 많은 세금을 부담해야 했다. 유해물질을 덜 배출하는 차량을 생산하거나 구입할 때, 이러한 세금 인

---

490) 2007년 통합된 에너지·기후프로그램(Energie- und Klimaprogramm 2007)은 다음과 같은 인터넷 사이트에서 찾을 수 있다:
http://www.bmu.de/klimaschutz/downloads/doc/40514.php.

491) 경기부양패키지 II(Konjunkturpaket II)의 내용에 관한 개관은 다음과 같은 인터넷사이트에서 찾을 수 있다:
http://www.bundesfinanzministerium.de/nn_69120/DE/Buergerinnen_und_Buerger/Gesellschaft_und_Zukunft/themenschwerpunkt_konjunkturpakete/Stellschrauben-des-Konjunkturpakets-2/075_in_Bewegung_halten.html.

492) Gesetz zur Neuregelung der Kraftfahrzeugsteuer und Änderung anderer Gesetze v. 29. 5. 2009, BGBl. I, S. 1170; 본래 법률초안에 관해서는 BT-Drs. 16/11742 v. 27. 1. 2009 참고. CO_2 배출에 대한 과세 전환 외에도, 자동차세에서 나오는 수입은 장차 주들이 더 이상 받을 수 없고, 연방에게 귀속한다(das Gesetz zur Änderung des Grundgesetzes (Art. 106, 106b, 107, 108 GG) v. 19. 3. 2009, BGBl. I, S. 606 참고). 주들은 2010년부터 2009년 5월 29일자 법률의 제1조에서 확정된 연간 재정적 보상을 받는데, 이러한 재정적 보상은 연방의 세수로부터 총 8,991,764,000 Euro 정도 자동차세 수익의 손실에 대한 것이다.

493) das Integrierte Energie- und Klimaprogramm 2007, a.a.O., S. 57 f. 참조.

센티브는 CO$_2$ 배출량을 '지속 가능하게' 감축하는데 기여할 것이라고 했다. 반면, 2009년 7월 1일 자동차세는 CO$_2$ 배출량과 배기량의 조합으로부터 계산하고 있다. 킬로미터 당 CO$_2$ 120그램 이상을 배출하는 차량에 대해서는[494] 킬로미터마다 각각의 추가 CO$_2$ 그램에 대해 2 EUR의 견적을 낼 수 있다. 그 밖에 가솔린엔진에 대한 2 EUR와 디젤엔진에 대한 9,50 EUR의 기본금액은 배기량 최초 100 제곱센티미터마다 계산할 수 있다. 그러는 동안 법적 자문에서 제안한 - 가솔린엔진의 경우 배기량 2.5 리터와 디젤엔진의 경우 3 리터에 대한 - 기본금액 상한은 대중의 비판에 부딪혀 더 이상 적용되지 않았다. 왜냐하면 이것은 특히 큰 엔진을 달고 있는 자동차의 세금 감면을 초래할 것으로 보았기 때문이다. 그러나 현재 CO$_2$ 배출량과 배기량을 조합하여 부과하는 세금은 순수 CO$_2$ 세금과 비교하여 결국 더 미흡한 환경정책적 유도·조정 효과[495]만을 가져올 것이다.[496]

따라서 경기부양패키지 II로 세금개혁을 함으로써 원래의 기후정책 목표들은 약화되고 있다. 왜냐하면 이제는 더 많이 배출하는 차량들이 단지 유해물질 배출만 하는 자동차세보다 세금을 더 적게 내

---

494) 이러한 한계수치는 2010년과 2011년 적용되고, 2012년과 2013년에는 킬로미터 당 CO$_2$ 110 그램, 2014년부터는 95 그램으로 변경된다.

495) 문병효, 친환경적 조세체계로의 전환과 환경세에 관한 법적 고찰, 환경법연구 제30권 3호, 2008, 435면 이하 참조.

496) 이것에 관해서는 예를 들어, 법률 초안에 대한 2009년 2월 9일자 der Verkehrsclub Deutschland의 입장을 참고할 수 있는데, 이 자료는 다음과 같은 인터넷 사이트에서 찾을 수 있다:
http://www.vcd.org/fileadmin/user_upload/redakteure/themen/auto_und_motor rad/Kfz_Steuer/090209_Stellungnahme_Kfz_Steuer.pdf.

고 있기 때문이다. 그렇게 함으로써 경제위기의 시대에서는 무엇보
다 독일 자동차 산업을 도울 수 있다고 생각하고 있다.[497]

〈참고: CO_2 자동차세 – 기후보호세인가?〉[498]

I. 요 약

Nach jahrelanger Diskussion wurde die bundesdeutsche
Kraftfahrzeug-Steuer zum 1. 7. 2009 – zunächst nur für
Neufahrzeuge – auch am CO_2 -Ausstoß ausgerichtet und
damit klimapolitisch aufgewertet. Zugleich erhält der Bund
nach Art. GG Artikel 106 Abs. GG Artikel 106 Absatz 1
Nr. 3 GG n. F. die Ertragshoheit für diese Steuer. Mit der
Neuregelung der Ertragskompetenzen der verkehrsbezogenen
Steuern und der klimapolitischen Ausrichtung der Kfz-Steuer
werden seit langem geforderte steuerliche Maßnahmen
umgesetzt. Wird damit die Kfz-Steuer zu einer politisch
konsistent eingebetteten Klimaschutzsteuer? Der Beitrag geht
dem klimapolitischen Lenkungspotenzial der neuen
Kfz-Steuer vor dem Hintergrund der verkehrsbezogenen
Klimapolitik nach.

---

497) 이러한 의미에서 CDU 예산정책수립자 Barthle는 2009년 1월 23일
Deutschlandfunk와 인터뷰를 하였다. 이것에 관해서는 다음과 같은 인터넷 사
이트에서 그 자료를 찾을 수 있다:
http://www.dradio.de/dlf/sendungen/interview-dlf/908621/.

498) Erik Gawel, CO_2-basierte Kfz-Steuer – eine Klimaschutzsteuer? ZUR
2010 Heft 1, 3ff. 참조.

II. 자동차세의 구조, 목표 및 정당성

Die Kfz-Steuer wird im Wesentlichen für das Halten von Kraftfahrzeugen zum Verkehr auf öffentlichen Straßen erhoben (§ 1 KfzStG). Bemessungsgrundlage war bis zum Änderungsgesetz 2009 der Hubraum unter Berücksichtigung von spezifischen Schadstoffemissionen (Pkw) bzw. das Gesamtgewicht unter Berücksichtigung von spezifischen Schadstoff- und Lärmemissionen (Lkw). Eine CO_2-Emission bis 90g/km wurde bisher bereits mit einem verminderten Steuersatz für Pkw belohnt (§ 9 Abs. 1 Nr. 2a KfzStG a. F.) ‒ ein Grenzwert freilich, der nach der ADAC-Autodatenbank 2009 überhaupt nur von einem einzigen erfassten Modell mit Verbrennungsmotor erfüllt wird.[499] Die bisherige CO_2-Komponente im schadstofforientierten Kfz-Steuerrecht von 2002 fristete daher ein eher symbolisches Dasein.

Mit rund 8,8 Mrd. Euro Aufkommen stand die Kfz-Steuer 2008 auf Platz 9 der aufkommensstärksten Steuern in Deutschland. Unter den Steuern, deren Aufkommen vor der Reform den Ländern zustand, war die Kfz-Steuer hinter den Gemeinschaftssteuern nach Art. 106 Abs. 3 (Einkommen-, Umsatz- und Körperschaftssteuer) gar die aufkommensmächtigst e.[500] Vor allen umweltpolitischen Zweckbeigaben kommt ihr

---

499) Siehe ADAC-Autodatenbank, Marktübersicht Pkw mit Erfüllung der Euro-5-/Euro-6-Norm, www.adac.de. Danach liegt der Toyoto Prius 1.8 Hybrid bei 89g/km.

500) Der Aufkommensanteil an den gesamtstaatlichen Steuereinnahmen (561 Mrd. Euro 2008) betrug zwar nur 1,5%, im Landeshaushalt NRW beispielsweise macht die Quote freilich bereits 4,5% aus (Quelle: www.fm.nrw.de/haushalt_und_finanzplatz/haushalt/01_steuereinnahmen/pdf_

daher in erster Linie eine wichtige fiskalische Funktion der Einnahmesicherung öffentlicher Haushalte zu, insbesondere zur Finanzierung der öffentlichen Straßenverkehrsinfrastruktur. Sie kann daher als Steuer ohnehin keine reine umweltpolitische Lenkungsabgabe sein, welche unter Beachtung eines fiskalischen »Nebenzwecks« (§ 3 Abs. 1 2. Halbs. AO) im Wesentlichen der Erfüllung eines bestimmten Emissionszieles verpflichtet wäre. Rechtlich und politisch ist sie als Steuer der Aufkommenserzielung verpflichtet.

Gleichwohl gestattet sie gerade über den Anknüpfungspunkt der Kfz-Haltung eine steuerliche Anreizwirkung hinsichtlich der Entscheidungen über die Anschaffung und das weitere Halten eines Kraftfahrzeugs. Diese Nachfrager-Entscheidungen sind umweltpolitisch relevant, da externe Kosten des Verkehrs nicht nur durch die Kfz-Nutzung (Emissionsmenge, Kraftstoffverbrauch, Unfallschäden, Lärm etc.), sondern auch durch die Fahrzeugtechnik (spezifische Emissionslast), das Kfz selbst (Abfall) und die für Kfz vorgehaltene Infrastruktur (Flächenverbrauch, Trennwirkung) bestimmt werden. Insbesondere das umweltpolitische Lenkungsziel der (rascheren) Durchsetzung verbrauchs- und schadstoffeffizienter Fahrzeuge im Bestand kann durch eine entsprechend ausgestaltete Kfz-Besteuerung unmittelbar verfolgt werden.

Zwar sind langfristig gesehen alle externen Lasten des Verkehrs nutzungsabhängig.[501] Dennoch ist es in der Praxis

---

download/2008_st_ein_pdf.pdf).

501) So bereits Hofmann/Wehrt, Die Reform der Kfz-Steuer – wirtschaftspolitisch

nicht möglich, eine sämtliche Bestimmungsfaktoren externer Verkehrskosten abbildende und zugleich die Grundsätze der Erhebungsbilligkeit und alle institutionellen Friktionen berücksichtigende alleinige Verkehrsnutzungsabgabe zu konstruieren: Die vielfach geforderte Umlage der Kfz-Steuer auf eine (inländische) Kraftstoffverbrauchssteuer[502] (Energiesteuer, früher Mineralölsteuer) kann weder den schadstoffrelevanten Wartungszustand des Motors noch die Externalitäten des im Ausland betankten Transitverkehrs bzw. des grenzüberschreitenden »Tanktourismus« erfassen; zudem müsste eine solche Kraftstoffverbrauchssteuer fahrzeugtypspezifisch ausgestaltet werden, um die unterschiedliche Emissionsintensität der Fahrzeuge im Abgasstrom zu berücksichtigen[503] – hier aber stoßen die praktischen Möglichkeiten an deutliche Grenzen.[504] Auch sind die Vorzüge der Kraftstoffverbrauchsbesteuerung an theoretische Bedingungen geknüpft, die in der Realität so nicht vorfindbar sind: Zwar werden theoretisch – in einer Coase-Welt ohne Transaktionskosten und Informationsrestriktionen – rationale Fahrzeugnutzer typspezifische Differenzen in den Kraftstoffpreisen (z. B. aufgrund differenzierter Steuersätze) sowie in den Verbrauchswerten antizipieren und über eine Barwertdiskontierung in

---

betrachtet, in: Zeitschrift für Verkehrswissenschaft 1992, 263 (265).

502) Statt vieler siehe nur Schemmel, Reform der Kraftverkehrsbesteuerung, Wiesbaden 1976, S. 26 ff.; jüngst erneut vehement Dudenhöffer, Die neue Kfz-Steuer: Mehr Klimaschutz oder Steuersenkungsprogramm?, in: ifo-Schnelldienst 6/2009, 3 f. Dazu auch Fiederer/Weil, Umlage der Kfz-Steuer auf die Mineralölsteuer: Ein Steuerreformvorschlag auf dem Prüfstand, Tübingen 1996.

503) Dazu Hofmann/Wehrt, Die Reform der Kfz-Steuer – wirtschaftspolitisch betrachtet, in: Zeitschrift für Verkehrswissenschaft 1992, 263 (265).

504) Siehe nur die Diskussion der Optionen bei Hofmann/Wehrt, Die Reform der Kfz-Steuer – wirtschaftspolitisch betrachtet, in: Zeitschrift für Verkehrswissenschaft 1992, 267 f.

ihre Kauf- und Haltensentscheidungen einbeziehen;[505] inwieweit jedoch eine solche perfekte Antizipation und rationale Verarbeitung in den Kauf- und Haltensentscheidungen gelingt, bleibt fraglich.[506] Institutionenökonomisch spricht einiges dafür, aufgrund von Wirkungsbrüchen im Anreizschatten verbleibende umweltrelevante Entscheidungen, insbesondere die Anschaffung, gezielt mit Lenkungsanreizen zu beeinflussen: Hierzu eignen sich beispielsweise auch die in zahlreichen europäischen Ländern erhobenen Zulassungssteuern.[507]

Zudem darf nicht vergessen werden, dass die Kfz-Besteuerung keineswegs (nur) das Ziel einer Internalisierung externer Effekte bezweckt; sie ist in erster Linie fiskalisch motiviert

---

505) So etwa Hofmann/Wehrt, Die Reform der Kfz-Steuer – wirtschaftspolitisch betrachtet, in: Zeitschrift für Verkehrswissenschaft 1992, 269.

506) Siehe etwa zu den Wirkungsbrüchen derartiger Antizipationsleistungen im Bereich der abfallrechtlichen Produktverantwortung Gawel, Produktverantwortung aus ökonomischer Sicht, in: Führ (Hrsg.), Stoffstromsteuerung durch Produktregulierung. Rechtliche, ökonomische und politische Fragen 2000, S. 143 ff. Auch hier werden nur theoretisch in einer Coase-Welt Produktkäufe unter Antizipation späterer Abfall- und Kreislaufkosten über alle Halter eines Kfz bis zur Erstzulassung zurück perfekt restrukturiert. Praktisch tut man hingegen gut daran, Kaufentscheidungen auch unter Abfallgesichtspunkten gezielten Anreizen auszusetzen, da diese Antizipationskette in der Praxis nicht zufriedenstellend greift.

507) Siehe dazu im Überblick Kalinowska/Keser/Kunert, CO_2-Besteuerung von Pkws in Europa auf dem Vormarsch, in: DIW-Wochenbericht 27-28/2009, 438 ff. Dies., The diverse structures of passenger car taxation in Europe and the EU Comission's proposal for reform, in: Transport Policy 2007, 306 ff. Lenkungspolitisch noch reizvoller sind Contracting-Modelle von Mobilitätsdienstleistungen, bei denen ein Dienstleister vertraglich neben der Überlassung eines Fahrzeugs sämtliche Bereitstellungskosten übernimmt und »Mobilität« gewährt. Im Preis sind dann für den Endabnehmer alle Kosten sichtbar verarbeitet.

und dient steuerpolitisch insbesondere der Refinanzierung der Straßenverkehrsinfrastruktur. In dieser Funktion als Steuer nach dem Äquivalenzprinzip ist sogar eine angemessene Beteiligung von Wenignutzern an den fixen Vorhaltekosten der Infrastruktur über nutzungsunabhängige Pauschalen zu fordern.[508] Zudem stellen sowohl Fahrzeuge als auch Straßen keine homogenen Güter dar, die nach dem Verbrauch einheitlich äquivalenzbesteuert werden könnten: Verursachung von Infrastrukturkosten und Kraftstoffverbrauch sind nur bedingt proportional.[509]

Schließlich wird eine fiskalisch aufkommensneutrale Umlage auf die Energiesteuer durch spürbare Steueranhebungen sowie zu erwartende (langfristige) Ausweichreaktionen der Nutzer und gesamtwirtschaftlich kontraktive Wirkungen erschwert.[510] Entsprechend hohe (und weiter ansteigende) Energiesteuersätze wären erforderlich, deren politische Akzeptanz fraglich erscheint.[511] Hohe Energiesteuersätze führen zudem zu

---

508) Hierzu insbesondere Rappen, Die Kfz-Steuer – ein Relikt?, in: Wirtschaftsdienst 2006, 382 (385).

509) So zutreffend Rappen, Die Kfz-Steuer – ein Relikt?, in: Wirtschaftsdienst 2006, 385.

510) Dazu insbesondere Rappen, Die Kfz-Steuer – ein Relikt?, in: Wirtschaftsdienst 2006, 386 f. Dazu auch Ströbele, Reform der Kfz-Steuer – umwelt- und wirtschaftsverträglich?, in: ifo-Schnelldienst 6/2007, 3 (5).

511) Je nach Ausgestaltung wird von Steueranhebungen von mindestens 20 bis über 40% gerechnet – siehe Rappen, Die Kfz-Steuer – ein Relikt?, in: Wirtschaftsdienst 2006, 385; dazu auch Dudenhöffer, Die neue Kfz-Steuer: Mehr Klimaschutz oder Steuersenkungsprogramm?, in: ifo-Schnelldienst 6/2009, 3 f., der rein stichtagsbezogen für 2007 von einer Anhebung der Energiesteuer auf Kraftstoffe in Höhe von 13 Cent ausgeht; dies entspricht einer 20prozentigen (Benzin) bzw. 27prozentigen Steuersatzanhebung

klimapolitisch sinnlosen, aber fiskalisch relevanten Verlagerungen von Kraftstoffnachfrage ins Ausland. Schließlich bergen sehr hohe Energiesteuersätze klimapolitisch das Problem einer ökonomisch ineffizienten Aufspreizung der impliziten CO_2-Kosten zwischen den Emissionssektoren: Ströbele geht von erforderlichen 100 Euro/t CO_2 im Kfz-Bereich aus, um das Aufkommen der Kfz-Steuer über die Energiesteuer zu erzielen. Ein solcher CO_2-Preis aber wäre nach dem ökonomischen Prinzip der Preiseinheitlichkeit in anderen CO_2-Sektoren politisch nicht durchsetzbar, da mit Deindustrialisierungseffekten verbunden.[512] Immerhin ist das frühere polit-ökonomische Dauer-Hindernis der zwischen Bund und Ländern gesplitteten Ertragssteuerkompetenz der Steuern im Verkehrsbereich mit der aktuellen Änderung der Finanzverfassung entfallen.

Die vielfach geforderte Umlage der Kfz-Steuer auf eine inländische Energiesteuer stößt damit aus fiskalischen, polit-ökonomischen, institutionellen und umweltpolitischen Gründen an Grenzen;[513] sie führt zu klimapolitisch unerwünschten Leakage-Effekten der Verlagerung von Emissionen ins Ausland (Tanktourismus, vermehrte Auslandsnachfrage nach Kraftstoff beim Transitverkehr), spreizt den impliziten CO_2-Preis zwischen den Emissionssektoren weiter auf, vermag das

---

(Diesel). Hinzu tritt noch die Umsatzsteuer auf die Energiesteuer.

512) Ströbele, Reform der Kfz-Steuer ‑ umwelt- und wirtschaftsverträglich?, in: ifo-Schnelldienst 6/2007, 5.

513) Positiv gegenüber einem gemischten Steuersystem für Kraftfahrzeuge auf der Basis empirischer Daten auch Johnstone/Karousakis, Economic Incentives to Reduce Pollution from Road Transport: The Case for Vehicle Characteristics Taxes, in: Transport Policy 1999, 99 ff.

Problem einer angemessenen Besteuerung der fahrzeugspezifischen Schadstoffintensität nicht befriedigend zu lösen, leistet keine angemessene Beteiligung der Nutznießer an fixen Infrastrukturkosten und gewährleistet u. U. keine ausreichende Anreizwirkung auf diskretionäre Kaufentscheidungen.

Aus rein umweltpolitischer Sicht bestimmt sich die Höhe der durch den Kraftverkehr verursachten Umweltschäden im Wesentlichen nach dem Produkt aus Schadens-, insbesondere Emissionspotenzial und Fahrleistung; ein additives duales System aus Kfz-Steuer (auf das Emissionspotenzial) und Energiesteuer (auf den Verbrauch durch Fahrleistung) verfehlt diese Bedingung und erscheint somit theoretisch verfehlt. Daraus dürfte jedoch noch nicht der Schluss gezogen werden, dass die »wirtschaftspolitische Rechtfertigung« einer als »fahrleistungsunabhängige Jahrespauschale« ausgestalteten Kfz-Steuer in der Praxis hinfällig sei:[514] Dies gilt wie dargelegt nur unter den vereinfachenden Bedingungen der Theorie und nur für eine exklusiv als Pigou-Steuer ausgelegte Internalisierungsabgabe auf die externen Schäden des Verkehrs. Die »optimale Fahrzeugbesteuerung« über eine (differenzierte) verbrauchsbezogene Alleinsteuer bleibt damit ein Privileg einer auf Umweltaspekte beschränkten Steuer-Theorie. In der Praxis mit ihren vielfältigen institutionellen Besonderheiten und multiplen steuerlichen Zielstellungen erweist sich auch eine fahrleistungsunabhängige Kfz-Steuer als »nützlich«, manchen Autoren sogar als »unverzichtbar«.[515]

---

514) So aber wohl Hofmann/Wehrt, Die Reform der Kfz-Steuer ‒ wirtschaftspolitisch betrachtet, in: Zeitschrift für Verkehrswissenschaft 1992, 267.

Es kann daher nicht verwundern, dass die Kfz-Steuer – dem vor allem in der umweltpolitischen Diskussion vielfach entbotenen Valet zum Trotz – auch bei der Novellierungsrunde 2009 fröhliche Urständ feierte. Es fragt sich allerdings, ob das einer Kfz-Steuer zukommende Lenkungspotenzial durch die Novelle ausgeschöpft und zudem konsistent auf die neue klimapolitische Priorität ausgerichtet werden konnte.

III. 기후보호와 승용차 과세

Wie stellt sich das zuvor erörterte »Leistungs-Profil« der Kfz-Steuer nun unter explizit klimapolitischen Vorzeichen dar? Ausgerechnet die bereits vielfach als »Relikt«[516] geschmähte Kfz-Steuer klimapolitisch aufzuwerten, ist – ungeachtet ihrer zuvor dargestellten Vorzüge – keineswegs selbstverständlich: Emissionen im Verkehr entstehen praktisch ausschließlich im Fahrzeugbetrieb; anders als bei den Luftschadstoffen (Kohlenmonoxid, Stickstoffoxide, Kohlenwasserstoffe,

---

515) So etwa Rappen, Die Kfz-Steuer – ein Relikt?, in: Wirtschaftsdienst 2006, 383; ähnlich die Schlussfolgerung des Bundesrates anläßlich der Erörterung einer emissionsorientierten Kfz-Steuer-Reform von 1997: Bundesrat, Entwurf eines Gesetzes zur stärkeren Berücksichtigung der Schadstoffemissionen bei der Besteuerung von Personenkraftwagen (Kfz-Steueränderungsgesetz 1997 – KraftStÄndG 1997), Drs. 91/96, S. 12. Differenziert zur Sinnhaftigkeit einer Kfz-Steuer auch Ströbele, Reform der Kfz-Steuer – umwelt- und wirtschaftsverträglich?, in: ifo-Schnelldienst 6/2007, 3 f. sowie Meyer-Renschhausen/von dem Hagen, Verminderung der Kfz-Emissionen durch ökologische Steuern, in: Zeitschrift für angewandte Umweltforschung 1998, 223 f.

516) So etwa Rappen, Die Kfz-Steuer – ein Relikt?, in: Wirtschaftsdienst 2006, 382 ff., der freilich der Kfz-Steuer gerade kein Valet entbietet.

Staubpartikel) spielt jedoch der Fahrzeugtyp (jenseits der spezifischen Verbrauchswerte) für die CO_2-Emission keine Rolle. Da sich CO_2-Emissionen praktisch proportional zum jeweiligen Kraftstoffverbrauch verhalten, setzt eine Steuer auf das bloße Halten von Kfz insoweit keine angemessenen emissionsbezogenen Signale.[517] Auch die Notwendigkeit einer fahrzeugspezifischen Differenzierung – wie bei den Luftschadstoffen – entfällt. Kommt es für den steuerlichen Zugriff allein auf die CO_2-Emission an, so ist eine auf den Kraftstoffverbrauch gerichtete Energiesteuer das Mittel der Wahl.[518]

Die zugunsten einer separaten Kfz-Steuer zuvor geltend gemachten Argumente fallen ausgerechnet beim Klimaschutz deutlich schwächer aus: Eine Steuer, die nach Angaben des Bundesfinanzministeriums »vor allem auf den Schutz des Klimas abzielt«,[519] lässt fiskalische oder äquivalenztheoretische Refinanzierungs-Rechtfertigungen in den Hintergrund treten. Und die Möglichkeit einer ergänzenden Differenzierung der Steuerlast nach Fahrzeugtyp wird hier gerade nicht benötigt, da sich im effektiven Verbrauch sowohl der Motorentyp als auch der Fahrstil und der Streckenmix niederschlagen. Um ein emissionsbezogenes Lenkungsziel zu erreichen, sollte eine Umweltabgabe aber so nah wie möglich am verursachenden Tatbestand ansetzen. Dies wird bei der CO_2-Besteuerung der

---

517) Statt vieler siehe etwa Ströbele, Reform der Kfz-Steuer – umwelt- und wirtschaftsverträglich?, in: ifo-Schnelldienst 6/2007, 6.

518) So auch Ketterer/Wackerbauer, Die Kraftfahrzeugsteuer als Instrument der Klimaschutzpolitik, in: ifo-Schnelldienst 4/2009, 12 (14 f.).

519) Siehe http://www.bundesfinanzministerium.de/nn_312/DE/Buergerinnen_und_Buerger/ Mobilitaet_und_Reisen/Rund_ums_Auto/Kfz_Steuer/Neuregelung_Kfz_Steue r.html (29. 11. 2009).

bloßen Kfz-Haltung ersichtlich verfehlt: Sie besteuert ein Emissionspotenzial, nicht jedoch die effektiven CO_2-Emissionen. Nachdem auch die institutionellen Hemmnisse der föderativen Ertragskompetenzverteilung mit der gleichzeitigen Änderung der Finanzverfassung und der Zuweisung aller verkehrsbezogenen steuerlichen Ertragskompetenzen in Art. GG Artikel 106 GG an den Bund entfallen sind, mutet das Beharrungsvermögen der Kfz-Steuer unter dem neuen Primat der klimapolitischen Lenkung überraschend an.

Neben polit-ökonomischen bzw. fiskalischen Überlegungen (Ausmaß der alternativ erforderlichen Erhöhung der Energiesteuer) könnten umweltpolitisch wohl noch zwei Argumente für eine separate Kfz-Steuer sprechen: Die alternative Energiesteuererhöhung spreizt die sektorspezifischen CO_2-Preise sowie das innereuropäische Besteuerungsgefälle zu Lasten Deutschlands weiter auf und führt zu Ineffizienzen sowie emissionsneutralen, aber fiskalisch schmerzhaften Leakage-Effekten über die Grenze, da Kraftstoff dann vermehrt im europäischen Ausland nachgefragt wird, ohne die CO_2-Last insoweit zu verringern.[520] Darüber hinaus könnten Wirkungsbrüche in der Anreizkette dazu führen, dass die Nachfrageentscheidungen über Anschaffung und fortgesetztes Halten eines Kfz durch eine in den Kraftstoffpreisen

---

[520] Zwar gilt die kurzfristig Preiselastizität der Kraftstoffnachfrage mit -0,1 bis -0,3 als sehr gering, dies gilt naturgemäß nicht für den Fall, dass aufgrund von Marktspaltungen homogene Güter zu unterschiedlich hohen Preisen bezogen werden können, wie dies durch Steuersatzdifferenzen zwischen Staaten der Fall ist. Die dadurch ausgelöste Nachfrageverlagerung durch Arbitrageure wird nur noch die Transaktionskosten begrenzt.

vermittelte Energiebesteuerung unzureichend verarbeitet und damit das Ziel einer (raschen) Verringerung der spezifischen CO_2-Intensität im Fahrzeugbestand verfehlt wird.

Denn klimapolitisch kann einerseits auf Nachfrager-Entscheidungen über die Fahrleistung (gefahrene km), andererseits auch auf Entscheidungen hinsichtlich des spezifischen Verbrauchs (Kraftfahrzeugtyp, Fahrstil, Wartung, Streckenmix) eingewirkt werden. Zu einer der emissionsrelevantesten Nachfrage-Entscheidungen zum spezifischen Verbrauch gehört fraglos die Kfz-Anschaffungsentscheidung. Ausgerechnet in dieser der Kfz-Steuer verbleibenden Lenkungsdomäne steht sie in noch näher zu betrachtender Konkurrenz zur EU-Verordnung 443/2009 »zur Festsetzung von Emissionsnormen für neue Pkw im Rahmen des Gesamtkonzepts der Gemeinschaft zur Verringerung der CO_2-Emissionen« (dazu Abschnitt V).

Darüber hinaus bleibt zu prüfen, ob zumindest die Besteuerung des CO_2-Emissionspotenzials durch die neue Kfz-Steuer konsistent gelingt und zu spürbaren Anreizen zur spezifischen Emissionsminderung im Fahrzeugbestand beiträgt (Abschnitt VI). Zuvor jedoch wird die konkrete Ausgestaltung der Novelle vorgestellt (Abschnitt IV).

IV. 2009년 자동차세 개정

Nach jahrelanger Diskussion wurde die bundesdeutsche Kfz-Steuer zum 1. 7. 2009 - zunächst nur für Neufahrzeuge - auch am CO_2-Ausstoß ausgerichtet und damit klimapolitisch aufgewertet.

Seit langem stand die bereits 1997 zur Schadstoffsteuer umgestaltete Kfz-Steuer im Zuge der Klimadebatte unter Druck, stärker den spezifischen Verbrauch und damit die CO_2-Emission zu berücksichtigen. Zugleich erhält der Bund nach Art. 106 Abs. 1 Nr. 3 GG n. F. die Ertragshoheit für diese Steuer und kann damit künftig Energie- und Kfz-Steuer gleichermaßen politisch gestalten, ohne dabei die in der Vergangenheit Reformbemühungen stets lähmenden Länderinteressen zu berühren. Die Länder werden gemäß Art. GG Artikel 106b GG n. F. nunmehr durch einen durch Bundesgesetz zu bestimmenden Anteil am Steueraufkommen des Bundes kompensiert.

Die Eckpunkte der Reform sehen dabei folgendes vor:

- Die Steuer-Bemessungsgrundlage enthält zwei Komponenten (siehe Kasten): Hubraum wie bisher mit reduzierten Sätzen, zusätzlich der spezifische CO_2-Ausstoß.

- Ein an den Vorgaben der Europäischen Union orientierter CO_2-Ausstoß für Pkw bleibt steuerfrei. Dieser CO_2-Freibetrag beträgt bis 2011 120 g/km, bis 2013 110 g/km, ab 2014 95 g/km.

- Der Tarif der CO_2-Komponente ist linear (mit Freibetrag) ausgestaltet: Für jedes über die Zielgröße hinausgehende Gramm/km CO_2 werden 2 Euro fällig. Aufgrund des Freibetrages ist damit zwar der Grenzsteuersatz konstant, die Durchschnittbelastung pro g/km steigt jedoch an (sog. indirekte Progression).[521]

‑ Der CO_2-unabhängige Sockelbetrag (Hubraumbemessung) ist abhängig von der Antriebsart sowie der Hubraumgröße: 2 Euro je angefangene 100 ccm (Ottomotor) bzw. 9,50 Euro (Dieselmotor); die Steuersatzdifferenzierung nach Antriebsart wird also beibehalten.

‑ Bestandsfahrzeuge werden nach dem alten Kfz-Steuerrecht veranlagt. Sie sollen ab 2013 »schonend« in die neue Systematik überführt werden ‑ die genaue Ausgestaltung ist bisher freilich noch nicht festgelegt worden.

‑ Kfz-Steuergesetz sowie das sog. »erste Konjunkturpaket« 2008[522] sehen zeitgleich umfangreiche Steuerbefreiungen vor: Mit dem ersten Konjunkturpaket vom 5. 11. 2008 wurde die Kfz-Steuer bei Neuwagenkäufen (Zulassung vom 5. 11. 2008 bis 30. 6. 2009) für ein Jahr ausgesetzt; für Fahrzeuge mit Euro-5- oder Euro-6-Abgasnorm verlängert sich die Befreiung auf zwei Jahre. Für in diesem Zeitraum zugelassene Fahrzeuge greift nach Ablauf der Befreiung eine Günstigerprüfung mit dem alten Recht. Euro-5-Fahrzeuge mit Erstzulassung vor dem 5. 11. 2008 erhalten 2009 ebenfalls ein Jahr Steuerfreiheit. Für Diesel-Fahrzeuge mit Einhaltung der Euro-6-Norm sieht das Kfz-Steuergesetz eine zusätzliche befristete Steuerbefreiung in den Jahren 2011 bis 2013 in

---

521) Siehe zur indirekten Progression beispielsweise Brümmerhoff, Finanzwissenschaft, 9. Aufl. 2007, S. 392 f.

522) Siehe dazu www.bmwi.de/BMWi/Navigation/Wirtschaft/Konjunkturpakete/ konjunkturpaket-1,did=278928.html. Im zweiten Konjunkturpaket trat die sog. »Abwrackprämie« hinzu ‑ siehe Institut für Energie- und Umweltforschung, Abwrackprämie und Umwelt ‑ eine erste Bilanz, Heidelberg 2009.

Höhe von 150 Euro vor. Bei der Typzulassung gilt aber seit 2005 ordnungsrechtlich ohnehin der Euro-4-, seit 1. 9. 2009 europaweit der Euro-5-Grenzwert. Daher kommen beachtliche Teile der Neuzulassungen aus dem Gelegenheitsfenster im in den Genuss von Steuerbefreiungen.

Der neue Kfz-Steuer-Tarif (Neuzulassungen ab 1. 7. 2009)

¦ Komponente 1: CO_2-abhängige Besteuerung im Rahmen eines linearen Tarifs (2 Euro je g CO_2/km) oberhalb eines nicht besteuerten Sockels von 120 g/km (ab 1. 7. 2009). Der Sockelwert wird schrittweise verschärft: 110 g/km (ab 1. 1. 2012), 95g/km (ab 1. 1. 2014);

¦ Komponente 2: Hubraumabhängiger Betrag von 2 Euro je angefangene 100ccm (Benziner) bzw. 9,50 Euro (Diesel).

Ausnahmen: Steuerbefreiung für Diesel mit Euro-6. Befristete Steuerbefreiungen für Euro-4-6 (max. zwei Jahre, Zulassung bis 30. 6. 2009). Diesel-Pkw ohne Partikelfilter erhalten (wie bisher) einen Steuermalus von 1,20 Euro je 100 ccm Hubraum (bis 31. 3. 2011).

V. 교통관련 기후정책의 맥락에서 자동차세

Die aktuelle Novelle geht zurück auf die sog. Meseberger Beschlüsse der Bundesregierung im August 2007 zu einem »Integrierten Klima- und Energiepaket«. Hierzu wurde im Dezember 2007 ein erstes Paket mit 14 Gesetzes- und

Verordnungsvorhaben zur Umsetzung vorgestellt. Danach war eine Umstellung der Kfz-Steuer auf »Schadstoff- und CO_2-Basis« vorgesehen. Die Kfz-Steuer-Reform bildete zusammen mit der sog. »CO_2-Strategie Pkw« (Minderung der durchschnittlichen CO_2-Emissionen für Neuwagen durch technische und sonstige Maßnahmen auf 120 g/km bis 2012), den Ausbau der Biokraftstoffnutzung, einer Verbrauchskennzeichnung für Pkw, verbesserten Lenkungswirkungen der Lkw-Maut, dem Ausbau der Elektromobilität, der Einbeziehung des Flugverkehrs in den Emissionshandel und emissionsmindernden Maßnahmen im Schiffsverkehr ein Maßnahmenbündel, das 33,5 Mio. t CO_2 bis 2020 einsparen helfen sollte. Bei den Emissionen im Verkehrsbereich handelt es sich fast ausschließlich um CO_2-Emissionen aus Verbrennungsvorgängen in Motoren.[523] Die Ausrichtung der Kfz-Steuer an den CO_2-Emissionen steht im europäischen Trend einer an Bedeutung gewinnenden steuerlichen CO_2-Veranlagung von Pkw.[524]

Der Verkehrssektor trägt derzeit ca. 18-19% zu den nationalen CO_2-Emissionen bei.[525] Dabei dominiert der Straßenverkehr mit 85% (2005); hieran wiederum hat der

---

523) Der Anteil von CH 4 ist vernachlässigbar, während die N_2O-Emissionen mit der Einführung des Katalysators bei den Pkw angestiegen sind. Vgl. Umweltbundesamt, N_2O-Emissionen aus Pkw-Katalysatoren, Stand 1. 9. 2006; www.umweltbundesamt.de.

524) Hierzu eingehend im Überblick Kalinowska/Keser/Kunert, CO_2-Besteuerung von Pkws in Europa auf dem Vormarsch, in: DIW-Wochenbericht 27-28/2009, 438 ff.

525) Vgl. www.umweltbundesamt-daten-zur-umwelt.de/umweltdaten/public/theme.do? nodeIdent=2842.

Pkw-Verkehr einen Anteil von 60%.[526] Somit kommt der Kraftstoffeinsparung bei den Pkw eine sehr große Bedeutung für die Verringerung der verkehrsbedingten CO_2-Emissionen zu. Während aber die gesamten jährlichen CO_2-Emissionen in Deutschland gegenüber 1990 bis 2005 um 15% zurückgingen, stiegen die CO_2-Emissionen im Verkehr um 12% an.[527] Der Verkehrssektor ist der einzige Wirtschaftsbereich ohne Emissionsminderung gegenüber 1990. Das Wort vom klimapolitischen »Sorgenkind Verkehr« macht folgerichtig die Runde.[528] Zwar haben in den vergangenen zwei Jahrzehnten Effizienz-Fortschritte bei der Antriebstechnik Minderungspotenziale beschert. Steigende Kilometerleistung und der Trend zu größeren Autos mit leistungsstärkeren Motoren und höherem Komfort machen die dadurch erzielten Einsparungen jedoch zunichte. Es besteht daher Konsens, dass im Verkehrsbereich unverändert ein besonderer klimapolitischer Handlungsbedarf besteht. Bisher wurde auf den Verkehrssektor im Wesentlichen durch die Lkw-Maut, Zuschläge bei der früheren Mineralölsteuer (»Öko-Steuer«), emissionsabhängige Landegebühren auf deutschen Flughäfen sowie die steuerliche Förderung und die Statuierung von Beimischungsquoten für Biokraftstoffen klimapolitisch eingewirkt.

Das Ziel, den Kohlendioxidausstoß von Kraftfahrzeugen zu senken, ist zugleich ein wichtiger Bestandteil des EU-Ziels,

---

526) Siehe Lahl, Die Verminderung der CO_2-Emissionen von Personenkraftwagen, www.bmu.de/verkehr/downloads/doc/print/41482.php (29. 11. 2009).

527) Ebenda.

528) Siehe statt vieler Böhler/Bongardt, Sorgenkind Verkehr – Maßnahmen zum Klimaschutz, in: Aus Politik und Zeitgeschichte 29-30/2007.

den Treibhausgassaustoß bis 2020 um 20% zu senken. Hierzu sah die neue EU-Strategie 2007 neben nachfrageorientierten Maßnahmen (Energieverbrauch-Labelling, Kfz-Steuer-Angleichung, Werbe-Verhaltenskodex) auch »gesetzgeberische Maßnahmen« auf der Angebotsseite vor: Mit der Verordnung EG 443/2009 wurden im Rahmen des sog. »EU-Klimapakets« Kfz-Hersteller (oder Herstellergemeinschaften nach Art. 7) auf verbindliche Emissionsgrenzwerte ihrer Neuwagen verpflichtet: 2015 dürfen Neuwagen in der EU durchschnittlich nur noch 130g CO_2/km ausstoßen – ergänzt um »begleitende Maßnahmen« im Umfang von angestrebt 10g/km. Derzeit liegt der durchschnittliche CO_2-Ausstoß neuer Pkw in der EU bei knapp 160g/km. 130g/km müssen durch Verbesserungen in der Motorentechnologie erreicht werden, wobei eine Einsparung von sieben Gramm durch sogenannte »Ökoinnovationen«, etwa Solardächer, angerechnet werden kann. Weitere Maßnahmen, in denen festgelegt wird, wie die zusätzlichen 10 g/km zu erreichen sind (etwa durch bessere Reifen oder die Nutzung von Biokraftstoffen), werden diese Verordnung ergänzen. Die Autoindustrie muss den Durchschnitts-Grenzwert von 130 Gramm CO_2 pro Kilometer für Neuwagen 2015 voll erreichen. 2012 müssen 65% der Neuwagen eines Herstellers das Ziel erreichen. 2013 sollen es 75% sein und 2014 dann 80%. Bei Überschreiten der Grenzwerte werden Geldbußen fällig (Emissionsüberschreitungsabgabe gemäß Art. 9). 2020 dürfen Autos höchstens 95g CO_2/km ausstoßen. 2013 wird dieses Ziel nochmals überprüft.

Ökonomisch lässt sich angesichts der Möglichkeit von Strafzahlungen die Grenzwert-Regelung der EU-Verordnung als CO_2-Intensitätsabgabe auf Pkw mit Freibetrag interpretieren.

Damit wirken auf das klimapolitische Ziel einer möglichst raschen Durchsetzung CO_2-armer Fahrzeuge im bundesdeutschen Pkw-Bestand gleich drei Abgabeninstrumente ein: Neben das duale nationale System aus Energiesteuer und nunmehr CO_2-orientierter Kfz-Steuer auf der Nachfrageseite tritt die EU-Fahrzeug-Pönale, welche die Hersteller zum Angebot CO_2-ärmerer Pkw und ‐ je nach Überwälzung der Pönale im Kaufpreis[529] ‐ u. U. auch die Nachfrage zur Bevorzugung sparsamer Fahrzeuge anhalten soll.

Die neue Kfz-Steuer setzt von der Nachfrageseite zusätzliche individuelle Anreize für Fahrzeuge bis zum Zielwert 120g/km (später verschärft). Anreize, Fahrzeuge mit noch niedrigeren Emissionswerten anzuschaffen, werden jedoch gerade nicht gesetzt, da sich in diesem Bereich die Kfz-Steuer nicht weiter reduzieren lässt. Auch vorfristige Anschaffungen unterdurchschnittlich emissionsarmer Fahrzeuge werden so gerade nicht honoriert.

VI. 환경 · 기후정책상 유도 효과

Kann die novellierte Kfz-Steuer zumindest in dem für sie identifizierten denkbaren Wirkungsbereich klimapolitische Impulse setzen? Gelingt es ihr also, spürbare Anreize zu

---

529) Die Pönale wird nur je Hersteller für die gesamte Flotte berechnet; es hängt daher von den Überwälzungsstrategien der Hersteller sowie den Nachfrageelastizitäten im jeweiligen Produktsegment ab, ob sich die CO_2-Last auch im Kaufpreis und schließlich in der abgesetzten Menge widerspiegeln wird.

setzen, beim Neuwagenkauf und der Entscheidung über das weiter Halten eines Fahrzeugs die CO_2-Intensität zu berücksichtigen und so die Klima-Effizienz der Fahrzeugflotte zu verbessern? Die zu erwartenden umweltpolitischen Lenkungseffekte der Reform nehmen sich tatsächlich bescheiden, mitunter sogar widersprüchlich oder kontraproduktiv aus:

¦ Die CO_2-Orientierung gilt zunächst nur für Neufahrzeuge; der Altfahrzeugbestand bleibt bis 2013 vollständig ausgenommen und soll anschließend auch nur »schonend« einbezogen werden. Neben fehlenden Emissionsdaten für Altfahrzeuge gilt im Gebrauchtwagenmarkt die mögliche Steuerausweichungsoption »Kauf eines emissionsärmeren Fahrzeugs« als sozial unausgewogen.

¦ Die aufgrund der Neuregelung realisierbaren jährlichen steuerlichen Ermäßigungen durch Kauf eines CO_2-armen Neuwagens liegen nach ersten Berechnungen in den meisten Fällen (deutlich) unterhalb von 1% des Neuwagen-Preises.[530] Angesichts der gegenwärtigen Größenordnungen möglicher Händlerrabatte (insbesondere in der Phase der Abwrackprämie über 20%) nehmen sich diese Anreize sehr bescheiden aus, selbst wenn man eine durchschnittliche Lebensdauer der Kfz von etwa acht Jahren zugrunde legt.[531] Die Merklichkeit der Steuer wird durch den geringen Anteil der Kfz-Steuer an den

---

530) Siehe Dudenhöffer, Die neue Kfz-Steuer: Mehr Klimaschutz oder Steuersenkungsprogramm?, in: ifo-Schnelldienst 6/2009, 3.

531) Stand 1. 1. 2009: 8,2 Jahre/Pkw ‑ vor der Abwrackprämien-Aktion; siehe Institut für Energie- und Umweltforschung, Abwrackprämie und Umwelt ‑ eine erste Bilanz, Heidelberg 2009, S. 2.

gesamten Fahrzeugkosten beschränkt; dies gilt in besonderem Maße für die bis 2013 überwiegend relevanten Neuwagenkäuf e.[532]

¦ Die Wahrnehmung der CO_2-Komponente bei Nachfrageentscheidungen wird zudem durch die Komplexität der Steuernormen (Hubraumkomponente, im Zeitablauf variierende Freibeträge, Steueränderungsgesetze) und die nur jährliche Fälligkeit beeinträchtigt. Auch das Steuerbelastungsniveau reicht offenbar nicht aus, um eine kritische Merklichkeit zu erzeugen: Empirische Untersuchen deuten darauf hin, dass deutlich über 50% der Neuwagenkäufer die sie betreffende Kfz-Steuer nicht kennen.[533] Die Merklichkeit der Energiesteuer ist demgegenüber in allen relevanten Belangen (Zahlungsfrequenz, Sichtbarkeit, Zahllast-Niveau) stärker ausgeprägt.

¦ Als Folge der Neuregelung sinkt die tatsächlich für die einzelnen Fahrzeugtypen zu entrichtende Zahllast der Kfz-Steuer in vielen Fällen: Vergleichsrechnungen machen deutlich, dass die Steuerlast für die Mehrzahl der zulassungsstarken Modelle als Folge der CO_2-Orientierung zunächst sogar sinken wird (siehe auch Abb. 1).[534] Der

---

532) Siehe hierzu Kuhfeld/Kuner,: Reform der Pkw-Besteuerung überfällig: Die Initiative der EU-Kommission zeigt den richtigen Weg, in: DIW-Wochenbericht 49/2005, 745 ff.

533) Dudenhöffer, Die neue Kfz-Steuer: Mehr Klimaschutz oder Steuersenkungsprogramm?, in: ifo-Schnelldienst 6/2009, 4.

534) Dudenhöffer, Die neue Kfz-Steuer: Mehr Klimaschutz oder Steuersenkungsprogramm?, in: ifo-Schnelldienst 6/2009, 3; Ketterer/Wackerbauer, Die Kraftfahrzeugsteuer als Instrument der Klimaschutzpolitik, in: ifo-Schnelldienst

ohnehin bescheidene Substitutionseffekt der Neuregelung wird auf diese Weise durch einen »Einkommenseffekt« der Niveauabsenkung bei wichtigen Marktsegmenten konterkariert. Dudenhöffer spricht hier gar von einem »Steuersenkungsprogramm«.[535] Wo sich aber die Zahllast ermäßigt, können Anreize relativer Steuerpreise nur noch über Opportunitätskosten (noch größere Einsparungen bei Fahrzeugwechsel) gesetzt werden; empirisch gelten diese jedoch als schwächer ausgeprägt. Zudem setzt eine solche Verbilligung der Kfz-Haltung kontraproduktive Anreize bei der Entscheidung über den Verzicht auf ein Kfz.

Abb. 1: Veränderung der Kfz-Steuer-Zahllast in Abhängigkeit vom spezifischen CO_2-Ausstoß[536]

¦ Steuerlasterhöhung und Steuerlastermäßigung im Rahmen der Neuregelung sind darüber hinaus infolge der komplexen gesplitteten Bemessungsgrundlage keineswegs konsistent auf Fahrzeuge mit über- bzw. unterdurchschnittlichem Emissionspotenzial verteilt (Abb. 1); vielmehr lassen sich nahezu alle Kombinationen von Fallgestaltungen finden: unterdurchschnittlich CO_2-intensive Fahrzeuge mit Steuerlastsenkungen stehen neben solchen mit -erhöhungen, emissionsstarke Fahrzeuge zeigen teils kräftige Steuerbetragserhöhungen, aber auch nahezu unveränderte Zahllasten oder sogar Steuerbetragssenkungen. Die Hubraumkomponente

---

4/2009, 13.

535) Dudenhöffer, Die neue Kfz-Steuer: Mehr Klimaschutz oder Steuersenkungsprogramm?, in: ifo-Schnelldienst 6/2009, 3.

536) Quelle: Ketterer/Wackerbauer, Die Kraftfahrzeugsteuer als Instrument der Klimaschutzpolitik, in: ifo-Schnelldienst 4/2009, 14.

schwächt nicht nur die Relevanz der CO_2-Komponente, diese wird durch den Hubraumeinfluss auch verzerrt. Daher verletzt die Kfz-Steuer das ökonomische Effizienz-Prinzip des einheitlichen Kohlenstoffpreises[537] und bietet verzerrte Anreize über die Emissionslast einzelner Fahrzeuge, weil Be- und Entlastungen nicht proportional zu den spezifischen Emissionen erfolgen.[538] Insbesondere im Bereich spezifischer Emissionen ab 150g/km sind, ohne dass ein System erkennbar wäre, alle Zahllaständerungen möglich.[539] Der Hubraum als Bestandteil der Bemessungsgrundlage auch der neuen Kfz-Steuer ist als politische Reverenz an die mit der Steuer verbundenen fiskalischen Interessen zu verstehen. Denn bei alleiniger CO_2-Orientierung der Steuer droht ‑ nicht zuletzt aufgrund der abschmelzenden Freibeträge sowie der EU-Pönale ‑ eine mittel- bis langfristige Erosion der Bemessungsgrundlage durch Verbesserungen in der Antriebstechnik und verändertes Käuferverhalten. Der (ordnungsrechtlich nicht regulierte) Hubraum gilt demgegenüber als Garant der Dauerergiebigkeit der Steuer. Zudem mildert er die Wirkung der spezifischen CO_2-Besteuerung und schont so die Interessen der deutschen Hersteller emissionsstarker Premium-Fahrzeuge.

---

537) Dazu insbesondere Sinn, Das grüne Paradoxon ‑ Plädoyer für eine illusionsfreie Klimapolitik 2008.

538) Siehe auch Ketterer/Wackerbauer, Die Kraftfahrzeugsteuer als Instrument der Klimaschutzpolitik, in: ifo-Schnelldienst 4/2009, 14.

539) Der Grund hierfür liegt darin, dass auch Fahrzeuge mit großem Hubraum emissionsarm betrieben werden können; Hubraum und CO_2-Ausstoß sind mithin gerade nicht proportional.

¦ Die Rolle finanz-, wirtschafts- und industriepolitischer Ziele
bei der Neugestaltung der Kfz-Steuer wird im übrigen auch
daran deutlich, dass die im Zuge der Konjunkturmaßnahmen
praktisch zeitgleich stimulierte deutliche Verjüngung des
Fahrzeugbestandes durch Neuwagenkäufe (Abwrackprämie,
Kfz-Steuerbefreiungen) gänzlich ohne Klimakomponente
auskam; die Erfüllung der Euro-Abgasnormen genügte.
Immerhin wurden allein über die Abwrackprämie rund zwei
Mio. Fahrzeuge ausgetauscht (dies entspricht 12% der 17
Mio. Fahrzeuge, die aufgrund ihres Alters dafür in Frage
kamen (5% des Gesamt-Bestandes)) und immerhin noch etwa
780.000 zusätzliche private Zulassungen bewirkt (der Rest
sind Mitnahme-Effekte des natürlichen Umschlages).[540]
Umwelt- und Konjunkturpolitik standen hier im Widerstreit,
denn niedrige spezifische CO_2-Emissions-Anforderungen für
die Förderungsmaßnahmen hätten die Nachfrage wohl noch
stärker an den Premium-Produkten aus deutscher Fertigung
vorbeigelenkt. Die Neuregelung der Kfz-Steuer verpasst
vorsätzlich die Chance, diesen Erneuerungsschub klimapolitisch
zu nutzen.

¦ Betrachtet man die Binnenkonstruktion der Kfz-Steuer, so
wurde eine allzu starke Tarifspreizung zwischen emissionsarmen
und emissionsstarken Fahrzeugen gedämpft durch den
Einfluss der Hubraumkomponente, eine lineare Veranlagung
(anstelle einer progressiven) und den Einbau des
Freibetrages. Alle drei Konstruktionsmerkmale führen dazu,

---

540) Siehe Institut für Energie- und Umweltforschung, Abwrackprämie und
Umwelt ‑ eine erste Bilanz, Heidelberg 2009, S. 2 und 5.

dass der relative Vorteil emissionsarmer Fahrzeuge geringer ausfällt als theoretisch möglich.[541] Zwar wird betont, dass eine lineare Veranlagung der CO_2-Intensität problemadäquat sei, da jeder Tonne die gleiche Klimaschädlichkeit zukomm e;[542] Progressionstarife sind damit lenkungspolitisch keineswegs ausgeschlossen, zumal ohnehin in der Praxis höchst unterschiedliche implizite CO_2-Preise gesetzt werden.[543] Tatsächlich wurde beim neuen Kfz-Steuer-Tarif aber gerade kein linearer Linientarif realisiert, sondern mit der Freibetragsregelung eine indirekte Progression der Durchschnittssteuersätze etabliert.

Bei Mengensteuern entwertet sich die Steuerlast real fortlaufend unter den Bedingungen einer inflationären Wirtschaft. Vor diesem Hintergrund sind die jährlichen Steuerlasterhöhungen um 20 Euro 2012 bzw. weitere 30 Euro 2014 durch dynamische Verkürzung des CO_2-Freibetrages (von 120 auf 110 bzw. 95 g/km) kaum wirklich spürbare Verknappungssignale.[544]

Am Systembruch der Steuersatzdifferenzierung zwischen Otto- und Dieselmotoren wird festgehalten. Die Subventionierung des Transportgewerbes bei der Energiesteuer (niedrigere

---

541) Zum Problem der Tarifspreizung auch Ströbele, Reform der Kfz-Steuer – umwelt- und wirtschaftsverträglich?, in: ifo-Schnelldienst 6/2007, 5

542) So etwa Puls, a.a.O., S. 8.

543) Zum Problem ineffizienter Regulierung durch unterschiedlich hohe (impliziter) CO_2-Preise auch Ketterer/Wackerbauer, Die Kraftfahrzeugsteuer als Instrument der Klimaschutzpolitik, in: ifo-Schnelldienst 4/2009, 15.

544) Bei 2% Inflationsrate p.a. beträgt der reale Wertverlust von 300 Euro Kfz-Steuer (VW Golf, alte Kfz-Steuer) binnen drei Jahren rund 18 Euro.

Steuersätze für Diesel-Kraftstoff) wird »teilkompensiert« durch einen »gewissen« fixen Aufschlag bei der Kfz-Steuer. Das CO_2-Signal der Kfz-Steuer wird so abermals verzerrt. Eine Klimaschutzsteuer müsste freilich technologieneutral jede Mengeneinheit CO_2 gleichermaßen belasten. Die Technikwahl wird zudem insgesamt (über Energiesteuer und Kfz-Steuer) klimapolitisch inkonsistent gesteuert, da Diesel-Motoren bei hoher Fahrleistung steuerliche Vorteile, bei niedriger Leistung jedoch Nachteile aufweisen.[545]

¦ Die neue Kfz-Steuer beschränkt ihre Lenkungswirkung auf die Erreichung des Zielwertes 120g/km. Weitergehende Emissionsminderungen, insbesondere die vorfristige Einhaltung der ab 2012 bzw. 2014 geltenden verschärften Zielwerte werden nicht honoriert. Damit begnügt sich die CO_2-Komponente mit Anreizen, die auf die Durchsetzung des aktuellen Standes der Technik gerichtet sind. Von einer Steuer, die »vor allem auf den Schutz des Klimas« gerichtet ist, dürfte man hingegen erwarten, dass auch weitergehende Emissionspotenzial-Reduktionen aufgrund von Fortschritten in der Antriebstechnologie steuerlich gratifiziert werden.

¦ Umweltpolitisch ist zudem zu beklagen, dass im Zuge der Umstellung auf eine CO_2-basierte Kraftfahrzeugsteuer die Schadstoffklasse keinen Einfluss mehr auf die Höhe der Kfz-Steuer für Neufahrzeuge mit Erstzulassung nach dem 5. 11. 2008 hat. Ab dem 1. 1. 2013 fällt diese für alle

---

545) So auch Dudenhöffer, Die neue Kfz-Steuer: Mehr Klimaschutz oder Steuersenkungsprogramm?, in: ifo-Schnelldienst 6/2009, 4.

Fahrzeuge weg. Dabei war die Kfz-Steuer steuersystematisch der einzige praktisch verfügbare Hebel, um Anreize für das Einhalten von Abgasnormen zu platzieren.[546] Die CO_2-Komponente wurde so mit dem Wegfall der Luftschadstoffreferenz erkauft.

¦ Rebound-Effekte: EU-Pönale und neue Kfz-Steuer verfolgen eine Effizienzstrategie; sie greifen gerade nicht auf die effektiven CO_2-Emissionen zu. Mit der Effizienzverbesserung in der Fahrzeugflotte allein ist für die Klimapolitik freilich noch nichts gewonnen. Vielmehr besteht die besondere Gefahr von sog. Rebound-Effekten:[547] Reduzierungen im spezifischen Verbrauch eröffnen als relative Preissenkungen Optionen, bei unveränderten Kosten höhere Fahrleistungen oder CO_2-relevante Komfort- und Motorleistungssteigerungen zu realisieren. Die Energiesteuer muss hier mit Blick auf die Fahrleistung und die übrigen Verbrauchsparameter (Fahrverhalten, Wartungszustand, Streckenmix) spürbar gegensteuern und so die Klimadividende von Effizienzverbesserungen steuerpolitisch am Markt sichern.

VII. 결 론

Die Kfz-Steuer hat durchaus auch neben einer verbrauchsabhängigen

---

546) So auch Puls: Eine CO_2-orientierte Kfz-Steuer kann ein wirtschaftsverträgliches Instrument sein, in: ifo-Schnelldienst 6/2007, 6 (8).

547) In der ökonomischen Theorie bezeichnet man mit Rebound die auf Effizienzsteigerungen folgenden gegenläufigen Mengeneffekte, z. B. als Folge von Preisreduktionen (was billiger wird, wird stärker nachgefragt); siehe hierzu Herring, Is Energy Efficiency Environmentally Friendly?, in: Energy & Environment 2000, 313 ff.

Energiebesteuerung aus steuer- und umweltpolitischen Gründen ihren Platz im Steuersystem. Im Rahmen einer auf CO_2-Emissionen fokussierten Besteuerung schwindet freilich die Überzeugungskraft eines dualen Besteuerungssystems aus Kfz- und Energiesteuer. Die (zusätzliche) Besteuerung des bloßen CO_2-Emissionspotenzials, die eine Kfz-Steuer hier noch übernehmen kann, könnte die Nachfrager-Entscheidungen über Kauf und Halten von Kfz unter CO_2-Einspargesichtspunkten anleiten und so zu einer (rascheren) Durchsetzung des Fahrzeugbestandes mit verbrauchseffizienten Fahrzeugen beitragen. Abgesehen davon, dass gerade hierauf auch die sog. EU-Pönale gerichtet ist, fällt dieser denkbare klimapolitische Zielbeitrag für die Nachfrageseite jedoch in der konkreten Novelle 2009 wenig überzeugend aus: Die Anreizwirkung verharrt infolge der fortgeführten Hubraum-komponente und der vernachlässigbaren Kostenanteile der Steuer beim Kaufpreis auf niedrigem Niveau. Anreize für die vorfristige Anschaffung unterdurchschnittlich emissionsintensiver Fahrzeuge werden gerade nicht gesetzt. Zudem ist die mäßige und asymmetrische Lenkungswirkung auch noch inkonsistent in ihrer Bewertung von CO_2-Emissionen: Die Hubraumkomponente verzerrt die CO_2-Knappheitssignale der Steuer willkürlich. Weiterhin wird der denkbare Lenkungseffekt dadurch entwertet, dass Bestandsfahrzeuge bis 2013 ohne besondere CO_2-Anreize verbleiben. Die Neuregelung zielt damit vorerst nur auf die Erneuerung des Bestandes, hat aber gerade hierbei die massive Umwälzung im Fahrzeugbestand als Folge der sog. Abwrackprämie vorsätzlich verpasst. Die konkreten Belastungsverschiebungen über die einzelnen Fahrzeugtypen lassen eher ein »Steuersenkungsprogramm« erkennen; die Kfz-Steuer wird so in ihrer umweltpolitischen Bedeutung eher geschwächt, da das Halten eines Kraftfahrzeugs insgesamt – der CO_2-Komponente zum Trotz – vor allem im Massensegment günstiger wird.

Von einer »Klimaschutzsteuer« ist damit auch die neue Kfz-Steuer weit entfernt. Bekannte umweltpolitische Muster, die auf symbolische Politik setzen, aber ernstliche Belastungen und hieraus gespeiste Umstrukturierungen vermeiden,[548] werden hier erneut erkennbar. Immerhin ist mit der Reform ein Einstieg in ein neues Besteuerungssystem gelungen, das künftig stärkere Lenkungsimpulse zu verbrauchsarmen Fahrzeugflotten geben könnte. Nennenswerte Anreize zur Verbreitung effizienter Fahrzeuge im Fahrzeugbestand können so freilich derzeit kaum gesetzt werden. Umweltpolitisch bedauerlich bleibt das Ausspielen der Klima- gegen die Luftreinhaltepolitik; denn die Förderung ambitionierter Schadstoffklassen zieht sich auf Subventionsmechanismen gestaffelter Befreiungstatbestände zurück. Für die Steuerbemessung spielen Luftschadstoffe künftig keine Rolle mehr.

---

548) Siehe hierzu Gawel, Zur Politischen Ökonomie von Umweltabgaben, Tübingen 1995.

3. 배출권 거래(Emissionsrechtehandel)[549]

2008년 12월 17일 유럽의회는 동년 12월 12일에 국가 및 정부수반들 사이에서 협상한 공동체의 기후보호패키지에 관해 동의하였다. 이러한 패키지로 EU의 기후보호 목표들, 특히 CO_2 배출량을 20% 정도 감축하는 것은 - 국제적 교토 후속약속의 경우에는 심지어 30% - 1990년과 비교하여 2020년까지 도달해야 한다. 기후보호패키지는 다음과 같은 요소들로 구성되어 있다. 즉 2013년부터 세 번째 거래 기간에 대한 유럽 배출권거래의 규정, 배출권거래 밖의 영역에 대한 국내 기후보호 목표들의 확정, 재생에너지 확장에 관한 규정, 승용차의 경우에 CO_2 강제보관처분과 CO_2 제한에 대한 법 규정의 제정 등을 들 수 있다.[550]

배출인증거래는 CO_2 배출을 제한하고 장기적으로 감축해나가기 위해 제정한 배출권거래지침(Emissionsrechtehandelsrichtlinie)[551]의 구상에 의한 것이다. 이런 배출인증거래는 2005년 이래로 회원국가

---

549) 한귀현, 지구온난화와 배출권거래 - 독일의 배출권거래법제를 중심으로 -, 환경법연구 제29권 2호, 2007, 575면 이하; 데트레프 치블카, 김현준(역), 전게논문, 183면 이하; 프란츠 요셉 파이네, 김명용/김현준(역), 독일의 배출권거래법의 최근 동향, 환경법연구 제30권 2호, 2008, 119면 이하; 오준근, 전게논문, 485면 이하 참조.

550) 새로운 규정에 관한 배경정보와 개관은 다음과 같은 유럽의회의 홈페이지에서 참조할 수 있다:
http://www.europarl.europa.eu/news/expert/infopress_page/064-44858-350-12
-51-911-20081216IPR44857-15-12-2008-2008-false/default_de.htm.

551) Richtlinie 2003/87/EG des Europäischen Parlaments und des Rates vom 13. 10. 2003 über ein System für den Handel mit Treibhausgasemissionszertifikaten in der Gemeinschaft und zur Änderung der Richtlinie 96/61/EG des Rates, ABl. EG L 275 v. 25. 10. 2003, S. 32.

에서 실행되고 있고, 현재는 두 번째 거래 기간에 있다.[552] 2013년
부터 시작되는 세 번째 거래 기간 동안에 위원회의 원래 제안이 계
획한 것은 배출인증서의 판매를 거의 모든 경제 분야로 확대하는 것
이었다.[553] 그런데 이렇게 기후정책적 관점에서뿐만 아니라 배출권
거래 효과의 의미에서의 혁신적인 접근은 정치적으로 실현될 수 없
었다. 사실상 인증서의 무상 배부에 의한 요구가 에너지 경제에서도
응하지 않았지만,[554] 그 산업에 대해 인증서를 광범위하게 경매하는
것이 포괄적으로 잠식되었다. 원칙적으로는 세 번째 거래 기간에 관
한 배출권거래지침을 최근 개정하면서[555] 사실상 제조업에 대한 인
증서의 경매를 점진적으로 도입하려고 계획하고 있다.[556] 그러나 덜
엄격한 기후보호규정을 가진 주들에서 'CO$_2$ 배출을 이동할 때 큰
위험'이 있는 분야의 시설들은(소위 '탄소 유출'[557]) 인증서가 100%
무상으로 할당된다(배출권거래지침 제10a조 제12항[558]). 위원회에

---

552) 배출권거래에 관해 종합적이고 유익한 것으로는, Hoffmann, Herausforderung
Klimaschutz – Entwicklung und rechtliche Behandlung unter besonderer
Berücksichtigung des Emissionsrechtehandels, 2007 참조.

553) Vorschlag für eine Richtlinie des Europäischen Parlaments und des Rates
zur Änderung der Richtlinie 2003/87/EG zwecks Verbesserung und Ausweitung
des EU-Systems für den Handel mit Treibhausgasemissionszertifikaten v. 23. 1.
2008, KOM (2008) 16 endg.

554) FAZ v. 8. 12. 2008, S. 11, 경제는 EU 기후 패키지(EU-Klimapaket)를 두려
워하고 있다. 연방수상 Merkel은 배출 인증서의 경매를 막아야 한다. 참조 .

555) Richtlinie 2009/29/EG des Europäischen Parlaments und des Rates vom 23.
4. 2009 zur Änderung der Richtlinie 2003/87/EG zwecks Verbesserung und
Ausweitung des Gemeinschaftssystems für den Handel mit Treibhausgasemissionszertifikaten, ABl. EU L 140 v. 5. 6. 2009, S. 63.

556) 2013년에는 80% 무료로 할당하고; 이런 비율은 2020년까지 30%로 감소하고;
2027년에는 인증서의 100%가 경매된다. 배출권거래 지침(Emissionsrechtehandelsrichtlinie) 제10a조 재11항 참조.

557) sog. 'carbon leakage'

따르면 이것이 의미하는 바는 산업 기업체의 90% 이상이 배출인증서를 무상으로 받는다는 점이다.559)

이미 첫 번째 거래 기간의 무상 할당에 대한 비판을 감안할 때, 이와 같이 산업의 부담을 경감시켜주는 것은 기후보호정책의 관점에서 거의 실감할 수 없고, 다만 현재의 금융시장·경제 위기의 영향 하에서 유럽 산업의 간접적 지원으로서 이해될 수 있을 뿐이다.560) 왜냐하면 배출인증서를 무상으로 할당하는 것은 하나의 간접적인 보조금지원에 견줄만하지만, 거래시스템의 기능결함을 초래하고 있기 때문이다.561) 유럽 경제가 배출권거래를 통해 가능한 적게 부담하는 것은 유럽 경쟁의 관점에서도 현재의 배출권거래의 초점이 될 것으로 보인다.

---

558) Art. 10a Abs. 12 Emissionsrechtehandelsrichtlinie.

559) 유럽 배출거래 시스템의 제3차 지침(die dritte Phase des Europäischen Emissionshandelssystems)에 대해서는 Doyle, Hintergrundpapier des Europäischen Parlaments zum Klimaschutzpaket der Gemeinschaft 참조. 이 것은 다음과 같은 인터넷 사이트에서 그 자료를 찾을 수 있다: http://www.europarl.europa.eu/news/expert/background_page/064-44005-343-12-50-911-20081208BKG44004-08-12-2008-2008-false/default_p001c002_de .htm.

560) Corbach, Die deutsche Stromwirtschaft und der Emissionshandel, 2007 참조. 이것은 2005년-2007년 거래 기간에 인증 거래를 통해 에너지 경제가 목표로 삼을 수 있었던 이득을 보여주고 있다. 그러면서 그것은 재정 부담으로서 무상 인증서를 고객에 대해 계속 전달하였던 것이다. 배출 인증서의 수집도 이 것을 정당화하지 못한다. 왜냐하면 인증서의 과잉 공급으로 시장 가격이 매우 낮았기 때문이다; Hoffmann, a.a.O., S. 240 f. 참조

561) Rat von Sachverständigen für Umweltfragen (SRU), Klimaschutz in der Finanzkrise, Kommentar zur Umweltpolitik (Nr. 6), Dezember 2008, S. 10 f. 참조.

〈참고: EU에서 배출거래의 발달〉[562]

I. 요 약

Mit der Richtlinie 2003/87 wurde der Emissionshandel im EU-Recht verankert. Diese Richtlinie wurde mehrmals modifiziert, insbesondere durch die Richtlinie 2009/29, die wesentliche Punkte der Richtlinie revidierte, wobei in erster Linie auf die Zentralisierung der Definition der Obergrenzen für die Emissionen und der Verteilung der Zertifikate und den Grundsatz der Versteigerung der Zertifikate hinzuweisen ist. Im Folgenden werden auf der Grundlage der Skizzierung der rechtlichen Grundlagen und der Entwicklung des Emissionshandels in der EU einige ausgewählte Rechtsprobleme in Bezug auf die Ausgestaltung, Auslegung und Anwendung der Richtlinie 2003/87 erörtert, dies unter besonderer Berücksichtigung der bislang zu verzeichnenden Rechtsprechung der europäischen Gerichte. Weiter wird aufgezeigt, dass das durch die Richtlinie 2003/87 vorgesehene Emissionshandelssystem kein Modell für ein überregionales oder gar weltweites Emissionshandelssystem darstellen kann.

II. 서론

Der Emissionshandel in der Europäischen Union   -

---

562) Astrid Epiney, Zur Entwicklung des Emissionshandels in der EU ZUR 2010 Heft 5, 236 ff.

eingeführt durch die Richtlinie 2003/87[563] - ist mittlerweile etabliert, und es dürfte nicht übertrieben sein, davon auszugehen, dass der Emissionshandel in der Europäischen Union wohl als ein zentrales, wenn auch nicht als einziges, Element der Klimaschutzpolitik der Europäischen Union angesehen wird. So stellt die jüngst durch die Richtlinie 2009/29[564] vorgenommene Modifikation der Richtlinie 2003/87 einen wichtigen Teil des »Klimaschutzpakets« der Europäischen Union dar, das daneben insbesondere noch die Richtlinie 2009/28 zur Förderung von Energie aus erneuerbaren Quellen[565], die Richtlinie 2009/31 zur CO_2-Abscheidung und Speicherung[566] sowie die Entscheidung 406/2009 zur Verteilung der Anstrengungen bei der Reduktion der Treibhausgasemissionen in Bereichen, die nicht unter das Emissionshandelssystem fallen[567], erfasst.[568]

---

563) Richtlinie 2003/87 über ein System für den Handel mit Treibhausgasemissionszertifikaten in der Gemeinschaft und zur Änderung der Richtlinie 96/61 des Rates, ABl. 2003 L 275, 32, zuletzt geändert durch Richtlinie 2009/29, ABl. 2009 L 140, 63.

564) Richtlinie 2009/29 zur Änderung der Richtlinie 2003/87 zwecks Verbesserung und Ausweitung des Gemeinschaftssystems für den Handel mit Treibhausgasemissionszertifikaten, ABl. 2009 L 140, 63.

565) ABl. 2009 L 140, 16.

566) Richtlinie 2009/31 über die geologische Speicherung von Kohlendioxid und zur Änderung der Richtlinie 85/337 des Rates sowie der Richtlinien 2000/60, 2001/80, 2004/35, 2006/12 und 2008/1 des Europäischen Parlaments und des Rates sowie der Verordnung 1013/2006, ABl. 2009 L 140, 114.

567) Entscheidung 406/2009 über die Anstrengungen der Mitgliedstaaten zur Reduktion ihrer Treibhausgasemissionen mit Blick auf die Erfüllung der Verpflichtungen der Gemeinschaft zur Reduktion der Treibhausgasemissionen bis 2020, ABl. 2009 L 140, 136.

568) Vgl. ausführlich zu den Klimaschutzmaßnahmen der Union außerhalb des

Trotz dieser Etablierung des Emissionshandels in der
Europäischen Union – die man übrigens mit sehr guten
Gründen kritisieren kann[569] – , wirft das System eine Reihe
von Rechtsproblemen auf, die bislang nur ungenügend bzw.
nicht abschließend geklärt sind, woran auch das inzwischen
sehr umfangreiche Schrifttum zum Emissionshandel in der
EU[570] nichts ändert. Vor diesem Hintergrund besteht die

Emissionshandels Czybulka, Klimaschutz außerhalb des Emissionshandelssystems.
Ausgewählte Aktionsfelder und rechtliche Umsetzung in Europa und in
Deutschland, EurUP 2008, 109 ff.

569) Vgl. insbesondere in jüngerer Zeit, jeweils m.w.N., Wegener, Die Novelle
des EU-Emissionshandelssystems, ZUR 2009, 283 ff.; Winter, Das Klima
ist keine Ware. Eine Zwischenbilanz des Emissionshandelssystems, ZUR
2009, 289 (295 ff.); Winter, The Climate is No Commodity: Taking Stock
of the Emissions Trading System, Journal of Environmental Law Advance
Access, December 3, 2009, 1 ff.; Beckmann/Fisahn, Probleme des Handels
mit Verschmutzungsrechten – eine Bewertung ordnungsrechtlicher und
marktgesteuerter Instrumente in der Umweltpolitik, ZUR 2009, 299 ff.
Siehe aber auch die durchwegs positive Beurteilung bei
Convery/Ellerman/de Perthuis, The European Carbon Market in Action:
Lessons from the First Trading Period, JEEPL 2008, 215 ff.; Rodi,
Immissionsschutz durch Emissionshandel – internationale, europäische und
nationale Entwicklungen, in: Martin Oldiges (Hrsg.), Immissionsschutz
durch Emissionshandel – eine Zwischenbilanz, 2007, S. 15 ff.

570) Vgl. etwa (aus der Monographieliteratur) Kerth, Emissionshandel im
Gemeinschaftsrecht. Die EG-Emissionshandelsrichtlinie als neues Instrument
europäischer Klimaschutzpolitik, 2004; Zimmer, CO_2-Emissionsrechtehandel
in der EU. Ökonomische Grundlagen und EG-rechtliche Probleme, 2004;
Diehr, Rechtsschutz im Emissionszertifikate-Handelssystem. Eine
Betrachtung des Treibhausgas-Emissionshandelssystems unter besonderer
Berücksichtigung rechtsschutzrelevanter Fragen der Emissionsgenehmigung
und der Zuteilung von Emissionsberechtigungen, 2006, S. 75 ff.; Sattler, Der
Handel mit Treibhausgaszertifikaten in der Europäischen Union – unter
besonderer Berücksichtigung der Richtlinie 2003/87/EG des Europäischen
Parlaments und des Rates vom 13. 10. 2003 über ein System für den
Handel mit Treibhausgasemissionszertifikaten in der Gemeinschaft und zur
Änderung der Richtlinie 96/61/EG des Rates, 2004.

Zielsetzung des vorliegenden Beitrags darin, auf der Grundlage der Skizzierung der rechtlichen Grundlagen und der Entwicklung des Emissionshandels in der EU (III.) einige ausgewählte Rechtsprobleme in Bezug auf die Ausgestaltung, Auslegung und Anwendung der Richtlinie 2003/87 zu erörtern, dies unter besonderer Berücksichtigung der bislang zu verzeichnenden Rechtsprechung der europäischen Gerichte (IV.). Daneben soll der Frage nachgegangen werden, ob und ggf. inwieweit das durch die Richtlinie 2003/87 vorgesehene Emissionshandelssystem eine Art Modell für ein überregionales oder gar weltweites Emissionshandelssystem darstellen kann (V.). Der Beitrag schließt mit einigen zusammenfassenden Schlussbemerkungen (VI.).

Dabei befassen sich die folgenden Ausführungen lediglich mit der »europäischen Ebene«, während die Umsetzung in den Mitgliedstaaten[571] ausgespart bzw. nur insoweit behandelt wird, als es um der Richtlinie zu entnehmende Vorgaben für die mitgliedstaatliche Umsetzung geht.

III. EU에서 배출거래의 법적 근거 및 발달

1. 출발점: 지침(Richtlinie) 2003/87

Wie bereits eingangs erwähnt, wurde der Grundstein für die Einführung eines Emissionshandels in der EU 2003 mit dem

---

571) Vgl. zur Umsetzung in Deutschland etwa, m.w.N., Peine, Neuere Entwicklungen im Emissionshandelsrecht der Bundesrepublik Deutschland, EurUP 2008, 102 ff.

Erlass der Richtlinie 2003/87[572] gelegt. Diese Richtlinie sollte zur Erfüllung der sich aus dem sog. Kyoto-Protokoll[573] ergebenden Pflichten der Gemeinschaft bzw. der Union zur Reduktion der Emission von Treibhausgasen, insbesondere CO_2, beitragen.[574]

Das Grundkonzept der Richtlinie 2003/87 geht dahin, dass einerseits bestimmte Anlagen einer Genehmigungspflicht unterliegen sollen, damit sie Treibhausgase emittieren können. Andererseits soll diese Genehmigung nur (u.a.) unter der Voraussetzung erteilt werden, dass sich die Unternehmen verpflichten, quantifizierte Emissionsrechte (»Zertifikate«) zur Emission von in den Anwendungsbereich der Richtlinie fallenden Treibhausgasen in der Höhe des Ausstoßes zurückzugeben. Die handelbaren Berechtigungen sollen von den Mitgliedstaaten nach bestimmten Kriterien an die Unternehmen verteilt werden, wobei diese Verteilung zunächst kostenlos erfolgte.

Im Einzelnen können die Grundlinien des 2003 eingeführten Systems ‒ das mit den seitdem erlassenen Modifikationen nach wie vor zum Zuge kommt ‒ wie folgt zusammengefasst werden:[575]

---

572) Vgl. Richtlinie 2003/87 über ein System für den Handel mit Treibhausgasemissionszertifikaten in der Gemeinschaft und zur Änderung der Richtlinie 96/61 des Rates, ABl. 2003 L 275, 32, zuletzt geändert durch Richtlinie 2009/29, ABl. 2009 L 140, 63.

573) Siehe ILM 1998, 32 ff.

574) Vgl. im Einzelnen zu den völkerrechtlichen Vorgaben nur den Überblick bei Epiney/ Scheyli, Umweltvölkerrecht, 2000, S. 229 ff.

- Der Anwendungsbereich der Richtlinie 2003/87 ergibt sich aus Art. 2 Abs. 1 RL 2003/87: Danach gilt die Richtlinie für Emissionen aus den in Anhang I aufgeführten Tätigkeiten (inzwischen aber auch für den Luftverkehr[576])) - wobei eine enge Anlehnung an den Anwendungsbereich der Richtlinie 2008/1 (IVU-Richtlinie) erfolgt, aber noch einige große Kohlendioxidemittenten (wie insbesondere Anlagen zur Energie- und Wärmeerzeugung) berücksichtigt werden[577]) - und die Emissionen der in Anhang II aufgeführten Treibhausgase, die sich mit den unter das Kyoto-Protokoll fallenden Treibhausgasen decken, wobei allerdings gleichwohl aufgrund der Spezifizierungen in Anhang I RL 2003/87

---

575) Vgl. zur »ursprünglichen« Richtlinie 2003/87 schon, m.w.N., Epiney, Umweltrecht in der Europäischen Union, 2. Aufl. 2005, S. 323 ff.; siehe ansonsten etwa Küll, Grundrechtliche Probleme der Allokation von CO_2-Zertifikaten, 2009, S. 75 ff.; Kerth, Emissionshandel im Gemeinschaftsrecht. Die EG-Emissionshandelsrichtlinie als neues Instrument europäischer Klimaschutzpolitik, 2004, S. 156 ff.; Rousseaux, L'allocation des quotas d'émission de gaz à effet de serre: un aspect déterminant du futur marché européen, RMCUE 2005, 31 ff.; Becker, Ökonomisierung und Globalisierung des Europäischen Umweltrechts: Die Richtlinie zum Handel mit Emissionszertifikaten, EuR 2004, 857 ff.; Mager, Das europäische System für den Handel mit Treibhausgas-Emissionszertifikaten und sein Verhältnis zum Anlagenordnungsrecht, DÖV 2004, 561 ff.; Mortensen, The EU Emission Trading Directive, EELR 2004, 275 ff.; Pâques, La directive 2003/87/CE et le système d'échange de quotas d'émission de gaz à effet de serre dans la Communauté européenne, RTDE 2004, 249 ff.

576) Vgl. noch unten III. 2.

577) Ausgespart werden damit sonstige Emittenten, wie insbesondere private Haushalte und Verkehr. Auf die in den Anwendungsbereich der Richtlinie 2003/87 fallenden Emittenten sollten aber rund 46 % der Kohlendioxid-Emissionen entfallen, vgl. Reuter/Busch, Einführung eines EU-Emissionshandels - die Richtlinie 2003/87/EG, EuZW 2004, 39 (40), m.w.N.

lediglich CO_2 erfasst wurde, was sich auch mit der jüngsten Modifikation nur unwesentlich geändert hat.[578]

   - Als grundlegende Verpflichtung - die letztlich auch in engem Zusammenhang mit der Durchführung und Überwachung des Emissionshandels zu sehen ist - sollen die Mitgliedstaaten dafür sorgen, dass alle in den Anwendungsbereich der Richtlinie fallenden Anlagen einer Genehmigungspflicht unterworfen werden; nur unter der Voraussetzung des Vorliegens einer solchen Genehmigung sollen die für die Tätigkeit der jeweiligen Anlage spezifizierten Treibhausgase emittiert werden dürfen (Art. 4 RL 2003/87). Art. 6 RL 2003/87 regelt die Erteilung der Genehmigung. Diese darf von Vornherein nur unter der Voraussetzung erfolgen, dass die zuständige Behörde »davon überzeugt ist«, dass der Betreiber zur Überwachung und Meldung der Emissionen in der Lage ist (Art. 6 Abs. 1 RL 2003/87). Diese Überzeugung muss sich wohl auf objektive Anhaltspunkte stützen, so dass eine rein subjektive Ansicht nicht ausreichend ist. In diesem Sinn muss die Genehmigung zwingend einige Mindestangaben enthalten (Art. 6 Abs. 2 RL 2003/87).

   - Zentral für das eigentliche System des Emissionshandels sind bzw. waren die nationalen Zuteilungspläne - die für die Zuteilung der Zertifikate maßgeblich waren - und die Ausgabe der Zertifikate zur Emission von Treibhausgasen. Dieses System wurde durch die Richtlinie 2009/29 in

---

578) Vgl. unten III. 2.

entscheidenden Punkten revidiert.[579]

- Die Zertifikate müssen übertragbar sein und es muss sichergestellt sein, dass die Unternehmen entsprechend der Menge ihrer Emissionen die Zertifikate zurückgeben; diese Zertifikate sind dann von den Mitgliedstaaten aufzuheben (Art. 12 Abs. 3 RL 2003/87).

- Die Zertifikate sind nur für die jeweiligen Zeiträume (1. 1. 2005-31. 12. 2007, sodann jeweils fünf Jahre dauernde Perioden, ab dem 1. 1. 2013 für Achtjahresperioden) gültig. Nicht genutzte Zertifikate sind von den zuständigen Behörden aufzuheben, wobei hierfür neue Zertifikate erteilt werden; diese Reservenbildung ist mittlerweile obligatorisch (Art. 13 Abs. 2 RL 2003/87). M.a.W.: Nicht genutzte Zertifikate können auf die nächste Periode übertragen bzw. gegen neue Zertifikate »umgetauscht« werden. Die Kommission begründet diese Möglichkeit der Reservenbildung damit, dass vermieden werden soll, dass die Unternehmen, die überschüssige Zertifikate besitzen, »enteignet« werden. Ansonsten bestehe die Gefahr, dass die Unternehmen darauf verzichteten, Zertifikate als eine Art »Sicherheitspolster« zurückzubehalten.[580]

- Weitere Vorschriften der Richtlinie betreffen insbesondere die für das Funktionieren des Systems bedeutenden Überwachungs- und Sanktionsmechanismen (Art. 14 ff. RL 2003/87).

---

579) Vgl. sogleich unten III. 2.
580) KOM(2001) 581, 14.

2. 지침 2003/87의 수정

Seit 2003 wurde die Richtlinie 2003 insgesamt vier Modifikationen unterzogen:

- Durch die Richtlinie 2004/101[581] wird die Verbindung zu den völkerrechtlichen Vorgaben aus dem Kyoto-Protokoll in Bezug auf projektbasierte Mechanismen hergestellt. Damit wird es Unternehmen in der EU ermöglicht, sich im Rahmen von Joint Implementation und Clean Development Mechanismen[582] erbrachte Leistungen bzw. Gutschriften im Rahmen des Emissionshandels anrechnen zu lassen,[583] so dass auf diese Weise internationale Projekte mit dem Emissionshandelssystem in der EU verbunden werden.

- Durch die Richtlinie 2008/101[584] wurde der Luftverkehr in das System einbezogen.[585]

---

581) Richtlinie 2004/101, ABl. 2004 L 338, 18.

582) Zu diesen Mechanismen nur den Überblick bei Epiney/ Scheyli, Umweltvölkerrecht, 2000, S. 250 ff.

583) Vgl. zu dieser Modifikation Küll, Grundrechtliche Probleme der Allokation von CO_2-Zertifikaten, 2009, S. 97 ff.; Cosack, Emissionshandel in Europa und Deutschland – eine effiziente Strategie zur Reduzierung der Treibhausgasemissionen?, EurUP 2007, 40 (42); ausführlich Ehrmann, Das ProMechG: Verknüpfung des europäischen Emissionshandels mit den flexiblen Mechanismen des Kyoto-Protokolls, in: Martin Oldiges (Hrsg.), Immissionsschutz durch Emissionshandel – eine Zwischenbilanz, 2007, S. 101 (107 ff.).

584) Richtlinie 2008/101 zur Änderung der Richtlinie 2003/87 zwecks Einbeziehung des Luftverkehrs in das System für den Handel mit Treibhausgasemissionszertifikaten in der Gemeinschaft, ABl. 2008 L 2009, 1.

585) Vgl. spezifisch zum Einbezug des Luftverkehrs in das System Erling, Die

‒ Die Verordnung 219/2009[586) passte im Wesentlichen
einige Aspekte des Ausschussverfahrens an.

‒ Die bedeutendste und grundlegendste Modifikation
erfolgte durch die Richtlinie 2009/29[587). Erklärtes Ziel dieser
Revision ‒ wobei bemerkenswert ist, dass in der Präambel
das Ziel, die Erwärmung der Temperatur auf höchstens 2°C
im Vergleich zum vorindustriellen Niveau zu beschränken,
sowie die Selbstverpflichtung der EU, hierzu ihre eigenen
Emissionen um mindestens 20% bzw. 30%[588) zu reduzieren,
festgehalten werden (Erw. 2, 3 Präambel RL 2009/29) ‒ ist
eine Verbesserung des geltenden Systems durch eine stärkere
Harmonisierung, seine Ausweitung in Bezug auf die erfassten
Treibhausgase und die erfassten Sektoren bzw. Anlagen
sowie die bessere Allokation der Rechte durch eine

Einbeziehung des Luftverkehrs in den EU-Emissionshandel, UPR 2006, 5
ff.; Siegbert, Emissionshandel im Luftverkehr, NVwZ 2006, 141 ff.; Krahl,
Maßnahmen zur Eindämmung der Klimawirkungen des Luftverkehrs ‒
eine Standortbestimmung anhand des geplanten Emissionshandelssystems
der EU, EurUP 2008, 80 ff.; Schwarze, Including Aviation into the
European Union's Emissions Trading Scheme, EELR 2007, 10 ff.;
Stuart/Fisher, One world? International aviation and the EU Emissions
Trading Scheme, Environmental Law & Management 2007, 170 ff.;
Heselhaus, Der Luftverkehr im Netz des Emissionshandels, in:
Epiney/Wyssling (Hrsg.), Schweizerisches Jahrbuch für Europarecht
2006/2007, 2007, S. 329 ff.

586) Verordnung 219/2009, ABl. 2009 L 87, 109.

587) Richtlinie 2009/29 zur Änderung der Richtlinie 2003/87 zwecks
Verbesserung und Ausweitung des Gemeinschaftssystems für den Handel
mit Treibhausgasemissionszertifikaten, ABl. 2009 L 140, 63.

588) Sofern sich andere Industriestaaten zu einer ähnlichen Reduktion
verpflichten und die wirtschaftlich entwickelteren Entwicklungsländer sich
ebenfalls auf Reduktionen festlegen.

Modifikation des »Verteilungsmechanismus'« (Erw. 8ff. Präambel RL 2009/29).

Die wesentlichen Eckpunkte dieser Revision können wie folgt zusammengefasst werden:[589]

⁻ Zentralisierung der Definition der Obergrenzen und der Verteilung: Während das bisherige System davon ausging, dass die Mitgliedstaaten jeweils »ihre« nationalen Obergrenzen festsetzen und auf dieser Grundlage einen nationalen Allokationsplan erlassen, nach dem die Verteilung der Zertifikate organisiert wird, führt die Richtlinie 2009/29 hier eine stärkere Zentralisierung ein: Ab 2013 soll es eine EU-weite Obergrenze für CO_2-Emissionen bzw. die unionsweite Menge der Zertifikate (für die zudem gewisse Kriterien zu beachten sind, vgl. Art. 9 RL 2003/87) sowie ein zentrales System zur Registrierung der Zertifikate (Art. 19 Abs. 1, 4 RL 2003/87) geben. Art. 10 Abs. 2 RL 2003/87 sieht den Schlüssel vor, nach dem die Gesamtmenge

---

589) Vgl. zu dieser Revision der Richtlinie 2003/87, teilweise noch auf der Grundlage der entsprechenden Vorschläge bzw. politischen Einigung im Rat, Wegener, Die Novelle des EU-Emissionshandelssystems, ZUR 2009, 283 (284 ff.); Czybulka, Ausweitung des Emissionshandels und Lastenteilung: Das europäische Paket zur Reduktion der Treibhausgasemissionen bis 2020, EurUP 2009, 26 ff.; Erling/Waggershauser, Novellierung der EU-Emissionshandelsrichtlinie (EH-RL). Überblick und erste Bewertung, UPR 2008, 175 ff.; Pocklington/Leese, Certainties and uncertainties ⁻ proposed modifications to the Emissions Trading Directive, Environmental Law & Management 2008, 133 ff.; Enzmann/Marr, Moving Towards Phase III ⁻ Key Elements of the Review of the EU Emissions Trading Scheme, JEEPL 2008, 159 ff.; Waggershauser, Novellierung der EU-Emissionshandels-Richtlinie, UPR 2008, 175 ff.

der von jedem Mitgliedstaat zu versteigernden[590] Zertifikate auf die Mitgliedstaaten zu verteilen ist.

Diese Modifikation ist auch im Zusammenhang mit der Rechtsprechung des EuG zu sehen: In der Rs. T-178/05[591] machte das EuG grundlegende Aussagen zu den der Richtlinie 2003/87 zu entnehmenden Vorgaben für das Recht eines Mitgliedstaats, Änderungen des nationalen Zuteilungsplans für Treibhausgasemissionszertifikate vorzuschlagen: Dieses Recht dürfe nicht beschränkt werden, auch wenn diese Modifikationen die Gesamtzahl der Emissionszertifikate erhöhten. Das EuG leitet dieses Ergebnis aus einer ausführlichen Analyse des Systems der Richtlinie 2003/87 ab, wobei es betont, dass die Änderungen des Plans selbstredend mit den sich aus der Richtlinie selbst ergebenden Vorgaben ‒ zu denen auch gehört, dass die Gesamtzahl der auszugebenden Zertifikate für den jeweiligen Zeitraum den Reduktionsverpflichtungen der einzelnen Mitgliedstaaten entsprechen muss ‒ im Einklang zu stehen haben. Das Urteil vermag vor dem Hintergrund der teilweise recht vagen Vorgaben der ursprünglichen

---

590) Zur Einführung der Versteigerung noch sogleich im Text.

591) EuG, Rs. T-178/05 (Vereinigtes Königreich/Kommission), Slg. 2005, II-4807; siehe auch EuG, Rs. T-374/04 (Deutschland/Kommission), Slg. 2007, II-4431; zur Auslegung der Vorgaben des Art. 9 und des Anhangs III Richtlinie 2003/87 in der »alten« Fassung auch EuG, Rs. T-183/07 (Polen/Kommission), Urt. v. 23. 9. 2009; EuG, Rs. T-263/07 (Estland/Kommission), Urt. v. 23. 9. 2009. Vgl. zum Urteil in der Rs. T-374/04: Weishaar, Ex-Post-Korrektur im Europäischen CO_2-Emissionshandel: Auswirkungen der Rechtsprechung für Deutschland (zugleich Anmerkung zu EuG v. 7. 11. 2007 ‒ Rs. T-374/04), EurUP 2008, 148 ff.; Weishar, Case Note: Germany v. Commission: The ECJ on Ex Post Adjustment under the EU ETS, RECIEL 2008, 126 ff.

Fassung der Richtlinie 2003/87 für die Ausgestaltung des nationalen Zuteilungsplans grundsätzlich nicht zu überraschen, zeigt aber auch die Probleme dieser Offenheit der Richtlinie auf. Diesen kann durch die nunmehr vorgesehene Zentralisierung der Festlegung der Obergrenze und der den Mitgliedstaaten zustehenden Zertifikaten nunmehr zumindest weitgehend begegnet werden.

- Erfasste Anlagen bzw. Sektoren: Die Modifikation der Richtlinie 2003/87 sieht eine Reihe von Modifikationen der erfassten Anlagen bzw. Sektoren vor (vgl. Anhang I RL 2003/87). So werden auf der einen Seite gewisse Kleinemittenten (insbesondere Feuerungsanlagen mit einer Wärmeleistung von weniger als 20 MW) nicht (mehr) in den Emissionshandel einbezogen. Der Hintergrund hierfür dürfte sein, dass die durch diese Anlagen verursachten Emissionen so gering ausfallen, dass der mit einem Einbezug in das Emissionshandelssystem verbundene Aufwand unverhältnismäßig hoch wäre. Auf der anderen Seite werden gewisse größere Anlagen neu in das System einbezogen, so gewisse Anlagen zur Herstellung von petrochemischen und chemischen Erzeugnissen und von Metallen sowie von Primäraluminium (vgl. Anhang I RL 2003/87).

- Erfasste Treibhausgase: Anhang II RL 2003/87 führte schon bislang neben CO_2 weitere Treibhausgase als von der Richtlinie 2003/87 erfasst auf, wobei jedoch letztlich gemäß Anhang I lediglich CO_2-Emissionen einbezogen wurden. Zwar führt die Modifikation der Richtlinie 2003/87 zu einer gewissen diesbezüglichen Erweiterung des Anwendungsbereichs des Emissionshandels auf andere Treibhausgase; allerdings ändert dies nichts daran, dass nach den Vorgaben des Anhangs I RL 2003/87 gleichwohl hauptsächlich CO_2 vom Anwendungsbereich erfasst wird.

- Versteigerung der Zertifikate: Die neben der Zentralisierung der Zuteilung und Verteilung der Zertifikate bedeutendste Modifikation der Richtlinie 2003/87 dürfte darin bestehen, dass in Zukunft die Zertifikate grundsätzlich zu versteigern sind (Art. 10 Abs. 1 RL 2003/87, wobei in Art. 10 Abs. 3 RL 2003/87 auch Vorgaben für die Verwendung der daraus resultierenden Einnahmen formuliert sind). Allerdings sehen Art. 10a, 10b, 10c umfangreiche Ausnahmen vor, so dass letztlich erst 2027 tatsächlich alle Zertifikate versteigert werden, wobei allerdings auch dieses Ziel durch die Möglichkeit, Ausnahmen für bestimmte Wirtschaftszweige (die im internationalen Wettbewerb stehen und bei denen im Falle einer Versteigerung der Zertifikate eine Verlagerung ins EU-Ausland befürchtet wird) vorzusehen, relativiert wird.[592]

IV. EU에서 배출거래의 법적 문제

Neben den grundlegenden konzeptionellen Fragen, die der Emissionshandel in der EU mit sich bringt,[593] wirft die

---

592) Vgl. im Einzelnen zu diesen Regelungen bezüglich der Versteigerung Wegener, Die Novelle des EU-Emissionshandelssystems, ZUR 2009, 283 (286 f.); Czybulka, Ausweitung des Emissionshandels und Lastenteilung: Das europäische Paket zur Reduktion der Treibhausgasemissionen bis 2020, EurUP 2009, 26 (29 f.).

Richtlinie 2003/87 auch einige Rechtsfragen auf, die teilweise in der Rechtsprechung des EuGH relevant geworden sind und im Wesentlichen den Anwendungsbereich der Richtlinie 2003/87 (I), grundrechtliche Fragen (II), den Rechtsschutz (III), das Verhältnis der Richtlinie 2003/87 zur Richtlinie 2008/1 (IV) sowie die Sanktionen im Falle der Nichtbeachtung der Vorgaben der Richtlinie (V) betreffen.[594]

1. 지침 2003/87의 적용범위

Auch nach der Revision der Richtlinie 2003/87 sind die vom Emissionshandel erfassten Sektoren beschränkt, und es gibt nach wie

---

593) Vgl. die Nachweise in Vgl. insbesondere in jüngerer Zeit, jeweils m.w.N., Wegener, Die Novelle des EU-Emissionshandelssystems, ZUR 2009, 283 ff.; Winter, Das Klima ist keine Ware. Eine Zwischenbilanz des Emissionshandelssystems, ZUR 2009, 289 (295 ff.); Winter, The Climate is No Commodity: Taking Stock of the Emissions Trading System, Journal of Environmental Law Advance Access, December 3, 2009, 1 ff.; Beckmann/Fisahn, Probleme des Handels mit Verschmutzungsrechten – eine Bewertung ordnungsrechtlicher und marktgesteuerter Instrumente in der Umweltpolitik, ZUR 2009, 299 ff. Siehe aber auch die durchwegs positive Beurteilung bei Convery/Ellerman/de Perthuis, The European Carbon Market in Action: Lessons from the First Trading Period, JEEPL 2008, 215 ff.; Rodi, Immissionsschutz durch Emissionshandel – internationale, europäische und nationale Entwicklungen, in: Martin Oldiges (Hrsg.), Immissionsschutz durch Emissionshandel – eine Zwischenbilanz, 2007, S. 15 ff. sowie unten V.

594) Vgl. im Übrigen ausführlich zu dem primärrechtlichen Rahmen der Richtlinie 2003/87 Epiney, Fragen des europäischen und deutschen Verfassungsrechts, in: Rengeling (Hrsg.), Klimaschutz durch Emissionshandel, 2001, S. 207 ff.; Schröder, Der Handel mit Emissionszertifikaten als völker- und europarechtliches Problem, in: Marburger (Hrsg.), Emissionszertifikate im Umweltrecht, Berlin 2004, S. 35 (55 ff.).

vor Tätigkeiten, die durchaus viel Treibhausgase emittieren, jedoch nicht von der Richtlinie erfasst werden. Aufgeworfen wird damit die Frage, ob diese Einschränkung mit den Vorgaben des Primärrechts, insbesondere mit dem Gleichheitssatz, im Einklang steht.

Zu dieser Frage hatte sich der EuGH in der Rs. C-127/07[595] zu äußern. Im Einzelnen ging es hier darum, ob der Nichteinbezug des Kunststoff- bzw. des Chemie- und des Aluminiumsektors in den Anwendungsbereich der Richtlinie 2003/87, während der Stahlsektor unter die genannte Richtlinie fällt, mit dem allgemeinen Gleichheitssatz – der einen allgemeinen Grundsatz des Unionsrechts darstelle, wonach vergleichbare Sachverhalte nicht unterschiedlich und unterschiedliche Sachverhalte nicht gleich behandelt werden dürfen, es sei denn, dass eine solche Behandlung objektiv gerechtfertigt ist[596] – in Einklang steht. Nach Ansicht des Gerichtshofs befänden sich die genannten Industrien zwar in einer vergleichbaren Lage, da jede Emission von Treibhausgasen zu einer gefährlichen Störung des Klimas beitragen könne und die in Frage stehenden Sektoren alle solche Gase emittierten. Daher sei der Gleichheitssatz einschlägig, jedoch könne die unterschiedliche Behandlung gerechtfertigt werden: Denn es handle sich beim Emissionshandel um ein neues und komplexes System, so dass sich die ursprüngliche Begrenzung des Anwendungsbereichs

---

595) EuGH, Rs. C-127/07 (Société Arcelor Atlantique et Lorraine), Urt. v. 16. 12. 2008.

596) Vgl. etwa EuGH, Rs. C-313/04 (Egenberger), Slg. 2006, I-6331, Rn. 33.

der Richtlinie 2003/87 – dieser solle schrittweise ausgeweitet
werden – durchaus in den Beurteilungsspielraum einfüge,
über den der Unionsgesetzgeber verfüge, dies insbesondere
angesichts des Umstands, dass der Chemiesektor eine
besonders hohe Zahl von Anlagen umfasse, die die Steuerung
des Systems erschwert und den Verwaltungsaufwand erhöht
hätte, so dass eine Störung des Funktionierens des Systems
bei seiner Einführung nicht ausgeschlossen werden könne. Der
Nichteinbezug des Nichteisenmetallsektors könne dadurch
begründet werden, dass dessen unmittelbare Emissionen im
Vergleich zum Stahlsektor ausgesprochen gering ausfielen, so
dass dieser erhebliche Unterschied der Menge direkter
Emissionen zwischen den beiden betroffenen Sektoren ihre
unterschiedliche Behandlung bei der ersten Anwendungsphase
des Emissionshandels in Anbetracht des schrittweisen
Vorgehens, auf dem die Richtlinie 2003/87 beruhe, als
gerechtfertigt betrachtet werden könne.

Das Urteil bestätigt einmal mehr[597] den sehr weiten
Gestaltungsspielraum, den der Gerichtshof dem Unionsgesetzgeber
bei der Frage danach, ob Sekundärrecht mit den Umweltprinzipien
(Art. 191 Abs. 2 AEUV) und den Unionsgrundrechten
(insbesondere dem allgemeinen Gleichheitssatz) vereinbar ist,
einräumt. Immerhin ist dem Urteil aber auch zu entnehmen, dass
für eine unterschiedliche Behandlung verschiedener Sektoren in
Bezug auf ihren Einbezug in das System der Richtlinie
2003/87 tatsächlich konkrete Unterschiede erforderlich sind

---

597) S. schon in Bezug auf das Umweltrecht EuGH, Rs. C-284/95 (Safety
Hi-Tech), Slg. 1998, I-4301; EuGH, Rs. C-341/95 (Bettati), Slg. 1998,
I-4355.

bzw. dargelegt werden müssen, die die Differenzierung zwischen verschiedenen Treibhausgase emittierenden Industrien zu rechtfertigen vermögen; eine solche Differenzierung dürfte jedenfalls durch praktische Schwierigkeiten beim Einbezug von Sektoren in das System gerechtfertigt werden können. Weiter weist der Gerichtshof mehrere Male darauf hin, dass es um die schrittweise Einführung des Systems gehe, was als deutlicher Hinweis darauf verstanden werden kann, dass der Prüfungsmaßstab in der nächsten Phase – wenn das »neue und komplexe« System sich bewährt und eingespielt hat und der Anwendungsbereich ausgeweitet wird – wohl ein strengerer sein dürfte. Allerdings ist diesbezüglich zu beachten, dass mit der nunmehr vorgesehenen Versteigerung der Zertifikate wieder eine neue Richtung eingeschlagen wurde, so dass man auch hier wiederum argumentieren könnte, jetzt seien mit einem neuen komplexen System (zunächst) Erfahrungen zu sammeln.

Jedenfalls bleibt es auch auf der Grundlage dieser Grundsätze möglich, ganze Sektoren vom Emissionshandelssystem auszuschließen, wovon auch die Konzeption der revidierten Richtlinie 2003/87 ausgeht. Da für diese Beschränkung durchaus plausible Gründe angeführt werden, dürfte sie mit den primärrechtlichen Vorgaben grundsätzlich im Einklang stehen. Nichtsdestotrotz bleibt es damit dabei, dass rund die Hälfte aller CO_2- bzw. Treibhausgasemittenten nicht vom Emissionshandelssystem erfasst wird. Dies wirft selbstredend durchaus ins Gewicht fallende Probleme auf, wobei insbesondere auf zwei Aspekte hinzuweisen ist:

- Erstens führt diese Beschränkung dazu, dass bei der Festlegung der Obergrenze für die insgesamt auszugebenden Emissionszertifikate unter Berücksichtigung der insgesamt zu erreichenden Reduktionsziele ein gewisser Spielraum besteht, so dass diese Festlegung Gegenstand politischer Verhandlungen ist, was nicht zwingend dem Anliegen des Klimaschutzes förderlich ist. Zwar sind Art. 9 RL 2003/87 Vorgaben für die unionsweit festzulegende Menge an zu vergebenden Zertifikaten zu entnehmen; die Grundlage hierfür ist allerdings die vorher (2008-2012) von den Mitgliedstaaten festgelegte Menge an Zertifikaten, was gewisse Zweifel an der Objektivität der Definition der Obergrenze aufkommen lässt.[598] Zudem führen die in Art. 10a RL 2003/87 vorgesehenen Ausnahmen von der Versteigerung dazu, dass gleichwohl gewisse mitgliedstaatliche »Quoten« definiert werden sollen, was (teilweise) durch Durchführungsmaßnahmen der Kommission im Ausschussverfahren nach Art. 23 RL 2003/87 geschehen soll (Art. 10a Abs. 1), wobei aber auch die Mitgliedstaaten einzubeziehen sind. Es ist zu bezweifeln, ob in diesem Verfahren tatsächlich klimawirksame Obergrenzen festgelegt werden können.

- Zweitens und vor allem aber werden damit rund 50 % der Treibhausgasemissionen eben nicht erfasst, und trotz der Entscheidung 406/2009[599] und weiterer Maßnahmen im

---

598) Ausführlich m.w.N. zu der letztlich viel zu großzügigen Kalkulation der Menge von Zertifikaten m.w.N. Beckmann/Fisahn, Probleme des Handels mit Verschmutzungsrechten - eine Bewertung ordnungsrechtlicher und marktgesteuerter Instrumente in der Umweltpolitik, ZUR 2009, 299 (301 f.).

599) Entscheidung 406/2009 über die Anstrengungen der Mitgliedstaaten zur

Bereich des Klimaschutzes[600] sind letztlich kaum Strategien erkennbar, wie in diesen Sektoren effektiv eine »Kehrtwende« erreicht werden kann, was insbesondere für den Verkehrssektor gilt.

2. 기본법적 측면

Immer wieder wird im Zusammenhang mit dem Emissionshandel auf grundrechtliche Probleme hingewiesen.[601]

Reduktion ihrer Treibhausgasemissionen mit Blick auf die Erfüllung der Verpflichtungen der Gemeinschaft zur Reduktion der Treibhausgasemissionen bis 2020, ABl. 2009 L 140, 136.

600) Vgl. oben II.

601) Vgl. jüngst ausführlich Küll, Grundrechtliche Probleme der Allokation von CO_2-Zertifikaten, 2009, S. 179 ff.; siehe ansonsten etwa Kerth, Emissionshandel im Gemeinschaftsrecht. Die EG-Emissionshandelsrichtlinie als neues Instrument europäischer Klimaschutzpolitik, 2004, S. 272 ff.; Diehr, Rechtsschutz im Emissionszertifikate-Handelssystem. Eine Betrachtung des Treibhausgas-Emissionshandelssystems unter besonderer Berücksichtigung rechtsschutzrelevanter Fragen der Emissionsgenehmigung und der Zuteilung von Emissionsberechtigungen, 2006, S. 177 ff.; Dorf, Der Emissionshandel: Eine grundrechtsdogmatische Analyse, DÖV 2005, 950 ff.; Frenz, Freiwillige Unternehmensleistungen und spätere Inpflichtnahme – Gemeinschaftsrechtliche Grenzen eines Emissionshandels und nationale Umsetzungsspielräume –, VerwArch 2003, 345 (354 ff.). Siehe auch Mehrbrey, Verfassungsrechtliche Grenzen eines Marktes handelbarer Emissionsrechte. Untersuchung eines sogenannten marktwirtschaftlichen Umweltschutzinstruments – dargestellt am Beispiel der Luftreinhaltung, 2003, passim; Kobes, Emissionshandel 2008-2012, NVwZ 2007, 857 (858). Siehe aus der Rechtsprechung des BVerfG (das allerdings die Vereinbarkeit der Richtlinie 2003/87 mit den europäischen Grundrechten nicht prüfte, da hier der Rechtsschutz durch den EuGH zu gewährleisten sei) BVerfG, NVwZ 2007, 937, 942; die Vereinbarkeit der Richtlinie 2003/87 mit europäischen Grundrechten bejahend BVerwG, NVwZ 2005, 1178 (1181 ff.).

Daneben könnten auch noch allgemeine rechtsstaatliche Grundsätze eine Rolle spielen, wobei insbesondere der Vorbehalt des Gesetzes, der hinreichend präzise Regelungen insbesondere im Falle der Betroffenheit von Grundrechten verlangt, von Bedeutung ist. Durch die Revision der Richtlinie 2003/87 und die damit einhergehende »Europäisierung« der Festlegung der Obergrenze und der Zuteilungen dürfte jedenfalls heute diesem Aspekt Rechnung getragen worden sein. Im Gegensatz zu der ursprünglichen Rechtslage[602] ist hier nämlich nicht mehr der nationale Zuteilungsplan, für den in der Richtlinie 2003/87 nur sehr umrisshafte Vorgaben formuliert waren, maßgeblich, und auch für die Zuteilung selbst enthält die Richtlinie nunmehr relativ genaue Vorgaben, auch soweit die kostenlose Zuteilung betroffen ist.

Nach der durch die Richtlinie 2009/29 erfolgten Europäisierung der Festlegung der Emissionsobergrenzen und ihrer Verteilung auf die Mitgliedstaaten sind hier nunmehr nur noch die Unionsgrundrechte zu beachten.[603] Dabei ist davon auszugehen, dass die Einrichtung des Emissionshandels jedenfalls in den Schutzbereich der unternehmerischen Freiheit (Art. 16 Grundrechte-Charta) fallen dürfte; aber auch die Eigentumsfreiheit könnte einschlägig sein.[604] Dies gilt

---

602) Vgl. in diesem Zusammenhang die diesbezüglichen Überlegungen über die Relevanz des Bestimmtheitsgrundsatzes in diesem Zusammenhang bei Epiney, Fragen des europäischen und deutschen Verfassungsrechts, in: Rengeling (Hrsg.), Klimaschutz durch Emissionshandel, 2001, S. 207 (227 ff.).

603) Ausdrücklich auch Küll, Grundrechtliche Probleme der Allokation von CO_2-Zertifikaten, 2009, S. 159 f., 171.

604) Vgl. nur Küll, Grundrechtliche Probleme der Allokation von CO_2-Zertifikaten, 2009, S. 209 ff.

insbesondere für diejenigen Vorgaben der Richtlinie, die die Unternehmen verpflichten, Emissionszertifikate zu erwerben, um CO_2 ausstoßen zu dürfen.[605]

Ein solcher Eingriff in ein Grundrecht kann jedoch durch öffentliche Interessen gerechtfertigt werden, sofern den Anforderungen des Verhältnismäßigkeitsgrundsatzes entsprochen wird (Art. 52 Abs. 1 Grundrechte-Charta):[606]

⁻ Der Emissionshandel soll letztlich dem Klimaschutz dienen, wobei dieser als Umweltbelang zweifellos als ein öffentliches Interesse für einen Grundrechtseingriff angesehen werden kann.[607]

⁻ Die Geeignetheit des Emissionshandels zur Verfolgung des angestrebten Ziels könnte vor dem Hintergrund in Frage gestellt werden, dass allein dieses Instrument die Problematik

---

605) Vgl. im Einzelnen zum Vorliegen eines Grundrechtseingriffs Küll, Grundrechtliche Probleme der Allokation von CO_2-Zertifikaten, 2009, S. 181 ff.

606) Zur Vereinbarkeit der Richtlinie 2003/87 mit dem Verhältnismäßigkeitsgrundsatz auch etwa Diehr, Rechtsschutz im Emissionszertifikate-Handelssystem. Eine Betrachtung des Treibhausgas-Emissionshandelssystems unter besonderer Berücksichtigung rechtsschutzrelevanter Fragen der Emissionsgenehmigung und der Zuteilung von Emissionsberechtigungen, 2006, S. 158 ff., 194 ff.; Küll, Grundrechtliche Probleme der Allokation von CO_2-Zertifikaten, 2009, S. 218 ff.; Kerth, Emissionshandel im Gemeinschaftsrecht. Die EG-Emissionshandelsrichtlinie als neues Instrument europäischer Klimaschutzpolitik, 2004, S. 281 ff.

607) Vgl. in unserem Zusammenhang etwa Küll, Grundrechtliche Probleme der Allokation von CO_2-Zertifikaten, 2009, S. 208; Kerth, Emissionshandel im Gemeinschaftsrecht. Die EG-Emissionshandelsrichtlinie als neues Instrument europäischer Klimaschutzpolitik, 2004, S. 282.

des Klimawandels nicht allein zu beheben vermag, weder soweit die Emissionen in der EU betroffen sind, noch soweit man die globalen Emissionen ebenfalls noch berücksichtigt. Allerdings ist die Geeignetheit einer Maßnahme schon dann zu bejahen, wenn sie zur Erreichung des angestrebten Ziels einen Beitrag zu leisten vermag. Auch wenn hier in Bezug auf den Emissionshandel noch einige Fragen offen sein dürften, dürfte er doch jedenfalls einen Beitrag zur Verringerung des Ausstoßes von Treibhausgasen leisten, wird dieser doch für bestimmte Sektoren einer Obergrenze unterzogen.

- Bei der Erforderlichkeit stellt sich in erster Linie die Frage, ob die angestrebten Zielsetzungen nicht durch in Bezug auf den Grundrechtseingriff mildere Maßnahmen erreicht werden könnten. Zwar dürften Selbstverpflichtungen der Wirtschaft schon deshalb keine milderen Mittel darstellen, weil sie wohl kaum ebenso wirksam wären, was die Einhaltung der Obergrenze von CO_2-Emissionen betriff t,[608] und regulative Instrumente dürften im Hinblick auf die Einschränkung der unternehmerischen Freiheit schon per se nicht zwingend ein milderes Mittel darstellen. Fragen könnte man sich jedoch, ob es angesichts der Komplexität des Systems und der durch dieses verursachten Kosten - die letztlich durch die Wirtschaftsteilnehmer zu tragen sind - nicht andere Instrumente geben könnte, die mit geringeren Kosten ebenso die Einhaltung einer Emissionsobergrenze zu gewährleisten vermögen. Denken könnte man etwa an eine

---

608) Siehe insoweit auch etwa die Bemerkungen von Kerth, Emissionshandel im Gemeinschaftsrecht. Die EG-Emissionshandelsrichtlinie als neues Instrument europäischer Klimaschutzpolitik, 2004, S. 242 f.

Abgabe auf die Einfuhr oder die Verbrennung fossiler Brennstoffe oder an ein Zertifikatssystem auf der sog. ersten Stufe, d.h. der Energielieferung.[609] Auch wenn möglicherweise sehr gute Gründe für eine bessere Effektivität solcher Maßnahmen sprechen und diese die Wirtschaftsteilnehmer sogar möglicherweise weniger stark in ihren Grundrechten beeinträchtigen könnten, unterliegt es doch ernstlichen Zweifeln, ob man hieraus bereits auf die Verneinung der Erforderlichkeit im Rechtssinne schließen kann: Denn viele Aspekte der Effektivität und Effizienz der in Betracht kommenden Maßnahmen dürften umstritten bzw. teilweise auch nur schwer eruierbar sein, so dass es letztlich im Gestaltungsspielraum des Unionsgesetzgebers liegt, welche Maßnahme hier gewählt wird. Denn auch bei der Prüfung der Erforderlichkeit ist dem Unionsgesetzgeber ein gewisser Gestaltungsspielraum einzuräumen, und die Prüfungsdichte des EuGH fällt hier in der Regel nicht sehr hoch aus.[610] Daher dürfte die Erforderlichkeit des Zertifikatehandels bzw. der Notwendigkeit, zum Ausstoß gewisser Treibhausgase über solche Zertifikate zu verfügen, in diesem Zusammenhang letztlich zu bejahen sein.

- Gleiches dürfte für die Angemessenheit (Verhältnismäßigkeit

---

609) Vgl. in diese Richtung SRU, Umweltgutachten 2008, Ziff. 203 ff.

610) Vgl. aus der Rechtsprechung etwa EuGH, Rs. C-284/95 (Safety Hi-Tech), Slg. 1998, I-4301; EuGH, Rs. C-341/95 (Bettati), Slg. 1998, I-4355; zum Gestaltungsspielraum des Unionsgesetzgebers in unserem Zusammenhang etwa Küll, Grundrechtliche Probleme der Allokation von CO_2-Zertifikaten, 2009, S. 218 ff.; vgl. allgemein nur Ehlers, Allgemeine Lehren der Unionsgrundrechte, in: Ehlers (Hrsg.), Europäische Grundrechte und Grundfreiheiten, 3. Aufl. 2009, § 14 Rn. 71, m.w.N.

i.e.S.) gelten, die übrigens in der Rechtsprechung des EuGH nur eine untergeordnete Rolle spielt.[611]

Fraglich könnte noch sein, ob sich diese grundsätzliche Beurteilung verändert, falls – wie mit der Revision der Richtlinie 2003/87 vorgesehen – die Zertifikate grundsätzlich versteigert werden. Denn selbst wenn diese Auktion – wie in Art. 10 Abs. 4 RL 2003/87, der die Vorgaben für eine Verordnung der Kommission über den Ablauf und sonstige Aspekte der Versteigerung formuliert, ausdrücklich vorgesehen – in einem offenen, transparenten und nicht diskriminierenden Verfahren abläuft, impliziert eine Versteigerung für wirtschaftlich schwächere Unternehmen eine vergleichsweise starke Belastung, insbesondere wenn eine Kompensation durch höhere Produktpreise nicht möglich ist und die entsprechende Branche einem starken internationalen Wettbewerb ausgesetzt ist. Im Ergebnis – ohne dass dieser Frage hier im Einzelnen nachgegangen werden kann – sprechen aber die besseren Gründe auch im Falle der Versteigerung für eine Vereinbarkeit des Systems mit den Unionsgrundrechten: Denn die vorgesehenen Übergangs- und Ausnahmeregelungen verbunden mit dem sich seit längerem abzeichnenden Übergang zu einer Versteigerung der Zertifikate führt letztlich dazu, dass sich

---

611) Vgl. zur Verhältnismäßigkeitsprüfung in der Rechtsprechung des Gerichtshofs etwa, m.w.N., Emmerich-Fritsche, Der Grundsatz der Verhältnismäßigkeit als Direktive und Schranke der EG-Rechtsetzung, 2000, passim; Koch, Der Grundsatz der Verhältnismäßigkeit in der Rechtsprechung des Gerichtshofs der Europäischen Gemeinschaften, 2003, passim.

die Unternehmen durchaus auf die neue Rechtslage einstellen
können. Da plausible Gründe für eine Überlegenheit der
Versteigerung im Verhältnis zur kostenlosen Zuteilung von
Zertifikaten sprechen, sich die Wirtschaftsteilnehmer nach
dem Gesagten auf diese Situation einstellen konnten (zumal
es keine rechtliche Bestandsgarantie in dem Sinn gibt, dass
die einmal geltenden Rahmenbedingungen für die Ausübung
einer wirtschaftlichen Tätigkeit auf unbestimmte Zeit weiter
gelten) und die sonstigen Grundsätze zur Vereinbarkeit eines
Zertifikatehandels mit grundrechtlichen Garantien auch im
Falle der Versteigerung der Zertifikate einschlägig sind, ist
davon auszugehen, dass auch die Versteigerung von
Zertifikaten mit den grundrechtlichen Garantien in Einklang
steht.[612)]

---

612) Ebenso SRU, Umweltgutachten 2008, Ziff. 177 ff.; Martini/Gebauer, »Alles
umsonst?«, Zur Zuteilung von CO_2-Emissionszertifikaten: ökonomische Idee
und rechtliche Rahmenbedingungen, ZUR 2007, 225 ff.; Wegener, Die
Novelle des EU-Emissionshandelssystems, ZUR 2009, 283 (286 f.); wohl
auch Küll, Grundrechtliche Probleme der Allokation von CO_2-Zertifikaten,
2009, S. 227 ff.; a.A. wohl Rebentisch, Rechtsfragen der kostenlosen
Zuteilung von Berechtigungen im Rahmen des Emissionshandelsrechts,
NVwZ 2006, 747 (750 f.); Zimmer, CO_2-Emissionsrechtehandel in der EU.
Ökonomische Grundlagen und EG-rechtliche Probleme, 2004, S. 236 f.,
243 f.; zur Vereinbarkeit einer Versteigerung mit dem Beihilferecht und
den Grundfreiheiten Jungnickel/Dulce, Die Zulässigkeit der (teilweisen)
Versteigerung von Emissionsberechtigungen aus europarechtlicher Sicht,
NVwZ 2009, 623 ff. (die die Vereinbarkeit bejahen). Die Vereinbarkeit
einer Versteigerung mit deutschen Grundrechten bejahend Sacksofsky,
Versteigerung von Zertifikaten im Emissionshandel, FS Rehbinder, 2007, S.
591 ff.

3. 권리보호 측면

Auch in der neuen Fassung der Richtlinie 2003/87 wirken Kommission und Mitgliedstaaten bei der Durchführung des Emissionshandels in verschiedener Weise zusammen, woraus sich mitunter komplexe Rechtsschutzfragen ergeben.

Unter der alten Fassung der Richtlinie 2003/87 war hier insbesondere streitig, ob und inwieweit betroffene Wirtschaftsteilnehmer gegen den nationalen Zuteilungsplan bzw. gegen die den nationalen Zuteilungsplan genehmigende Entscheidung der Kommission vor dem EuGH bzw. dem EuG klagen können. Der EuGH verneint die Zulässigkeit der Klage, da die Anforderungen der individuellen Betroffenheit nicht erfüllt seien. Die Betroffenen könnten aber vor nationalen Gerichten gegen den nationalen Zuteilungsplan klagen.[613] Dieser Ansatz ist bzw. war insofern unbefriedigend, als der nationale Zuteilungsplan ja erst mit der Genehmigung durch die Kommission Wirkungen entfalten konnte, so dass diese an die Mitgliedstaaten gerichtete Entscheidung durchaus für die Einzelnen unmittelbare Wirkung entfaltete, ganz abgesehen davon, dass die Kommission sogar selbst in ihrer Entscheidung Teile des nationalen Plans modifizieren kann. Angesichts des Umstands, dass die Pläne auch regelmäßig genau bestimmte Zeitperioden betreffen, dürfte auch die individuelle Betroffenheit nicht a priori verneint werden können.

Im Einzelnen können hier folgende Grundsätze formuliert

---

613) EuGH, Rs. C-503/07 P (Saint-Gobain Glass/Kommission), Beschl. v. 8. 4. 2008.

werden:

- Soweit es um die Rechtmäßigkeit der in der Richtlinie 2003/87 selbst figurierenden Vorgaben geht (etwa in Bezug auf die Ausnahmen bei der Versteigerung), ist Rechtsschutz – da die zweimonatige Frist für die Nichtigkeitsklage der letzten Modifikation der Richtlinie mittlerweile verstrichen ist – lediglich in Bezug auf einen Anwendungsakt möglich.

- Ein solcher Anwendungsakt kann einmal von den mitgliedstaatlichen Behörden ausgehen, so wenn sie die Richtlinie 2003/87 umsetzen oder im Rahmen ihrer Pflichten nach Art. 11 RL 2003/87 die unter die Richtlinie 2003/87 fallenden Anlagen sowie die einzelnen Anlagen kostenlos zugeteilten Zertifikate festlegen und veröffentlichen. Diesfalls ist der Rechtsschutz der Betroffenen nach nationalem Recht zu gewähren; der EuGH kann auf dem Wege der Vorabentscheidung befasst werden.

- Soweit es hingegen um Maßnahmen der Kommission geht, ist grundsätzlich die Nichtigkeitsklage einschlägig, jedenfalls soweit der Adressat einer Entscheidung klagt oder privilegiert Klagebefugte gegen eine Verordnung der Kommission klagen. Die unmittelbare Betroffenheit von Unternehmen – die regelmäßig keine Adressaten einer Kommissionsentscheidung sein bzw. nur »allgemein« von einer Verordnung oder Richtlinie der Kommission betroffen sein werden – kann bei der kostenlosen Zuteilung durchaus grundsätzlich bejaht werden. Hinzuweisen ist in diesem Zusammenhang darauf, dass mit dem Inkrafttreten des Vertrages von Lissabon nach Art. 263 Abs. 4 AEUV im

Falle einer unmittelbaren Betroffenheit auch bei Fehlen einer individuellen Betroffenheit eine Nichtigkeitsklage Einzelner dann möglich ist, wenn keine Durchführungsmaßnahmen mehr getroffen werden müssen, was bei Rechtsakten der Kommission über die kostenlose Zuteilung von Zertifikaten (vgl. Art. 10a, 10b, 10c Abs. 6 RL 2003/87) grundsätzlich bejaht werden kann.

4. 지침 2003/87과 지침 2008/1의 관계

Die in den Anwendungsbereich der Richtlinie 2003/87 fallenden Anlagen werden in aller Regel auch in den Anwendungsbereich der Richtlinie 2008/1 (IVU-Richtlinie)[614] fallen. Grundsätzlich sind für solche Anlagen bei ihrer Genehmigung aber Emissionsgrenzwerte auch für Treibhausgase festzulegen (Art. 9 Abs. 3 Uabs. 1 RL 2008/1). Von diesem Grundsatz macht Art. 9 Abs. 3 Uabs. 3 RL 2008/1 jedoch für diejenigen Anlagen, die am Handel mit Treibhausgasemissionszertifikaten teilnehmen, eine Ausnahme: Die Genehmigung soll danach für die vom Handel erfassten Treibhausgase keine Emissionsgrenzwerte enthalten, es sei denn, diese seien erforderlich, um eine erhebliche lokale Umweltverschmutzung zu verhindern. Diese Regelung wirft (mindestens) zwei Fragen auf:

- Erstens fragt es sich, inwieweit sie mit dem Vorsorgeprinzip im Einklang steht: Aus diesem Grundsatz[615] kann

---

614) Richtlinie 2008/1 über die integrierte Vermeidung und Verminderung der Luftverschmutzung, ABl. 2008 L 24, 8.

insbesondere abgeleitet werden, dass Umweltbelastungen (auch) präventiv zu begegnen ist, so dass auf diese Weise die »Nichtausschöpfung kritischer Belastungsgrenzen«[616] sichergestellt und so auch langfristig ein Beitrag zur Erhaltung der natürlichen Umwelt geleistet werden soll. Nun könnte die skizzierte Ausgestaltung des Verhältnisses der Richtlinie 2003/87 zur Richtlinie 2008/1 und insbesondere der grundsätzliche Verzicht auf Emissionsgrenzwerte für Treibhausgase im Falle der Einschlägigkeit des Emissionshandels insofern mit dem Vorsorgeprinzip in Konflikt geraten, als nicht danach gefragt wird, ob den betroffenen Unternehmen die Vermeidung der Emissionen möglich oder zumutbar ist, sondern danach, ob sie ein »Emissionsrecht« besitzen oder nicht. Wird diese Frage bejaht, können sie nach dem Grundgedanken des Emissionshandels die entsprechenden Gase emittieren, unabhängig von der »Vermeidbarkeit« dieser Emissionen.

Ein in diese Richtung gehender Ansatz implizierte im Ergebnis, dass es dem Unionsgesetzgeber ganz allgemein untersagt wäre, Maßnahmen zu ergreifen, die nicht zumindest auch (im Falle der technischen Machbarkeit bzw. ggf. auch wirtschaftlichen Vertretbarkeit) die Verursachung von Umweltbeeinträchtigungen untersagten bzw. beschränkten. Damit wäre eine ganze Reihe ökonomischer Instrumente von

---

615) Vgl. zum Vorsorgeprinzip im EU-Recht jüngst umfassend m.w.N. Arndt, Das Vorsorgeprinzip im EU-Recht, 2009, S. 69 ff.; siehe auch etwa Calliess, Das Vorsorgeprinzip und seine Auswirkungen auf die Nanotechnologie, in: Reiff (Hrsg.), Nanotechnologie als Herausforderung für die Rechtsordnung, 2009, S. 21 (27 ff.).

616) So Lübbe-Wolff, IVU-Richtlinie und Europäisches Vorsorgeprinzip, NVwZ 1998, 777 (779).

Vornherein mit dem Vorsorgegrundsatz unvereinbar, wird hier doch häufig auf Anreizsysteme unterschiedlicher Art zurückgegriffen. Damit ergeben sich denn auch schon die rechtlichen Bedenken gegen die Annahme einer solch weitgehenden rechtlichen Tragweite des Vorsorgeprinzips: Der Unionsgesetzgeber würde nämlich letztlich auf den Erlass von Verboten verwiesen, obwohl andere Instrumente möglicherweise effektiver oder gleich effektiv wären, also im Ergebnis dann doch zu einer allgemeinen Reduktion der angegriffenen Umweltbelastung führten. Es kann aber nicht angenommen werden, dass das Vorsorgeprinzip auch die Art und Weise der präventiven Aktion und damit die Instrumentenwahl determinieren soll; hierzu dürfte seine normative Fassung kaum genügend präzise sein. Der Erlass von regulativen Emissionsbeschränkungen stellt damit eine, aber nicht die einzige Art dar, wie dem Vorsorgeprinzip Rechnung getragen werden kann.[617] Hierfür spricht auch, dass bei der Frage, ob eine bestimmte Maßnahme den Anforderungen des Vorsorgeprinzips genügt oder nicht, doch der Abstand zur »kritischen Belastungsgrenze« insgesamt ausschlaggebend sein muss; dies impliziert aber eine Gesamtbewertung in dem Sinn, dass insgesamt die entsprechenden Umweltbeeinträchtigungen verringert oder begrenzt werden, nicht hingegen, ob in jedem Einzelfall eine größtmögliche Reduktion erfolgt oder nicht. Diese Überlegung gilt insbesondere, soweit der Klimaschutz betroffen ist, bei dem es letztlich auf die Gesamtheit der

---

617) Vgl. i. Erg. in diese Richtung auch Lübbe-Wolff, IVU-Richtlinie und Europäisches Vorsorgeprinzip, NVwZ 1998, 777 (779).

Emissionen bzw. ihre Reduktion ankommt.

Daher dürften sich aus dem Vorsorgeprinzip keine grundsätzlichen Bedenken gegen einen Rückgriff auf das Instrument des Emissionshandels zur Verringerung der Emission von »Treibhausgasen« und den damit einhergehenden grundsätzlichen Verzicht auf Emissionsgrenzwerte ergeben: Denn insgesamt geht es ja gerade darum, die Emissionsmenge im Hinblick auf einen wirksamen Klimaschutz zu verringern, was durch die Festlegung von Emissionsobergrenzen erreicht wird. Ob und inwieweit also dem Vorsorgeprinzip Rechnung getragen wird, hängt damit m.a.W. von der konkreten Festlegung der Obergrenze und der Ausgestaltung des Emissionshandels im Einzelnen ab: Erstere müsste wohl nach oben abschließend festgelegt sein und dürfte nicht zu niedrig angesetzt werden, und die Modalitäten des Emissionshandels müssten sicherstellen, dass nicht in unverhältnismäßiger Weise »unnötig« Treibhausgase emittiert werden, was etwa durch die gleichzeitige Setzung von gewissen Grenzwerten oder der nach bestimmten Kriterien zu definierenden Höchstmengen an für ein Unternehmen erwerbbare Emissionszertifikate geschehen könnte. Im Übrigen dürfte es gegen das Vorsorgeprinzip verstoßen, wenn die Modalitäten des Emissionshandels dazu führten bzw. führen könnten, dass bestimmten Emittenten unveränderliche »ewige«, gleichbleibende Emissionsrechte eingeräumt würden, brächte dies doch die Gefahr eines völligen umweltpolitischen Stillstandes mit sich. Dem kann etwa mit einer periodischen bzw. in Abhängigkeit von gewissen technischen oder sonstigen Bedingungen erfolgenden Abwertung der Zertifikate oder aber ihres

Verfalls nach einem gewissen Zeitraum begegnet werden, wie dies auch in der Richtlinie 2003/87 vorgesehen ist.

Deutlich wird damit aber auch, dass der allgemeine Ausschluss der Festsetzung von Emissionsgrenzwerten durch Art. 9 Abs. 3 Uabs. 3 RL 2008/1 wohl kaum mit dem Vorsorgeprinzip im Einklang stehen dürfte, da gerade keine Vorkehrungen getroffen wurden, um sicherzustellen, dass selbst leicht vermeidbare Emissionen durch den ergänzenden Erlass von Grenzwerten vermieden werden.[618] Damit wird das Vorsorgeprinzip aber insoweit geradezu außer Kraft gesetzt, wird doch die Möglichkeit, Treibhausgase zu emittieren, unbeschränkt gewährt, wobei noch hinzutritt, dass einmal erworbene Zertifikate nach Ablauf ihrer Gültigkeit gegen neue Zertifikate »umgetauscht« werden können. Weiter ist zumindest fraglich, ob die der Richtlinie 2003/87 zu entnehmenden »Obergrenzen« der zu versteigernden Zertifikate sowie die Menge der (ausnahmsweise) kostenlos

---

618) Siehe in diesem Zusammenhang auch die Überlegungen bei Küll, Grundrechtliche Probleme der Allokation von CO_2-Zertifikaten, 2009, S. 87 f., die davon spricht, dass das Vorsorgeprinzip der Richtlinie 2008/1 für den Bereich des Emissionshandels partiell außer Kraft gesetzt werde, ohne jedoch die Problematik der Primärrechtskonformität dieses Mechanismus' zu erörtern. Siehe auch Kerth, Emissionshandel im Gemeinschaftsrecht. Die EG-Emissionshandelsrichtlinie als neues Instrument europäischer Klimaschutzpolitik, 2004, S. 298 ff., die unter Bezugnahme auf ansonsten zu befürchtende Effizienzverluste die in der Richtlinie 2003/87 gefundene Lösung befürwortet, ohne das Problem aber wirklich zu erörtern. Zweifelnd an der Vereinbarkeit der Regelung mit dem Vorsorgeprinzip Diehr, Rechtsschutz im Emissionszertifikate-Handelssystem. Eine Betrachtung des Treibhausgas-Emissionshandelssystems unter besonderer Berücksichtigung rechtsschutzrelevanter Fragen der Emissionsgenehmigung und der Zuteilung von Emissionsberechtigungen, 2006, S. 168 f.

verteilten Zertifikate tatsächlich hinreichend streng festgelegt ist. Schließlich ist ganz allgemein darauf hinzuweisen, dass die Entwicklung und das Funktionieren des Emissionshandels, insbesondere soweit die Preisentwicklung betroffen ist, selbstredend mit gewissen Unsicherheiten behaftet ist, so dass es durchaus vorstellbar ist, dass die Preise unter die Erwartungen sinken und die Unternehmen damit kaum einen Anreiz haben, weniger Treibhausgase zu emittieren. Aber auch in einer solchen Konstellation soll nach der Konzeption der Richtlinie 2003/87 und ihres Verhältnisses zur Richtlinie 2008/1 die Festlegung von Emissionsgrenzwerten ausgeschlossen sein. Zuzugeben ist allerdings, dass der EuGH dem Unionsgesetzgeber in Bezug auf die Vereinbarkeit von Sekundärrecht mit allgemeinen Grundsätzen – auch den umweltrechtlichen Prinzipien – einen nicht unerheblichen Gestaltungsspielraum einräumt,[619] so dass es zu bezweifeln ist, ob er hier eine Unvereinbarkeit feststellen würde.[620]

– Zweitens fragt es sich, ob die Mitgliedstaaten trotz Art. 9 Abs. 3 Uabs. 3 RL 2008/1 in der Genehmigung für eine

---

619) Vgl. etwa EuGH, Rs. C-284/95 (Safety Hi-Tech), Slg. 1998, I-4301; EuGH, Rs. C-341/95 (Bettati), Slg. 1998, I-4355. Dies ändert allerdings nichts daran, dass der Gerichtshof die Handlungsgrundsätze durchaus als rechtsverbindliche Grundsätze heranzieht. Vgl. aus der Rechtsprechung hierzu noch etwa EuGH, Rs. C-293/97 (Sandley), Slg. 1999, I-2603; EuGH, verb. Rs. C-175/98, C-177/98 (Lirussi), Slg. 1999, I-6881; EuGH, verb. Rs. C-418/97, C-419/97 (ARCI), Slg. 2000, I-4475; EuGH, Rs. C-318/98 (Fornasar), Slg. 2000, I-4785; EuGH, Rs. C-36/98 (Spanien/Rat), Slg. 2001, I-779.

620) Zu diesem weiten Spielraum des Unionsgesetzgebers etwa Scheuing, Das europäische Umweltverfassungsrecht als Maßstab gerichtlicher Kontrolle – eine Analyse der Rechtsprechung des EuGH, EuR 2002, 619 ff.

Anlage, die in den Anwendungsbereich der Richtlinie
2003/87 fällt, Emissionsgrenzwerte für die erfassten
Treibhausgase vorsehen dürfen. Diese Frage ist im Ergebnis
zu bejahen: Denn sowohl die Richtlinie 2008/1 als auch die
Richtlinie 2003/87 wurden auf der Grundlage des Art. 175
EGV (Art. 192 AEUV) erlassen, so dass den Mitgliedstaaten
nach Art. 176 EGV (Art. 193 AEUV) die Möglichkeit offen
steht, strengere Schutzmaßnahmen zu ergreifen.[621] Die
Voraussetzungen dieser Bestimmung dürften in Bezug auf
Emissionsgrenzwerte für Treibhausgase durchaus vorliegen,
geht es doch um einen im Verhältnis zu den Instrumenten
der Richtlinie 2008/1 parallelen Ansatz und um zusätzliche,
also strengere, Emissionsgrenzwerte. Gegen diesen Ansatz
kann auch nicht eingewendet werden, dass damit das System
der Richtlinie 2003/87 ad absurdum geführt würde, denn
dieses findet ja immer noch für die unter Beachtung der
möglicherweise festgelegten Emissionsgrenzwerte emittierten
Gase Anwendung. Die recht absolute Formulierung des Art.
9 Abs. 3 Uabs. 3 RL 2008/1 ist in diesem Zusammenhang
ohne Belang, da das Sekundärrecht jedenfalls nicht eine
primärrechtlich eingeräumte Alleingangsbefugnis aushebeln
kann. Im Übrigen spricht auch das Vorsorgeprinzip – wie
erwähnt – für diesen Ansatz, kann auf diese Weise doch
sichergestellt werden, dass jedenfalls vermeidbare Emissionen
auch bei Vorliegen von »Verschmutzungsrechten« nicht
erfolgen. Deutlich wird damit auch, dass die Festlegung von

---

621) Vgl. im Einzelnen zu Art. 192 AEUV mit weiteren Nachweisen aus der
Rechtsprechung Epiney, Die Rechtsprechung des EuGH zur Zulässigkeit
»nationaler Alleingänge« (Art. 95 Abs. 4-6 und Art. 176 EGV). Versuch
einer Standortbestimmung, FS Rengeling, 2008, S. 215 ff.

gesamthaft geltenden Emissionsobergrenzen durchaus in sinnvoller Weise mit Emissionsgrenzwerten kombiniert werden kann.

5. 지침 2003/87의 요구사항을 미준수할 경우 제재

Es liegt auf der Hand, dass die Effektivität des Emissionshandels von der Einhaltung der Vorgaben der Richtlinie 2003/87, insbesondere durch die betroffenen Unternehmen, abhängt, was auch entsprechende Kontrollmechanismen durch die mitgliedstaatlichen Behörden impliziert. Nun sehen hier die Art. 14 ff. RL 2003/87 einige Instrumente vor, die durchaus ‑ auch im Vergleich zu anderen (umweltrechtlichen) Rechtsakten ‑ relativ präzise ausgestaltet sind. Gleichzeitig ist nicht zu verkennen, dass trotz dieser Vorkehrungen Vollzugsdefizite durchaus möglich, wenn nicht gar wahrscheinlich sind, womit ‑ insofern im Gegensatz zu manch anderen umweltrechtlichen Rechtsakten ‑ die Effektivität des Systems insgesamt ggf. erheblich in Frage gestellt werden kann.[622]

Der Kommission steht hier lediglich das Instrument der Vertragsverletzungsklage zur Verfügung, was bekanntlich ein eher langsames Verfahren darstellt, vergehen doch von der Einleitung der ersten Verfahrensschritte bis zu einem Urteil mitunter fünf Jahre. Weiter könnte sich die Frage stellen, ob die Kommission ihre diesbezüglichen Möglichkeiten

---

622) Vgl. zu den Vollzugsproblemen am Beispiel der Umsetzung in Deutschland Beckmann/Fisahn, Probleme des Handels mit Verschmutzungsrechten ‑ eine Bewertung ordnungsrechtlicher und marktgesteuerter Instrumente in der Umweltpolitik, ZUR 2009, 299 (302 ff.).

tatsächlich ausschöpfen wird, besteht doch gerade im Bereich des Emissionshandels eine besondere Interdependenz mit den Mitgliedstaaten.

Aufgeworfen wird damit die Frage, ob es sonstige »Sanktionsmöglichkeiten« im Falle der Nichteinhaltung der Vorgaben der Richtlinie 2003/87 geben könnte. In Betracht könnte hier insbesondere die Geltendmachung von Rechten Einzelner kommen. So wäre es etwa denkbar, dass ein Einzelner gegen einen Mitgliedstaat vor einem nationalen Gericht klagt und verlangt, die zuständige nationale Behörde möge die erforderlichen Maßnahmen treffen, damit ein bestimmtes Unternehmen den Vorgaben der Richtlinie 2003/87 bzw. des nationalen Umsetzungsakts genügt. Fraglich könnte hier jedoch sein, ob in einer solchen Konstellation ein Interesse eines Einzelnen vorliegt bzw. die Richtlinie 2003/87 auch Interessen Einzelner schützen soll und unter welchen Voraussetzungen eine Person als betroffen im Sinne der Rechtsprechung des Gerichtshofs anzusehen ist.

Der EuGH dürfte nämlich davon ausgehen, dass aufgrund unionsrechtlicher Bestimmungen Einzelnen immer dann gerichtlich durchsetzbare Rechte einzuräumen sind, wenn die zur Debatte stehende Bestimmung des Unionsrechts (auch) den Schutz personenbezogener Rechtsgüter zum Ziel und Gegenstand hat, so dass die verfolgten (Schutz-) Ziele auch dem Interesse von natürlichen (oder juristischen) Personen dienen sollen. Allerdings muss die klagende Person in dem jeweiligen geschützten Rechtsgut betroffen sein (können), wobei es irrelevant ist, wie viele andere Personen auch noch

betroffen sein könnten.[623] Damit dürfte das Unionsrecht von
einer »normativen Interessenklage« ausgehen, wobei jedoch
noch nicht abschließend geklärt ist, unter welchen
Voraussetzungen davon ausgegangen werden kann, ob
Interessen Einzelner durch die entsprechende Bestimmung
geschützt werden sollen, und welche Anforderungen an die
Betroffenheit zu stellen sind.[624]

Vieles dürfte hier dafür sprechen, das Vorliegen eines
Interesses des Einzelnen grundsätzlich zu bejahen: Denn der
Schutz vor einer (übermäßigen) Klimaerwärmung dient
zumindest auch (was ausreichend ist) Interessen Einzelner, die
durch die Folgen der Klimaerwärmung tatsächlich betroffen sein
können. Die »Einwirkungskette« zwischen der Klimaerwärmung und
negativen Rückwirkungen auf die Einzelnen ist zwar – etwa im
Gegensatz zur Gesundheitsbeeinträchtigung – nur mittelbarer
Natur, da es primär um die Klimaerwärmung geht, die ihrerseits
Rückwirkungen auf den Menschen entfaltet. Ein solcher
mittelbarer Wirkungszusammenhang dürfte aber grundsätzlich
ausreichend sein, da auch auf diese Weise die Interessen
Einzelner betroffen sein können und die Zielsetzung des

---

623) Vgl. insbesondere EuGH, Rs. C-361/88 (Kommission/Deutschland), Slg.
1991, I-2567; EuGH, Rs. C-58/89 (Kommission/Deutschland), Slg. 1991,
I-4983; EuGH, Rs. C-298/95 (Kommission/Deutschland), Slg. 1996,
I-6755; EuGH, Rs. C-237/07 (Janecek/Bayern), Urt. v. 25. 7. 2008, ZUR
2008, 418.

624) Vgl. ausführlich zur Problematik m.w.N. Epiney, Primär- und
Sekundärrechtsschutz im Öffentlichen Recht, VVDStRL 61 (2002), 361
(386 ff.); Epiney/Sollberger, Zugang zu Gerichten und gerichtliche
Kontrolle im Umweltrecht. Rechtsvergleich, völker- und europarechtliche
Vorgaben und Perspektiven für das deutsche Recht, 2002, S. 333 ff.

Klimaschutzes selbstredend auch diese umfasst. Im Übrigen sind die Rückwirkungen des Klimawandels auf den Menschen durchaus nachweisbar und keinesfalls – was die Bejahung von Interessen Einzelner ausschließen könnte – so ungewiss, dass erst ein Zusammenwirken verschiedener, nicht genau voraussehbarer Faktoren die Interessen Einzelner berührte. Allerdings dürfte der Kreis der »Betroffenen« – also derjenigen Personen, die dieses Interesse tatsächlich (gerichtlich) geltend machen können – insofern beschränkt sein, als nur diejenigen Personen, die in den von der jeweiligen Norm verfolgten Interessen beeinträchtigt sind, als »betroffen« anzusehen sind. Daher sind nur diejenigen Personen erfasst, die tatsächlich selbst von den negativen Folgen des Klimawandels betroffen sind, weil etwa die Fruchtbarkeit ihres Bodens abnimmt oder sie von Überschwemmungen betroffen sein könnten.

Fraglich könnte noch sein, ob das Vorliegen eines für einen gerichtlichen Zugang notwendigen personalen Interesses deshalb auszuschließen ist, weil die Nichteinhaltung bestimmter, sich aus der Richtlinie 2003/87 ergebender Pflichten durch einen Mitgliedstaat als solche nicht allein kausal für die Klimaerwärmung ist, so dass durch die Klage eines Betroffenen das geltend gemachte Interesse von Vornherein nicht wirksam geschützt werden kann. Soweit ersichtlich wurde diese spezifische Problematik in der Rechtsprechung noch nicht thematisiert, obwohl sie sich durchaus auch bei anderen umweltpolitischen Problemen – wie etwa beim Schutz der Ozonschicht oder gewissen Aspekten des Naturschutzes – stellen kann. Im Ergebnis spricht aber Vieles dafür, es ausreichen zu lassen, dass das verlangte normkonforme Verhalten einen Beitrag zum Schutz des Interesses des Einzelnen zu leisten vermag. Denn entscheidend muss letztlich sein, dass jeder Mitgliedstaat in seinem Verantwortungsbereich die jeweiligen Regeln einhält, was notwendigerweise auch entsprechend separat geltend gemacht werden muss, auch wenn der angestrebte Schutz daneben noch vom Verhalten anderer abhängt.

Der Klarheit halber sei aber darauf hingewiesen, dass sich in der Rechtsprechung bislang keine Urteile finden lassen, die über den Gesundheitsschutz hinaus bei sonstigen umweltpolitischen Schutzzielen ein Interesse Einzelner bejaht haben; ebenso wenig wurden in der bisherigen Rechtsprechung klagefähige Rechtspositionen Einzelner für nur mittelbar den Einzelnen betreffende Zielsetzungen ‑ wie den Klimaschutz ‑ bejaht oder die Betroffenheit in solchen Fallgestaltungen präzisiert. Nach der hier vertretenen Ansicht ergeben sich die dargelegten Grundsätze jedoch durchaus aus einer konsequenten Anwendung der einschlägigen Rechtsprechung.

V. 글로벌 배출거래에 대한 모델로서 EU에서 배출거래?

Zwar erwähnt Erw. 41 Präambel RL 2003/87 ausdrücklich nur den Einbezug von Nachbarstaaten in das Emissionshandelssystem; gleichwohl könnte man sich die Frage stellen, ob und inwieweit es denkbar bzw. wünschbar wäre, überregional oder gar global ein nach den Grundsätzen der Richtlinie 2003/87 ausgerichtetes Emissionshandelssystem einzurichten. Auf diese

Weise könnte – gesetzt den Fall, eine genügend große Anzahl von Staaten beteiligt sich an diesem System – möglicherweise sichergestellt werden, dass auch global eine gewisse Obergrenze der Emission von Treibhausgasen nicht überschritten wird.

Eine solche »Ausdehnung« des Systems dürfte aber – unabhängig von den möglichen grundsätzlichen Bedenken gegen die Ausgestaltung des Emissionshandels in der EU[625] – aus verschiedenen Gründen kaum in Betracht kommen bzw. letztlich nicht sehr sinnvoll sein:[626] Zunächst kann das System von Vornherein nur funktionieren, wenn geeignete und effektive Kontrollmechanismen insbesondere für den Fall des Treibhausgasausstoßes ohne Zertifikate bereit stehen und auch angewendet werden. In der Europäischen Union ist dies

---

625) Vgl. die Nachweise in Vgl. insbesondere in jüngerer Zeit, jeweils m.w.N., Wegener, Die Novelle des EU-Emissionshandelssystems, ZUR 2009, 283 ff.; Winter, Das Klima ist keine Ware. Eine Zwischenbilanz des Emissionshandelssystems, ZUR 2009, 289 (295 ff.); Winter, The Climate is No Commodity: Taking Stock of the Emissions Trading System, Journal of Environmental Law Advance Access, December 3, 2009, 1 ff.; Beckmann/Fisahn, Probleme des Handels mit Verschmutzungsrechten – eine Bewertung ordnungsrechtlicher und marktgesteuerter Instrumente in der Umweltpolitik, ZUR 2009, 299 ff. Siehe aber auch die durchwegs positive Beurteilung bei Convery/Ellerman/de Perthuis, The European Carbon Market in Action: Lessons from the First Trading Period, JEEPL 2008, 215 ff.; Rodi, Immissionsschutz durch Emissionshandel – internationale, europäische und nationale Entwicklungen, in: Martin Oldiges (Hrsg.), Immissionsschutz durch Emissionshandel – eine Zwischenbilanz, 2007, S. 15 ff.

626) A.A. aber offenbar Convery/Ellerman/de Perthuis, The European Carbon Market in Action: Lessons from the First Trading Period, JEEPL 2008, 215 (233), ohne jedoch wirklich auf die hier formulierten Aspekte einzugehen.

zumindest annähernd gewährleistet, da sowohl die Mitgliedstaaten als auch die Unionsorgane selbst hier gewisse Befugnisse haben und insbesondere auch der Kommission entsprechende Aufsichtsbefugnisse zukommen, ganz abgesehen davon, dass es auch auf Unionsebene eine unabhängige Gerichtsbarkeit gibt. Diese Voraussetzungen fehlen aber auf der völkerrechtlichen Ebene. Weiter müssen effektive Sanktionen vorgesehen und durchsetzbar sein, was auf internationaler Ebene klar nicht gegeben ist. Daher dürfte ein effektiver Emissionshandel, bei dem sich die Wirtschaftsteilnehmer auch an die formulierten Vorgaben halten, auf internationaler Ebene letztlich nur in einem supranationalen System wie der Europäischen Union funktionsfähig sein. Darüber hinaus ist schwer vorstellbar, wie die Komplexität, die bereits das in der EU zur Anwendung kommende System auszeichnet, auf internationaler Ebene umgesetzt und durchgeführt werden soll.

VI. 결 론

Versucht man eine Gesamteinschätzung der Entwicklung des Emissionshandels in der Europäischen Union, so führt kein Weg an dem Schluss vorbei, dass dieser offenbar als einer der zentralen Mechanismen für die Umsetzung der durchaus ehrgeizigen Klimaschutzziele der Union angesehen wird, und es ist nicht ersichtlich, dass sich diese Einschätzung in nächster Zeit grundlegend ändern wird, zumal rein aus administrativer Sicht mittlerweile sehr große Anstrengungen unternommen wurden, impliziert der Emissionshandel doch einen nicht unerheblichen Verwaltungsaufwand.

Aus rechtlicher Sicht dürfte diese Strategie letztlich – sieht man einmal von der möglichen Unvereinbarkeit des Ausschlusses der Festlegung von Emissionsgrenzwerten für am Handel teilnehmende Unternehmen in der Richtlinie 2008/1 mit dem Vorsorgeprinzip ab[627] – mit den primärrechtlichen Vorgaben im Einklang stehen, auch und gerade aufgrund des dem Unionsgesetzgeber bei der Regelung solch komplexer Probleme eingeräumten erheblichen Gestaltungsspielraums.

Ob dieser Pfad jedoch aus umweltpolitischer Sicht tatsächlich der vielversprechendste ist und die in ihn gesetzten Erwartungen zu erfüllen vermag, steht auf einem anderen Blatt geschrieben. Zweifel kommen hier – abgesehen von den möglicherweise weit überschätzten, wenn überhaupt vorhandenen Effizienzgewinnen (angesichts der Komplexität des Systems und des damit verbundenen Verwaltungsaufwands) – insbesondere deshalb auf, weil der Ansatz, die Reduktion von Treibhausgasemissionen bei den teilnehmenden Unternehmen letztlich allein oder doch wesentlich über den Preis für den Ausstoß von Treibhausgasen zu erzielen, einige grundlegende Fragen der Klimapolitik letztlich ausklammert. So fragt es sich insbesondere, ob auf diese Weise tatsächlich ein ausreichender Anreiz für flächendeckende Reduktionen gegeben ist, zumal das System ja grundsätzlich gerade nicht

---

627) Wobei es erheblichen Zweifeln unterworfen ist, ob der Gerichtshof hier eine Unvereinbarkeit mit dem Primärrecht feststellen würde, zieht er doch den Gestaltungsspielraum des Unionsgesetzgebers in solchen Konstellationen sehr (mitunter zu) weit.

mit Emissionsgrenzwerten verknüpft ist. Auch könnte das Ansetzen bei »Emissionsrechten« den Blick darauf verstellen, dass jede längerfristig erfolgreiche Klimapolitik darauf abzielen muss, das wirtschaftliche Wachstum von steigenden Treibhausgasemissionen zu entkoppeln; hierfür finden sich aber beim Emissionshandel keine Ansätze, zumal der Prozess der für die Effektivität des Systems entscheidenden Festlegung der Obergrenze von Emissionen durch politische Interessen dominiert werden dürfte, denen sich auch die Kommission kaum entziehen kann.628) Hinzu kommt, dass es - ohne dass dieser Aspekt soweit ersichtlich bislang empirisch untersucht wurde - durchaus Zweifeln unterliegt, ob tatsächlich in allen Mitgliedstaaten die Einhaltung der Vorgaben der Richtlinie 2003/87 gewährleistet wird bzw. werden kann.

Damit soll durchaus nicht insinuiert werden, Anreizsysteme seien per se abzulehnen, dies zugunsten von (ausschließlich) regulatorischen Instrumenten. Vielmehr geht die entscheidende Frage dahin, wie solche Anreizsysteme auszugestalten und mit anderen Instrumenten zu verknüpfen sind. Nach der hier vertretenen Ansicht ist jedenfalls die alleinige oder doch zumindest (im Gesamtzusammenhang der Klimapolitik) dominante Festlegung von Emissionsobergrenzen für Treibhausgase (jedenfalls soweit bestimmte Sektoren betroffen sind), verbunden mit einem Handel mit entsprechenden

---

628) Zu diesem Punkt insbesondere Wegener, Die Novelle des EU-Emissionshandelssystems, 283 (288); Winter, The Climate is No Commodity: Taking Stock of the Emissions Trading System, Journal of Environmental Law Advance Access, December 3, 2009, 289 (295 f.).

Zertifikaten aus den angeführten Gründen letztlich wenig zielführend. Vielmehr sollte darüber nachgedacht werden, den Verbrauch selbst von fossilen Brennstoffen (massiv) steuerlich zu belasten und gleichzeitig - entsprechend dem Vorsorgeprinzip - regulatorische Instrumente (Festsetzung von Emissionsgrenzwerten, Pflicht zur Mindestnutzung erneuerbarer Energiequellen u.a.m.) zumindest überall dort einzusetzen, wo dies angesichts der zur Verfügung stehenden Technik möglich ist. zur Fussnote 67 Nur auf diese Weise kann auch vermieden werden, dass die Belastungsgrenze bzw. die Emissionsgrenzen nach dem Emissionshandel völlig ausgeschöpft werden, zumal zu beachten ist, dass die Preisentwicklung bei den Zertifikaten alles andere als sicher ist, so dass die genauen Wirkungen des Emissionshandels auf das Emissionsniveau der einzelnen Anlagen mit gewissen Unsicherheiten behaftet sind.

IV. 시사점

하여튼 위에서 보여준 세 가지 예제들은 환경보호와 경제 사이의 긴장관계를 명료하게 설명하고 있다. 현재의 금융시장·경제위기의 관점에서 이런 긴장관계가 더 심화되었는지는 아마도 상세한 법 정책적 분석에 유보해야 할 것이다. 다만 지난 20년을 기억에 떠올리면, 몇 가지 예외가 있지만 항상 독일 통일의 부담으로 인해 출발한 경제위기가 지배하였다. 이것은 주식시장에서 '신경제 거품'의 붕괴를 넘어 '세계화'를 통한 일반적인 경제위기에 이르기까지 영향을 미친 것이다. 경제위기의 시대에는 환경보호가 항상 아무 소득도 없다는 명제가 옳다면, 우리는 실제로 다른 세계에서 살아야 할 것이고, 독일 헌법(GG) 제20a조에 포함된 기본법칙은 의미가 퇴색될지도 모른다. 그 때문에 그것은 오히려 경제위기의 시대에서도 환경보호들을 취하는 정책형성 능력의 문제이다.[629] 여기에서는 지속 가능원칙에 일치하는 조종능력을 펼쳐 나갈 수 있는지 심지어 예전에 거부한 정책적 실무분야에서는 의문이다.[630] 사실상 당시의 입장에서 보면, 예를 들어 CO_2차량세를 도입하는 것이 최초의 '지속 가능한' 단계로서 CO_2 배출을 고려하고, 아울러 배출을 적게 하는 차량을 세법상으로 촉진시키기 위한 것으로 볼 수 있다. 다른 한편, 단지 더 적은 환경법적 조종 효과만을 참작하면, 순수한 CO_2지향적 세금과 비교하여 볼 때 기후정책 목표의 실현을 불충분하게 고려하고 있을 따름이다. 그래서 지속 가능원칙은 생태와 경제, 그리고 사회 사이의 조정을 보장할 청구권을 정당하게 평가내리지 못하고 있는 것이다. 왜냐하면 경제적 이익들은 위기의 시대에도 여전히 환경법의 필요에 비하여 성공적으로 자리를 차지하고 있기 때문이다.[631] 게다가 또다시 좌절된 UGB의 예제는 실제로 지속 가능원칙에 의해 요구되는 정치적 결정들에 대하여 결함 있는 미래지향적 전망을 보여주고 있다.[632]

경제와 환경 - 또는 경제와 생태 - 은 항상 긴장으로부터 완전히 자유로운 관계에 놓여 있는 것은 아니다. 그 기본적인 갈등은 - 간단

---

629) 이런 의미에서는, Frenz, EuR Beiheft 1/2009, 232 ff., 257 참조.

630) 추가 고려 사항에 대해서는, Kahl (Hrsg.), Nachhaltigkeit als Verbundbegriff, 2008 참조.

631) der SRU in seinem Umweltgutachten 2002 (»Für eine neue Vorreiterrolle«), BT-Drs. 14/8792, S. 68 (Tz. 31) 참조. 여기에서는 다른 정책 분야에서 환경 이익들의 통합 개념에 대해 옹호하고 있다.

632) Kahl, DÖV 2009, 2 참고.

명료하게 말하자면 - 두 가지 상반되는 위치로 인해 그것을 특징지을 수 있다. 즉 환경보호는 관료적이며 경쟁을 저해하지만, 경제는 이와 반대로 국가가 억제해주지 않는 한에서 무분별하게 환경에 부담을 준다는 점이다. 이런 상반된 이익들은 현재의 금융·경제위기에서는 분명하게 다시 한 번 그 강도를 더한 것으로 볼 수 있다. 무슨 예제들이 여기에 적합한지, 그리고 지속 가능원칙이 이런 갈등을 완화하는 데 기여할 수 있는지 앞으로도 더 신중하게 계속해서 고려해야 할 중요한 주제가 될 것이다.

우리나라의 경우에 예컨대 온실가스 배출규모가 세계 10위로서 2013년 이후 의무감축국가에 포함될 가능성이 매우 높다. 무엇보다도 지속 가능발전을 실현하려는 관점도 고려해야 할 필요가 있다. 이미 2007년 7월 3일 지속 가능발전기본법이 제정되어 현재 시행 중에 있다. 따라서 이제는 예를 들어 배출권거래제도에 대한 본격적인 법적 논의를 장차 상세하게 진행할 필요가 있다고 본다. 다만 이러한 법적 논의에 있어서는 배출권거래법 및 배분법에 관련하여 독일에서 제기되었던 헌법 적합성의 문제 등에 유의하여야 할 것이다.[633] 여기에서도 배출거래제도가 환경보호와 경제 사이의 긴장관계의 측면에서 적합한지와 아울러 지속 가능원칙이 양자 간 갈등을 완화시켜주는 역할을 수행할 수 있는지 관건이 될 것이다.

---

633) 한귀현, 전게논문, 603면 참조

제5장 물 공급의 자유화, 민영화 및 법적 규율

- 독일에서의 논의를 중심으로 -

I. 들어가는 말

　독일 지방자치단체들은 임무 수행할 영역에서 전통적으로 연방 정부나 주 정부보다 훨씬 더 심하게 서비스 제공을 위탁하고 있다. 최근에는 임무 영역의 아웃소싱 추세가 민영화(Privatisierung)를 통해 분명히 강화되고 있다.634) 민영화의 대상으로서는 특히, 공급 임무(예컨대, 전기, 가스, 물)와 폐기 임무(예를 들어, 쓰레기 및 하수 제거)를 고려할 수 있다. 지방자치단체들은 오늘날 이러한 임무를 달성하기 위해 이미 독립적인 조직 형식을 사용하고 있다. 이에 따라 그들은 자기경영 기업(Eigenbetriebe)이나 자기경영 유사시설(eigenbetriebsähnliche Einrichtungen) 같은 공법상 조직형식635)뿐만 아니라, 유한회사(GmbH)나 주식회사(AG)와 같은 사법상의 조직형식을 취하고 있다.636) 이러한 발전은 물 관리법(Wasserhaushaltsgesetz)의 개정 같은 입법 조치를 통해 촉진되고 있다.637) 게다가 지난 10년 동안 유럽 공동체법의 영향 아래, 통신, 에너지 및 철도 운송 분야에서 시장 개방을 이끌고 있는, 연방 정부의 여러 자유화(Liberalisierung)의 충격도 한몫을 하고 있다. 이러한 일반적인 민영화 및 자유화의

---

634) Oldiges, in: ders.(Hrsg.), in: Daseinsvorsorge durch Privatisierung-Wettbewerb oder staatliche Gewährleistung, Dokumentation des 6. Leipziger Umwelt-Symposions 2001, S. 15.

635) 우리나라에서는 공법상 비법인의 조직형식으로서 조직상 어느 정도 독립성 있는 조직체에 의한 기업을 지방공기업은 '지방직영기업'이라 부른다(동법 제2조 제1항). 한편 법인의 형식으로는 '지방공사'와 '지방공단'을 지방공기업법이 구분하여 규정하고 있다(동법 제49조 이하 및 76조 이하).

636) Umweltgutachten 2002 des Rates von Sachverständigen für Umweltfragen, BT-Dr 14/8792, Rdnr. 655.

637) § 18a IIa WHG, § 45c BadWürttWassG, § 63 IV SächsWassG 참조.

발전에서 물 시장도 동요하고 있다.638) 여기에서는 자주 동의로 사용하는 자유화와 민영화 개념을 원칙적으로 구분할 수 있다. 자유화는 임무 수행의 개방을 의미해서 고권 주체 이외에도 개인들이 대신하는 반면, 민영화에서는 공공 주체가 종래 임무 수행으로부터 다양하게 계단식으로 등급화하게 된다.

독일 물 시장은 약 7,000 개별 물 공급(Wasserversorgung) 회사가 구조적으로 쪼개져 있기 때문에 효율성이 부족하고, 세계 시장에 참여하고 있지 못하며 또한 높은 물 가격 혐의를 받고 있다.639) 또한, 물 시장은 향후 수십 년 동안 거대한 재정 조달을 통해 그 파이프 인프라에 대해 연방 정부는 상당한 액수의 부담을 지고 있다.640) 이러한 배경과 부채의 증가와 함께 공공 주체의 팽팽한 예산 상황을 감안하면, 새로운 재정 조달 가능성을 찾기 위해 지방자치단체에 대한 압력도 나날이 증가하고 있다.641)

요컨대 독일에서 다양한 네트워크 관련 인프라가 자유화 및 민영화를 경험한 이래 지금은 독일 식수 공급의 강력한 시장 개방도 예상되고 있다. 물론 에너지, 통신 및 철도 수송의 분야에서의 경쟁 모델이 물 시장에 간단히 적용될 수는 없다.

---

638) Hendler/Grewing, ZUR 2001, 146.

639) Briscoe, Worldbank 1995, "The German Water and Sewerage Sector" 참조

640) Frank, Deutsche Bank Research, 2000, Wasserwirtschaft im Zeichen von Liberalisierung und Privatisierung, S. 12.

641) Helm, Rechtspflicht zur Privatisierung, S. 39; Schoch, DVBl 1994, 962 (967) 참조

그러므로 본고의 목적은 개인이 물 공급에 성공적으로 참여하는 것에 대한 법적인 입지를 규정하려고 하는 것이다. "획득 - 운송 - 네트워크 분배" 등 순생산 사슬에 따라, 자유화의 조짐들과 더불어 결과가 개방된 분리 모델을 소개하려는 데 있다. 특히 이러한 수직적 분산에 대한 헌법적, 지방자치법적 요건을 논의하려고 있다. 여기에서는 개인의 참여에서부터 완전한 임무 몰두에 이르기까지 가능한 민영화 선택을 다룰 때 더 큰 법적 안전성을 달성해야 할 것이다. 이렇듯 독일에서의 체계적 논의는 향후 우리 고유의 법을 정립해 나가는 데 그 시사하는 바가 매우 많을 것으로 본다.

여하튼 물은 - 공기 이외에도 - 인간의 생활에서 유일하게 어떤 방식으로든 바꾸어 놓을 수 없는 자원이기 때문에, 물은 그의 뛰어난 중요성이 인간에 대해 논란이 있을 수 없는 상품이다. 물은 또한 경제적 가치가 항상 지속 가능한 개발의 원칙(Prinzip einer nachhaltigen Entwicklung)을 고려해야 하는 경제적인 자산이기도 하다. 이렇게 명백한 이분법의 긴장관계가 있는 분야에서 독일 물 공급의 미래에 대한 논의는 진행되고 있다.

II. 민영화 모델에 대한 법적 상황

이러한 배경에서 이하에서는 이미 오늘날 독일에서 존재하는 민영화의 가능성을 상세히 반영하려고 한다. 법적 관점에서 민영화의 한계는 무엇보다 헌법이나 지방자치법 차원에서 논의되고 있다.

1. 민영화의 형태

민영화란 예컨대 공적인 물 공급 임무를 사경제 부문으로 이전하거나 적어도 공적인 법적 권한을 사적 작용형식으로 바꾸는 것을 의미한다. 여기에서 임무 민영화, 조직 민영화 그리고 이행 민영화(기능 민영화) 사이의 통상용어는 오늘날 구분하여 사용하고 있다.642)

(1) 임무 민영화

우선, 가장 강력한 형태로서 임무 민영화(Aufgabenprivatisierung)를 들 수 있다. 이는 실질적 민영화라고도 하는데, 종래 공적 주체가 책임을 지는 임무를 사적 책임으로 이전하는 것을 전제로 한다. 국가는 공적 임무를 더 이상 공적으로 정의하지 않고 개인의 고유 책임과 시장 경제주체들의 자유로운 활동에 이전하면서 이런 공적 임무로부터 완전히 물러남으로써 이런 전제가 도출될 수 있다. 예컨대 개인에 대한 물 공급 의무를 이전하도록 공적 주체에 허용할 때에도 이런 전제는 가능할 수 있다(이른바 의무 이전).

여기에서는 진정 임무 민영화와 부진정 임무 민영화 사이를 구별할 수 있다. 이 가운데 부진정 임무 민영화(unechte Aufgabenprivatisierung)에서는 대개 시간적으로 기한이 있는 특허가 부여된다. 이러한 특허개념의 특징을 보면, 개인은 기능 민영화에서 보다 본질적으로 더 자율적으로 활동하지만 지방자치단체는 특허 계약을 형성할 때 그 영향력을 일부

---

642) 민영화의 형태에 관해서는, 졸고, 독일 지방 상수도사업의 민영화에 관한 법정책적 과제, 법학연구(인하대학교) 제12집 제2호, 37-38면 참조.

분야에서만 유지할 수 있다643). 반면에 진정 임무 민영화(echte Aufgabenprivatisierung)에서는 임무가 완전히 개인에게로 이전된다. 예를 들어, 지방자치단체는 제3자인 개인에게 자기 회사 전체를 매각한다. 그러나 이런 진정 임무 민영화에서도 지방자치단체는 규율할 수 있는 자치 입법을 통해 임무 수행에 영향을 미치려고 한다.644)

(2) 조직 민영화

다음으로, 조직 민영화(Organisationsprivatisierung)란 형식적 민영화라고도 말하는데, 이 경우 국가는 임무를 스스로 수행하지만 사법상 조직형태를 이용한다. 이는 예를 들어 어떤 기초 지방자치단체가 자기의 상수도 공급 의무를 지방자치단체의 고유 회사, 예컨대 유한회사(GmbH)를 통해서 부담하고, 이렇게 함으로써 공적 상수도 시설을 운영하는 것을 전제로 한다. 요컨대 조직 민영화에서는 단지 공공 행정형식이 고유 회사나 혼합 회사를 설립함으로써 사법형식의 행정을 통해 대체되는 반면에, 후술할 기능 민영화에서는 조직 구조뿐만 아니라 책임 구조도 함께 변경된다.645)

(3) 이행 민영화(또는 기능 민영화)

마지막으로, 이행 민영화(Erfüllungsprivatisierung)를 들 수 있다. 이는 기능 민영화(funktionale Privatisierung)라고도 부른다. 여기에

---

643) Burgi, NVwZ 2001, 601 (603).
644) Burgi, NVwZ 2001, 601 (603).
645) Burgi, NVwZ 2001, 601 (603).

서는 진정 기능 민영화와 부진정 기능 민영화를 구별할 수 있다.

이 가운데 우선 진정 기능 민영화(echte funktionale Privatisierung)
의 조직 형태에서는 임무 이전이 일어나지 않고, 다만 국가는 일반적으
로 제3자인 개인을 행정 보조자(Verwaltungshelfer)로서 끌어들여 임무
를 이행한다.646) 이것은 주로 경영지도자나 운영자 개념(Betreiber-
oder Betriebsführungskonzept)647)을 수단으로 이루어지고, 여기에서는
기능 민영화의 장점이 지방자치단체에 의해 임무책임의 완전한 유지에
있으며, 그래서 물 공급의 주법 형성도 의무적인 자치행정임무로서
상치되지 않는다. 한편, 부진정 기능 민영화(unechte funktionale
Privatisierung)는 상대방의 선택에서 진정 기능 민영화와 구별된다.
부진정 기능 민영화에서는 상대방이 민간부문의 사경제로부터 유래
하지 않는다. 오히려 이것은 다른 지방자치단체의 조직 민영화 자체
에서도 등장할 수 있다648).

2. 법 규정

(1) 물 분야에서의 입법 권한

과거의 법적 상황649)에 의하면, 독일 연방은 구 헌법 제75조 제1
항 제4호에 의해 '물 관리' 법을 위한 이른바 대강 입법 권한을 갖

---

646) Schoch, DVBl 1994, 962 (963).

647) 본문 III. 1. 2. 이하 참조

648) Burgi, NVwZ 2001, 601 (603).

649) Art. 1 Nr. 8 Gesetz zur Änderung des Grundgesetzes v. 28. 8. 2006, BGBl
I, 2034 참조

고 있었다. 여기에서 법적 규율은 '자연에 존재하는 물을 양질로 관리상 사업화하는 것'[650]-즉 '물 사업'[651]-을 고려하였다. 연방주의 개혁을 통해, 이제 연방에 대한 경합적 입법 권한은 동법 제74조 제1항 제32호에 있다. 여기에서 주들은 소재·시설관련 규정과 관계되지 않는 한, 동법 제72조 제3항 제1문 5호[652]에 포함된 이탈권한에 의하여 이탈 규정과 만날 수 있다.[653] 여기에서 무엇보다 동법 제125b조 제1항 경과규정이 중요하다. 그에 의하면 종래 구 동법 제75조에 기초한 연방 법이 우선 적용된다. 물론 연방이 2006년 9월 1일 이후 입법 권한을 사용한 경우에는, 늦어도 2010년 1월 1일부터 주들은 이탈 규정을 발령해도 좋다. '방해받지 않고' 성문화된 환경법을 제정하기 위해서 금지 기간을 통하여 연방에 일정한 기한을 허용하고 있는 것이다.[654] 그래서 상수도 사업 민영화를 위해서는 다음과 같은 결과가 도출된다. 사실 연방은 개인의 참여 가능성이나 사인에 대한 임무·의무 이전 가능성을 장래에 직접 만들 수 있으나, 주들은 그로부터 다시 (예외적으로) 이탈해도 좋다. 그러나 민영화에 우호적이며 유보적인 상황에서 아마도 아무것도 바뀌지 않을 것이다.[655]

---

650) BVerfGE 15, 15 = NJW 1962, 2243.

651) Breuer, "Öff. u. priv. WasserR", 3. Aufl. 2004, Rn. 2.

652) "Hat der Bund von seiner Gesetzgebungszuständigkeit Gebrauch gemacht, können die Länder durch Gesetz hiervon abweichende Regelungen treffen über: 5.den Wasserhaushalt (ohne stoff- oder anlagenbezogene Regelungen)"

653) Ruttloff, UPR 2007, 333; SRU, "Der Umweltschutz in der Föderalismusreform", 2006, 13; Frenz, NVwZ 2006, 742 f.; Hünnekens/Wittmann, UPR 2007, 93 참조.

654) Hünnekens/Wittmann, UPR 2007, 93.

655) 졸고, 같은 논문, 45-46면; Hug, in: Oldiges(Hrsg.), a.a.O, S. 115; Burgi, in: Hendler/Marburger/Reinhadt/Schäfer(Hrsg.), Wirtschaft und kommunale

(2) 헌법 규정

1) 기본법 제28조 제2항 규정에 근거한 생존배려

기본법 제28조 제2항 규정의 지방자치보장을 통해 지방자치단체
에는 원칙적으로 지역 공동체의 모든 사무를 포괄하는 임무분야와
이 분야에서 사업을 관리할 권한이 인정되고 있다.[656] 특히 주민에
대한 공공복리 지향적 배려가 상품 및 서비스 공급과 관련이 있는
지역적 생존배려(Daseinsvorsorge)가 여기에 포함된다.[657] 물 공급은
자치행정임무를 포함하는 생존배려의 고전에 속한다.[658]

2) 기본법 제28조 제2항 규정의 보호 효과

기본법 제28조 제2항 규정에서 도출되는 자치행정보장은 지방자
치단체에 연방, 주 또는 기타 공공 기관의 형태로 개인이 아니라 국
가를 상대로 직접 방어권을 부여한다.[659]

기본법 제28조 제2항 규정을 근거로 하여 주 입법자는 물 공급을

Selbstverwaltung, 16. Trierer Kolloquium zum Umwelt- und Technikrecht
2000, 2001, Privatisierung der Wasserversorgung und Abwasserbeseitigung,
S. 101 (137) 참조.

656) Vgl. BVerfGE 26, 228 (237f.) = NJW 1969, 1843; BVerfGE 50, 195 (201)
= NJW 1979, 1347; BVerfGE 56, 216 (226) = NJW 1981, 1436; BVerfGE
79, 127 (143) = NVwZ 1989, 347 = NJW 1989, 1790 L.

657) Dreher, in: Oldiges (Hrsg.), a.a.O, S. 34.

658) BVerfG, NJW 1990, 1783; Turowski, Das Gas- und Wasserfach (GWF)
2001, 122 (125).

659) Peters, in: Staatsbürger und Staatsgewalt II, Die Gemeinde in der Rspr. des
BVerfG und des BVerwG, 1963, S. 203 (210); Löwer, DVBl 1991, 132;
Wieland/Hellermann, DVBl 1996, 401 (407).

임의적 또는 의무적인 자치행정임무로서 계획을 세워 준비할 수 있다.660) 다양한 임무 기획은 지방자치단체에게 각각 차별화된 조직 형성 여지를 제공한다.

3) 민영화 선택

헌법적 규정으로부터 물 공급의 민영화가 지방자치단체의 자율적 결정에 기초하여 원칙적으로 언제나 가능하다는 것에 일반적인 합의가 있다. 왜냐하면 지방자치단체 기관의 정치적, 민주적 정당성이 원칙적으로 민영화해야 할지 여부 및 그 방법에 관한 질문으로 확대되기 때문이다.661)

예를 들어, 에너지 공급 분야와 달리, 물론 물 공급에서는 지방자치단체의 임무 영역인 물 공급에 관하여 개별 부분 임무(예: 생산, 유통 및 공급)의 차별화된 할당을 고려할 아무런 이유가 없다. 사실 지방자치단체가 이러한 각 단계에서 활동하는 것이 강제되지는 않지만, 그러나 어떤 지방자치단체가 있는 그 단계 중 하나에서 활동하는 순간 이것은 어쨌든 지역 임무로 변환된다.662) 여기에서는 지방자치단체가 경제적 또는 고권적으로 행위 하는지 여부는 더 이상 중요하지 않다. 왜냐하면 기본법 제28조 제2항 규정의 의미에서 지역 공동체의 사무는 두 가지 행위 형태로 인식되기 때문이다.663)

---

660) Hellerman, in: Oldiges (Hrsg.), a.a.O, S. 27.

661) v. Arnim, Rechtsfragen der Privatisierung, Grenzen staatlicher Wirtschaftsfähigkeit und Privatisierungsgebot, 1995, S. 48.

662) Pielow, Grundstrukturen örtlicher Versorgung, Typoskript der Bochumer Habilitationsschrift, April 2000, S. 784ff.; Burgi, in: Hendler/Marburger/ Reinhadt/Schäfer (Hrsg.), a.a.O, S. 101 (123), Fußn. 75.

요컨대, 상수도 민영화·자유화는 주 헌법에서 보호되는 지방자치 보장처럼 기본법 제28조 제2항과 밀접한 관련이 있다. 국가 임무의 주요구성-즉, 지역사무-는 분권적으로 지역적·시민 친화적 자치 주체를 통해서 수행된다는 점을 보장하고 있다.664) 물 공급은 일반적으로 지방 임무에 해당한다.665) 왜냐하면 물 공급은 이중적 의미에서 지역적 관련성을 갖고 있기 때문이다. 한편으로 물 공급을 통해 항상 지역에서 직접 존재하는 수요를 충당한다. 다른 한편으로 물 준비를 위해서 부득이하게 지역적 자원에 의지한다. 심지어 장거리 물 공급도 지역사회 사무로서 간주된다.666)

기초 지방자치단체의 권한에 속하는 조직·협력고권은 자치단체에 물 공급에 있어서 사인과 연결할 자유와 사법적 조직형식을 선택할 자유를 개방해 놓고 있다. 자치단체의 결정자유의 한계는 다만 물 공급 임무의 완전한 이전의 관점에서, 즉 임무 민영화에 관하여 발생한다. 여기에서 주법이 물 공급을 의무적 임무로서 정하지 않거나 임무이전을 명백히 허용하는 경우에만 허용된다. 지방자치 행정은 단지 '법률의 테두리 내에서'만 보장된다는 점에서 이런 결론이 도출되는 것이다.667)

---

663) Burgi, in: Hendler/Marburger/Reinhadt/Schäfer (Hrsg.), a.a.O, S. 101 (122).

664) BVerfGE 79, 127 = NVwZ 1989, 347 = NJW 1989, 1790 L.

665) VGH Kassel, RdE 1993, 143.

666) BVerwG, NVwZ 2005, 958.

667) 졸고, 같은 논문, 46-47면.

(3) 물 사업의 이용질서

종래 아직도 통용되는 물 관리법은 물 공급을 단지 부수적으로만 언급하고 있을 뿐이다.668) 물 공급 임무를 지는 자에게는 그 임무가 공법적으로 형성되는지 아니면 제3자에게 이전될 수 있는지 개방되어 있다. 주들은 형성의 자유를 갖고 있다.669)

향후 연방주의 개혁에 의하여 몇 가지 변화가 생길 것이다. 즉, 심하게 쪼개진 환경법을 간소화하고 환경법전에서 간단명료하게 하는 정치적 목표670)가 그렇다. 그동안 '환경법전-제1권'과 '환경법전-제2권. 물 사업'에 관한 작업안671)이 제출되어 있다.

공적 물 공급은 환경법전안 제2권 제39조에 규정되어 있다. 그것은 장차 일반에게 서비스하는 물 공급으로서 정의되고 '생존배려임무'로서 특성을 나타내고 있다(동 법안 제39조 제1항). 특히 지역에 근접한 물 수요의 충당을 우위에 두기도 하고, 장거리 물 공급을 허

---

668) §§ 1a III, 13, 25b II lit. d WHG.

669) 독일 연방법으로서 수법, 카르텔법 및 일반약관법에 관해서는, 졸고, 같은 논문, 49-51면 참조.

670) http://www.bundesregierung.de/Content/DE/__Anlagen/koalitionsvertrag.html; Bundesministerium für Umwelt, "Naturschutz und Reaktorsicherheit", Pressemitteilung Nr. 175/06 v. 5. 7. 2006, sowie Rahmenprogramm des UGB i.d. 16. Legislaturperiode, http://www.bmu.de/gesetze_verordnungen/bmu-downloads.

671) Umweltgesetzbuch - Erstes Buch, Entw. v. 5. 9. 2007; Umweltgesetzbuch - Zweites Buch. Wasserwirtschaft, Entw. v. 27. 8. 2007; 수법에 관해서는 Wendenburg, in: Umweltbundesamt(Hrsg.), "Herausforderung Umweltgesetzbuch", 2007, S. 36.

가하거나, 절약적 물 교류를 원칙으로 삼거나, 최종소비자와 협의할 의무를 지게 하는 등의 규정을 갖고 있다.

공적 물 공급 임무를 공법 단체에 의무지우고 그것이 민영화될 수 있는지는 환경법전안 제2권에는 규정되어 있지 않을 것이다. 따라서 그것은 주법 규정에서만 머무르게 된다.

그런데 공적 물 공급의 독점구조는 특히 카르텔 법의 특별규정에 근거하고 있다. 신 경쟁제한법 제131조 제6항에 따르면 카르텔 법 개정에 의하여 구 경쟁제한법 제103조, 제103a조 및 제105조는 아직도 공적 물 공급에 적용할 수 있다.672) 따라서 계속해서 경계설정 계약, 특허계약, 가격구속계약 및 접속계약 등이 허용된다. 고정 파이프시스템의 유지·설치를 위한 고비용과 제한된 저장용량에 관해서는 종래 물 공급의 특별지위가 정당화 된다.673)

한편, 이제 물 공급 조건은 이미 국가적으로 규율되어 있다(일반약관법674) 참조). 이용관계의 내용은 연방법에서 물일반공급조건법675)을 통하여 규정되어 있다. 이것은 공법적 이용관계에 관해서도 해당된다(동 법 제35조). 부분적으로 동법 제3조 제1항 1문에서는

---

672) Gesetz gegen Wettbewerbsbeschränkungen(GWB) i.d.F. d. Bek. v. 20. 2. 1990(BGBl I, 235), 최종 개정은 G.v. 26. 8. 1998(BGBl I, 2512).

673) Frenz, ZHR 166, 2002, 311.

674) 'Recht der Allgemeinen Geschaeftsbedingungen'을 말하며, 줄여서 AGB-Recht라고 한다.

675) AVBWasserV. 헌법적으로 우려할 필요가 없다고 한다. BVerfG, DVBl 1982, 28 참조

일정한 목적이나 일부 필요를 위해 물 공급을 제한할 청구권을 포함함으로써 '자유화 조항'676)으로서 그 의미를 부여할 수도 있다. 그러나 이런 의미부여는 지나친 측면이 있어 보인다. 왜냐하면 분명한 문언에 의하면 규범은 바로 다른 물 관련 연원의 어떤 자유로운 선택도 개방하지 않고 있기 때문이다.677)

(4) 민영화 정도에 관한 주법 규정

주의 물법에 의하면 공적 물 공급이 이전되는 경우에 그것이 임무수행상 의무적인지, 공적 물 공급의 주체가 자기 임무를 이행할 때 제3자에게 기여할 수 있는지가 정해져 있다.678)

물 공급의 임무가 비의무적인 주에서는 지방 결정주체는 물 공급의 '여부'와 '방법'에 관해 판단하는 것이 자유롭다. 임무수행에 관해 의무가 존재하지 않다면, 물 공급은 원칙적으로 임무 민영화를 통해서 '완전하게 민영화될' 수도 있다. 반면 물 공급 임무가 의무적인 주에서는 명백하게 법률상 수권에 근거해서만 민영화를 고려해 볼 수 있다.

상수도공급 임무가 의무적인 독일 작센은 '민영화 명령(Privatis-ierungs-Verordnung)'을 위한 수권근거로서 작센 물법 제63조 제4항

---

676) BMWi-Forschungsvorhaben 11/00 (Fn. 1), 38.

677) 일반적으로, Morell, AVBWasserV, Losebl.(2007), Erl. a und b zu § 3 I; VGH Muenchen, Urt. v. 26. 4. 2007 - 4 B 05.579; VGH München, Urt. v. 26. 4. 2007 - 4 BV 05.1037, zit. n. juris 참조.

678) § 57 III 1 SächsWassG 참조.

과 연관된 제57조 제3항 3문과 4문을 제정했다. 이것과 조금 후에 완성된 '의무이전명령-물(Pflichtenübertragungsverordnung-Wasser - WPÜbVO)'[679]은 우선 신속한 민영화 계획을 가리키는 것이었다.[680] 그러나 그동안에 더 이상 그 명령에 대한 필요성이 없어 보인다.[681] 왜냐하면 바우첸 고등행정재판소를 통해 발전된 '특허 모델(Konzessionsmodell)'에 의하면 이제는 이미 개인 참여의 광범위한 가능성이 존재하기 때문이다.

사실 바우첸 고등행정재판소[682]가 명백히 한 것은 작센 물법[683] 제53조 제3항 1문에서 허용된 '이행 민영화'의 테두리에서 기초 지방자치단체가 임무와 시설의 주체로 남아 있는 행정보조, 위임 및 특허 등의 형식을 고려해 볼 수 있다는 점이다. 행정 보조(Verwaltungshilfe)의 경우에 주체와 운영은 외부관계에서 법적으로 중요하게 취급되는 지방자치단체에 남아 있다. 반면 위임(Mandat)에서는 권한의 수행에 관한 위탁을 타인의 이름으로 한다. 여기에서 시설의 운영은 그 시설을 지방자치단체 명의로 운영하는 제3자 개인에게 넘어간다. 대리

---

679) Entwurf v. 19. 2. 2001; Oldiges(Hrsg.), "Daseinsvorsorge durch Privatisierung - Wettbewerb oder staatliche Gewährleistung", Anhang 1, 205f.

680) 이에 관해서 참고할 것은, Dallhammer, in: Oldiges(Hrsg.), a.a.O, 83f. - sowie Aussprache auf 6. Leipziger Umweltrechtssymposion v. 5./6. 4. 2001, in: Oldiges, a.a.O, 93 f.; Kabinettsvorlage vom 17. 8. 2004 sah ein Inkrafttreten im Jahr 2005 vor.

681) Gemeinsame Beratung der Kommunalamtsleiter der sächsischen Landkreise, der Regierungspräsidien und des Sächsischen Staatsministeriums des Innern v. 16. 5. 2005(TOP 15).

682) OVG Bautzen, SaechsVBl 2005, 14 = LKV 2005, 180 L = NJOZ 2005, 4490.

683) 폐수 제거에 관해서는, § 63 III 1 SächsWassG, § 18a II 2 WHG - hierzu Bauer, VerwArch 90, 1999, 565.

인처럼 개인은 지방자치단체와 예컨대 시설이용자 사이에서 그 법적 연관에 근거를 두고 있다. 특허(Konzession)의 경우에도 마찬가지로 시설운영을 개인에게 이전하지만, 그 운영을 자기 명의로 지도하고 자기 명의 자체로 외부 법 관계를 정립한다. 이에 따라 특허관계에서는 개인도 이용자에게서 자기 명의로 사법상 이용료를 징수할 수도 있다.

지방자치단체가 개인의 행위에 항상 영향을 끼치는 당해 법을 유보하고 있다고 가정한다면, 비록 이에 반해서 자기 이의를 관철시킬 수 있다고 하더라도(훈령권 등), 공적시설에 관한 세 가지 사례에서 지방자치법과 지방공과금법의 의미에서 그 근거를 둘 수 있다. 임무 이행에 기여하는 시설이 지방자치단체의 재산인지 아니면 개인의 것인지는 중요하지 않다. 더 나아가 지방자치단체가 이용료를 스스로 징수하는지, 징수기업에 위탁하거나 - 특허에서 허용된다면 - 사인이 자기 명의로 요구할 수 있는지도 사소한 문제라고 볼 수 있다. 그러나 정작 중요한 것은 공법상 이용권이 근거하고 있는, 사적 소유자에게도 적용시켜야 하는 공용지정일 것이다. 이러한 공용 지정은 시설의 본체를 보장하고 파산을 보호하기 위해 적합한 예방 대책을 강구하는 것일 수 있다. 왜냐하면 공용 지정을 통한 공법상 제한은 파산의 사례에서도 모든 소유자 변동보다 더 오래갈 것이기 때문이다.

한편, 민영화와 자유화에 관한 테두리는 - 물 공급이 지방의 자치 임무이기 때문에 - 무엇보다 지방자치법을 통해 경계를 정한다.

연방과 주684)의 관리법과 달리, 작센에서 지방 관리법은 지방 활동이 탈락될 수 있는 여부 및 범위 또는 지방 활동을 제3의 개인을 통해 저비용·고효율 측면에서 더 잘 수행할 수 있는지, 그 임무비판을 할 일반적 의무가 없다고 보고 있다. 작센 지방자치법 제97조 제1항 1문 3호의 보충성 조항도 물 공급에 적용되지 않는다. 왜냐하면 동법 제97조 제2항 1호에 의하면 기초 지방자치단체가 의무지우는 기업은 "경제 기업"으로서 간주되지 않기 때문이다.

접속·이용강제(Connection and use coercion)는 물 공급의 자유화에 대한 주요 장해요인으로서 간주되고 있다[685]. 주의 모든 지방자치법에 의하면 '공공 필요'에서 조례를 통해서 물 공급 시설의 접속과 이용을 규정할 수 있다[686]. 과거에는 이용관계가 사법적으로 형성되거나 공급자와 사법형식으로 존재한다면, 그 강제가 허용되는지, 일부 논쟁의 대상이 되었다. 그러나 여기에서는 문언과 의미에 의하면 단지 지방자치단체의 '공적 시설'의 존재가 강제에 대한 전제에 불과하다는 점을 간과했다고 볼 수 있다. 중요한 것은 정작 지방의 공적 목적에 대한 공용 지정에 있을 따름이지, 결코 법형식의 형성에 있지 않다.[687]

---

684) § 7 I 2 SächsHO 참조.

685) Frenz, ZHR 166, 2002, 312.

686) § 14 I SächsGO 참조.

687) 졸고, 같은 논문, 51-53면 참조

〈참고: 유럽에서 물시장의 자유화〉[688]

Der Ausbau des europäischen Binnenmarktes stellt angesichts der bevorstehenden EU-Erweiterung eine zentrale Aufgabe dar, der sich die EU in der nächsten Zukunft stellen muss. Denn, wie der 10-Punkte-Plan der EG-Kommission zur Binnenmarktstrategie vom 7. 5. 2003 betont, ist ein funktionierender Binnenmarkt zwischen den Mitgliedstaaten und den Beitrittsländern der EU die treibende Kraft für eine volle wirtschaftliche wie auch soziale Integration. Nach der Liberalisierung des Strom- und Gasmarktes sowie des Telekommunikationssektors strebt die EG-Kommission daher nun auch in dem letzten großen netzgebundenen Wirtschaftszweig, der Wasserwirtschaft, gegen zum Teil großen Widerstand in den einzelnen Mitgliedstaaten der EU die Deregulierung an. Der folgende Beitrag zeigt die diesbezüglichen Besonderheiten einer Liberalisierung auf und fasst den aktuellen Stand der europäischen Entwicklungen zusammen.

I. 유럽법적 근거

Für die EG-Kommission steht bekanntlich spätestens seit Anfang der 90er Jahre der Wettbewerbsgedanke ganz oben auf der Agenda. Dies gilt vor allem für die so genannten leitungsgebundenen Sektoren wie den Strom- und Gasmark

---

688) Geiger/Andreas Freund, Europäische Liberalisierung des Wassermarktes EuZW 2003, 490 ff. 참조.

t[689] sowie die Telekommunikation[690]. Die positiven Erfahrungen mit der Deregulierung in diesen Bereichen haben sicherlich dazu beigetragen, dass auf europäischer Ebene nun auch eine Öffnung der Wasserversorgung für den Wettbewerb angestrebt wird[691]. Die Realisierung größeren Wettbewerbs hatte die EG-Kommission jedoch schon vor der aktuellen Diskussion über die Liberalisierung des Wassermarktes, nämlich im Bereich der Daseinsvorsorge, aufgegriffen. Der erste konkrete Schritt in diese Richtung war die Mitteilung der Kommission zu den Leistungen der Daseinsvorsorge in Europa aus dem Jahre 1996.[692] Aus dem Anwendungsbereich der europäischen Wettbewerbsregeln war hier jedoch die Wasserversorgung noch explizit ausgenommen.[693] Im September 2000 erging dann eine neue Mitteilung der EG-Kommission zu den Leistungen der Daseinsvorsorge.[694] Diese Mitteilung trug den gleichen Titel

---

689) Richtlinie 96/92/EG des Europäischen Parlaments und des Rates v. 19. 12. 1996 betreffend gemeinsame Vorschriften für den Elektrizitätsbinnenmarkt, ABlEG Nr. L 27, S. 20-29, zuletzt geändert durch Richtlinie 96/92/EG des Europäischen Parlaments v. 19. 12. 1996, ABlEG Nr. L 95, S. 31.

690) Richtlinie 90/388/EWG der Kommission v. 28. 6. 1990 über den Wettbewerb auf dem Markt für Telekommunikationsdienste, ABlEG Nr. L 192, S. 10-16, ersetzt durch die Richtlinie 2002/77/EG der Kommission v. 16. 9. 2002 über den Wettbewerb auf den Märkten für elektronische Kommunikationsnetze und -dienste, ABlEG Nr. L 249, S. 21-26.

691) Auf dem Gebiet der Stromversorgung und der Telekommunikation hat der Wettbewerb in der EU innerhalb kurzer Zeit zu deutlich sinkenden Preisen geführt. Bei Strom waren dies z.B. in Deutschland bis zu 30% und bei Telekommunikationsdienstleistungen z.T. mehr als 50%.

692) Mitteilung der Kommission zu Leistungen der Daseinsvorsorge in Europa v. 26. 9. 1996, KOM (1996) 443 endg., ABlEG Nr. C 281, S. 3 - 12.

693) KOM (1996) 443 endg., Rdnr. 69.

694) Mitteilung der Kommission zu Leistungen der Daseinsvorsorge in Europa

und die gleichen Definitionen, vermittelte jedoch eine klarere Idee, wie zukünftig die Wettbewerbsregeln auf den Bereich der Daseinsvorsorge nach Ansicht der Kommission angewandt werden müssen. So sollten die einzelnen Mitgliedstaaten der EU sicherstellen, dass die Daseinsvorsorge zwar nach einem hohen Qualitätsstandard, aber möglichst wirtschaftlich erfolgt. Eine erhöhte Wirtschaftlichkeit sollte entweder durch einen Wettbewerb im Markt, d.h. einen Wettbewerb um die Endkunden, oder aber - wo dies nicht möglich ist - durch einen Wettbewerb um den Markt, d.h. einen Ausschreibungswettbewerb, geschaffen werden.[695] Das Interessante an dieser Mitteilung ist, dass die Wasserversorgung im Bereich Daseinsvorsorge nun nicht mehr ausgegrenzt, sondern mit der Ausweitung des Anwendungsbereich „für alle Wirtschaftszweige" implizit einbezogen wurde.[696]

Das Europäische Parlament hatte auf diese Mitteilung der Kommission mit der Aufforderung reagiert, zunächst überprüfen zu wollen, ob die Öffnung der Wasserversorgung und der Abwasserbeseitigung für private Unternehmen überhaupt zu einer Verbesserung in diesen Bereichen beitragen würde.[697] Zugleich vertrat das Parlament in seiner Stellungnahme die Ansicht, dass auch durch Einzelmaßnahmen unterhalb der Liberalisierung bereits positive Auswirkungen auf die Versorgungssicherheit, die Preisgestaltung, den

---

v. 20. 09. 2000, KOM (2000) 580 endg.

695) KOM (2000) 580, Rdnr. 17.

696) KOM (2000) 580, Rdnr. 35.

697) Entschließung des Europäischen Parlaments zu der Mitteilung der Kommission „Leistungen der Daseinsvorsorge in Europa" A5-0361/2001, Rdnr. 65.

Grundwasserschutz und den Umweltschutz im Wassermarkt gewährleistet werden könnten.[698] Schon an diesen Passagen wurde deutlich, dass nur eine geringe Bereitschaft zu einer umfassenden Liberalisierung des Wassermarktes im Europäischen Parlament vorhanden war - eine Haltung, die auch in den jüngsten Initiativen wieder zum Ausdruck kommt.[699] Doch die Kommission kann sich mittlerweile in ihrem Bestreben sogar auf europäisches Primärrecht stützen. Der Wassermarkt wurde als Element der „Daseinsvorsorge" auch in den Verhandlungen zum Amsterdamer Vertrag berücksichtigt. Ausgehend von der vorgenannten ersten Mitteilung der EG-Kommission, wurde Art. 16 EG in den EG-Vertrag eingefügt. Dieser trat am 1. 5. 1999 in Kraft und wurde durch den Vertrag von Nizza auch nicht verändert. Als chronologisch nächster Schritt im Wassersektor folgte die Wasserrahmenrichtlinie[700] aus dem Jahr 2000. Diese Richtlinie regelt umfassend den Gewässerschutz, enthält aber auch eine Regelung zur Wasserversorgung: In Art. 9 Richtlinie 2000/60/EG heißt es, dass die Wasserpreise die Kosten der Wasserdienstleistungen decken sollen. Ziel dieser Regelung ist es also, den Bereich der Wasserversorgung von Subventionen zu befreien. Damit wurde ein erster Schritt zur Anwendung des Wettbewerbs- und Beihilferechts auf diesen

---

698) Entschließung des Europäischen Parlaments zu der Mitteilung der Kommission „Leistungen der Daseinsvorsorge in Europa" A5-0361/2001, Rdnr. 66.

699) S. dazu die folgende Darstellung u.III.

700) Richtlinie 2000/60/EG des Europäischen Parlaments und des Rates v. 23. 10. 2000 zur Schaffung eines Ordnungsrahmens für Maßnahmen der Gemeinschaft im Bereich der Wasserpolitik, ABlEG Nr. L 327, S. 1 - 72.

Bereich der Daseinsvorsorge unternommen. Bis zum Dezember 2003 muss die Richtlinie in nationales Recht umgesetzt werde n.[701] Einen weiteren Liberalisierungsschritt des Wassermarkts hat die so genannte Transparenzrichtlinie[702] gebracht. Hierdurch werden öffentliche Unternehmen verpflichtet, getrennte Bücher für öffentliche und privatwirtschaftliche Aktivitäten zu führen. Die EG-Kommission hat diese Regelung für notwendig erachtet, um jene Konstellationen zu vermeiden, die auch im Wassermarkt leicht zum Missbrauch einer marktbeherrschenden Stellung i.S. von Art. EG Artikel 82 EG sowie zu beihilferechtlich relevanten Quersubventionierungen führen können.[703]

II. 물 · 에너지 · 교통공급분야에서 공공발주지침 (WEV-Vergaberichtlinie)

Die aktuellste der europäischen Initiativen im Bereich der Wassermarktliberalisierung ist die „Richtlinie zur Koordinierung der Auftragsvergabe durch Auftraggeber im Bereich der Wasser-, Energie- und Verkehrsversorgung".[704] Beim derzeitigen Stand der Wassermarktliberalisierung ist diese Richtlinie von großer Bedeutung, da zur Zeit jedenfalls überwiegend eine regionale

---

701) Der deutsche Gesetzgeber beabsichtigt die Umsetzung durch die 7. Novelle des Wasserhaushaltsgesetzes.

702) Richtlinie 2000/52/EG der Kommission v. 26. 7. 2000 zur Änderung der Richtlinie 80/723/EWG über die Transparenz der finanziellen Beziehungen zwischen den Mitgliedstaaten und der öffentlichen Unternehmen, ABlEG Nr. L 193, S. 75 - 78.

703) Erwägungsgrund 2 Richtlinie 2000/52/EG.

704) Der Einfachheit halber wird diese Richtlinie im Folgenden als „WEV-Vergaberichtlinie" bezeichnet.

Wasserversorgung des Endverbrauchers und die entsprechende Ausschreibung der Leistungen favorisiert wird.

Die EG-Kommission hat am 10. 5. 2000 einen ersten Vorschlag für eine WEV-Vergaberichtlinie[705] eingereicht, die auf der bestehenden Richtlinie 93/38/EWG des Rates vom 14. 6. 1993 zur „Koordinierung der Auftragsvergabe durch Auftraggeber im Bereich der Wasser-, Energie- und Verkehrsversorgung sowie im Telekommunikationssektor"[706] aufbaut und diese zum Teil erheblich abändert. Die WEV-Vergaberichtlinie befindet sich noch mitten im Gesetzgebungsverfahren. Dieses folgt dem Mitentscheidungsverfahren nach Art. 251 EG, da sich die Richtlinie auf Art. 47 II, 55, 95 I EG stützt. Nach der Ausarbeitung des Richtlinienvorschlages hat die EG-Kommission diesen noch im Mai 2000 dem Europäischen Parlament zugeleitet. Das Parlament hat in 1. Lesung einschneidende Änderungen der Richtlinie gefordert.[707] Im Mai 2002 hat die Kommission eine geänderte Fassung[708] des Richtlinienvorschlags vorgelegt. Die Diskussion des Parlaments über diesen Vorschlag und den

---

705) Vorschlag für eine Richtlinie des Europäischen Parlaments und des Rates zur Koordinierung der Auftragsvergabe durch Auftraggeber im Bereich der Wasser-, Energie- und Verkehrsversorgung v. 31. 8. 2000, KOM (2000) 276 endg.

706) ABlEG Nr. L 199, S. 84 - 138.

707) Vgl. Bericht über den Vorschlag für eine Richtlinie des Europäischen Parlaments und des Rates zur Koordinierung der Auftragsvergabe durch Auftraggeber im Bereich der Wasser-, Energie- und Verkehrsversorgung v. 5. 11. 2001, A5 - 379/2001.

708) Geänderter Vorschlag für eine Richtlinie des Europäischen Parlaments und des Rates zur Koordinierung der Auftragsvergabe durch Auftraggeber im Bereich der Wasser-, Energie- und Verkehrsversorgung sowie der Postdienste v. 6. 5. 2002, KOM (2002) 235 endg.

Gemeinsamen Standpunkt des Rates vom 18. 3. 2003[709] ist nunmehr abgeschlossen.[710] In der Diskussion zwischen Parlament und Kommission zeigte sich dabei der wesentliche Unterschied bei der Marktöffnung im Wassersektor zur Liberalisierung in anderen Märkten wie z.B. Telekommunikation, Strom und Gas: Wasser als hochsensibles Gut und Lebensmittel muss im Interesse der Bürger einem besonderen Schutz und einer besonderen Qualitätskontrolle unterliegen. Eine Liberalisierung im Wege der Öffnung der regionalen Netze verbunden mit der Durchleitung und Mischung unterschiedlicher Wässer schien dem Parlament daher nur bedingt geeignet. Auf Grund dessen wird die Einführung von Wettbewerb im Wassermarkt nun auf europäischer Ebene - so der Ansatz der WEV-Vergaberichtlinie - als Wettbewerb um den regionalen Markt zwischen einzelnen Wasserversorgungsdienstleistern diskutiert. Der Wettbewerbsgrad steht und fällt dabei mit der Effizienz des Ausschreibungsverfahrens, das durch die WEV - Vergaberichtlinie ausgestaltet wird.

Die WEV - Vergaberichtlinie soll im Unterschied zu ihrer Vorgängerin mit Art. 4 eine Regelung enthalten, die sich ausschließlich mit der Bereitstellung und dem Betrieb von

---

709) Gemeinsamer Standpunkt des Rates im Hinblick auf den Erlass der Richtlinie des Europäischen Parlaments und des Rates zur Koordinierung der Auftragsvergabe durch Auftraggeber im Bereich der Wasser-, Energie- und Verkehrsversorgung sowie der Postdienste v. 18. 3. 2003, 12634/2/02.

710) Das Gesetzgebungsverfahren wird sich aber dennoch einige Zeit hinziehen: der Berichterstatter des Parlaments hat sich in seiner Empfehlung für die Einbringung von insgesamt 56 Änderungsvorschlägen in die 2. Lesung des Parlaments ausgesprochen. Nach der 2. Lesung, die am 30. 6. 2003 stattfand, wurde das Vermittlungsverfahren eingeleitet.

Netzen zur öffentlichen Trinkwasserversorgung befasst. Unter den Anwendungsbereich der Richtlinie fallen demnach alle Tätigkeiten der Bereitstellung und des Betriebes fester Netze zur Versorgung der Allgemeinheit im Zusammenhang mit der Gewinnung, der Fortleitung und der Abgabe von Trinkwasser (Art. 4 I lit. a) sowie die Einspeisung von Trinkwasser in die Netze (Art. 4 I lit. b). Gem. Art. 4 II erfasst die Richtlinie auch die Vergabe von Aufträgen, die mit Wasserbauvorhaben im Zusammenhang stehen, wenn die zur Trinkwasserversorgung bestimmte Menge mehr als 20% ausmacht oder wenn diese Bauvorhaben der Abwasserwirtschaft, d.h. der Ableitung oder Klärung, dienen. Ausgenommen vom Anwendungsbereich der WEV-Vergaberichtlinie ist hingegen gem. Art. 4 III die Einspeisung von Trinkwasser in Netze zur Versorgung der Allgemeinheit, wenn der jeweilige Auftraggeber das Trinkwasser selbst zum Eigenbedarf erzeugt, nur den über den Eigenbedarf hinausgehenden Teil in das öffentliche Netz einspeist, und dieser Teil nicht mehr als 30% der Gesamtmenge des erzeugten Trinkwassers ausmacht. Aus dem Anwendungsbereich der Richtlinie weiterhin ausgenommen ist die Beschaffung von Wasser durch Wasserversorgungsunternehmen. Eine Ausschreibungspflicht der kommunalen Wasserversorgungsunternehmen bei der Vergabe von Aufträgen zur Wasserbeschaffung - im Unterschied zur Wasserversorgung, d.h. Weiterleitung an den Endverbraucher - besteht mithin nicht. In Art. 27 wird somit die Vorschrift des Art. 9 Richtlinie 93/38/EWG beibehalten. Diese Regelung beruht auf der Überlegung, sich aus in der Nähe des Verwendungsortes gelegenen Quellen mit Wasser zu versorgen, um keine Qualitätseinbußen hinnehmen zu müssen[711]. Eine Durchleitungsverpflichtung der regionalen Netzbetreiber wird ausgeschlossen. Zu beachten ist jedoch, dass Art. 27 II einen Prüfungsvorbehalt des Rates enthält. Berücksichtigt man dabei noch die generelle Formulierung des Art. 4, der erst durch Art. 27 der Richtlinie eingeschränkt wird, so wird der Eindruck genährt, dass es sich bei der Einschränkung in Art. 27 nur um eine vorübergehende Regelung handelt. Denkbar ist es daher, dass im Zuge der Umsetzung des WEV-Richtlinienvorschlags auch die Wasserbeschaffung wieder in den Fokus der Deregulierungsmaßnahmen gezogen werden könnte.

Eine weitere wichtige Ausnahmevorschrift bleibt in Art. 25 der Richtlinie bestehen. Demnach gilt die Richtlinie nicht für Dienstleistungsaufträge, die auf Grund eines ausschließlichen Rechts an eine Stelle vergeben werden, die zur öffentlichen Hand gehört. Betrachtet man Art. 25 im Zusammenhang mit Art. 26 der Richtlinie, welcher Dienstleistungsaufträge, die an ein verbundenes Unternehmen oder an ein Unternehmen vergeben werden, an dem der Auftraggeber beteiligt ist (so genannte „In-house"-Aufträge), aus dem Anwendungsbereich der Richtlinie ausklammert, so lässt sich insgesamt feststellen, dass den öffentlichen Wasserversorgungsunternehmen die Option erhalten bleibt, ihre Aufgabe der Daseinsvorsorge im Hinblick auf die Wasserversorgung in eigener Regie wahrzunehmen. Sollten sie jedoch private Unternehmen mit

---

711) So schon die Argumentation zur Richtlinie 93/38/EWG des Rates v. 14. 6. 1993 zur „Koordinierung der Auftragsvergabe durch Auftraggeber im Bereich der Wasser-, Energie- und Verkehrsversorgung sowie im Telekommunikationssektor", ABlEG Nr. L 199, S. 84-138, Erwägungsgrund 15, die auch in dem neuen Vorschlag KOM (2000) 276 endg., III Rdnr. 2.1 beibehalten wird.

dieser Aufgabe betrauen wollen, so hat diese Auftragsvergabe nach den Maßstäben und Vorgaben der WEV-Vergaberichtlinie zu erfolgen.

III. EC 위원회와 유럽 의회 사이의 분쟁

Die eingangs erwähnten Meinungsverschiedenheiten zwischen der Kommission und dem Parlament in Bezug auf die Wassermarktliberalisierung finden ihren Ausdruck vor allem in den Diskussionen um die soeben erläuterte WEV-Vergaberichtlinie. Hier bestehen Meinungsverschiedenheiten darüber, welche Kriterien der Auftraggeber bei seiner Zuschlagsentscheidung zulässigerweise zu Grunde legen darf. Im ursprünglichen Vorschlag der Kommission sollten bei der Zuschlagsentscheidung nur ökonomische Kriterien eine Rolle spielen.[712] Umwelteigenschaften sollten hingegen nur dann berücksichtigt werden dürfen, wenn sie in direktem Zusammenhang mit dem Auftragsgegenstand stehen. Der Wirtschafts- und Sozialausschuss,[713] der Ausschuss der Regionen[714] sowie das Parlament[715] haben im Gesetzgebungsverfahren

---

712) Art. 54 der Richtlinie nach dem Vorschlag der Kommission v. 31. 8. 2000, 276 endg.

713) Stellungnahme des Wirtschafts- und Sozialausschusses zu dem „Vorschlag für eine Richtlinie des Europäischen Parlaments und des Rates zur Koordinierung der Auftragsvergabe durch Auftraggeber im Bereich der Wasser-, Energie- und Verkehrsversorgung" (KOM [2000] 276 endg.), ABlEG Nr. C 193, S. 1 (2), Rdnr. 2.5.

714) Stellungnahme des Ausschusses der Regionen v. 13. 12. 2000 zu dem „Vorschlag für eine Richtlinie des Europäischen Parlaments und des Rates über die Koordinierung der Verfahren zur Vergabe öffentlicher Lieferaufträge, Dienstleistungsaufträge und Bauaufträge" (KOM [2000] 275 endg.) und dem „Vorschlag für eine Richtlinie des Europäischen

mehr gefordert: sie sind der Meinung, der Auftraggeber solle beim Zuschlag die allgemeinen Auswirkungen der Produktionsmethoden des Bieters auf Umwelt und Gesundheit berücksichtigen können. Auch das Sozialverhalten des Bieters, also etwa die Gleichbehandlungspolitik und seine Politik gegenüber behinderten Personen, solle berücksichtigt werden. Ebenso seien soziale Belange und insbesondere arbeitsmarktpolitische Folgen der Vergabe eines Auftrages an einen bestimmten Bieter zu bewerten. Das Parlament berief sich dabei auf eine Entscheidung des EuGH aus dem Jahre 1998[716]. In diesem Verfahren zwischen der Kommission und Frankreich hatte der EuGH festgestellt, dass ein öffentlicher Auftraggeber nicht daran gehindert sei, die Schaffung von Arbeitsplätzen als Vergabekriterium zu verwenden. Diese Position hatte schon im Parlament zu heftigen Diskussion zwischen dem linken und rechten Flügel geführt. Ansatz der Kritik war dabei, dass die Orientierung an derartigen Gesichtspunkten nicht sachgerecht und vergabefremd sei. Durch die Aufnahme solcher Kriterien werde der Gefahr, dass es von Seiten der Vergabestelle zu willkürlichen Zuschlagsentscheidungen komme, Vorschub geleistet, und die Öffnung des Binnenmarktes letztlich zurückgedreht.[717] Die Kommission hat diesen Änderungsvorschlag des Parlaments

---

Parlaments und des Rates zur Koordinierung der Auftragsvergabe durch Auftraggeber im Bereich der Wasser-, Energie- und Verkehrsversorgung" (KOM [2000] 276 endg.), KOM 6/023, Standpunkt 1.7 u. 1.8.

715) Bericht über den Vorschlag für eine Richtlinie des Europäischen Parlaments und des Rates zur Koordinierung der Auftragsvergabe durch Auftraggeber im Bereich der Wasser-, Energie- und Verkehrsversorgung v. 5. 11. 2001, A5 - 379/2001, Änderungsantrag 4a und 32.

716) EuGH, Slg. 2000, I-7445 = EuZW 2000, 755 - Kommission/Frankreich.

717) Stellungnahme des MdEP Wuermeling v. 19. 10. 2002.

in ihrem geänderten Entwurf nicht einfließen lassen, sondern lediglich im Erwägungsgrund 32 aufgeführt.[718] Bei den Vorschriften zu den Ausschreibungsunterlagen hat die Kommission zudem einen Passus aufgenommen, wonach der Auftraggeber in den Verdingungsunterlagen besondere Bedingungen bei der Ausführung des Auftrages stellen kann. Diese Bedingungen können insbesondere sozialen und Umweltbelangen Rechnung tragen.[719] Der Rat hat sich dieser Konzeption angeschlossen und hält in seinem Gemeinsamen Standpunkt daran fest, dass als Zuschlagskriterium nur der „niedrigste Preis" oder das „wirtschaftlich günstigste Angebot" zuzulassen sei. In das Kriterium des „wirtschaftlich günstigsten Angebots" könnten dann beispielsweise Umwelteigenschaften mit einbezogen werden.[720] Damit sind die Forderungen des Parlaments aber nur eingeschränkt umgesetzt worden.

Einen weiteren Streitpunkt stellen die Regelungen in Art. 33, 37, 37a und 38 des Richtlinienvorschlags dar. Diese Vorschriften treffen eine Regelung darüber, welche Angaben der Auftraggeber von den Bietern im Zusammenhang mit dem Vergabeverfahren verlangen kann. Hervorzuheben ist

---

718) Geänderter Vorschlag für eine Richtlinie des Europäischen Parlaments und des Rates zur Koordinierung der Auftragsvergabe durch Auftraggeber im Bereich der Wasser-, Energie- und Verkehrsversorgung sowie der Postdienste v. 6. 5. 2002, KOM (2002) 235 endg., Rdnr. 3.2.

719) KOM (2002) 235 endg., Art. 37a.

720) Gemeinsamer Standpunkt des Rates im Hinblick auf den Erlass der Richtlinie des Europäischen Parlaments und des Rates zur Koordinierung der Auftragsvergabe durch Auftraggeber im Bereich der Wasser-, Energie- und Verkehrsversorgung sowie der Postdienste v. 18. 3. 2003, 12634/2/02, Erwägungsgrund 54 und Art. 55 I lit. a.

hier, dass der Auftraggeber gem. Art. 37 der Richtlinie Informationen über die Vergabe von Unteraufträgen verlangen kann. Auf diesem Wege wird erreicht, dass die Einschaltung von Subunternehmern dem Auftraggeber gegenüber transparent wird. Im Gegensatz zu den Bestrebungen des Parlaments, das im Wege des Änderungsantrags 41 einen Zwang des Auftraggebers zur Informationsanforderung über Unteraufträge einführen wollte,[721] bleibt die Kommission aber auch in ihrem abgeänderten Vorschlag bei der lediglich fakultativen Information über Subunternehmer und über die Vergabe von Unteraufträgen.[722] In dem Gemeinsamen Standpunkt des Rates wird der Änderungsvorschlag des Parlaments ebenfalls nicht berücksichtigt.[723] Die „Durchgriffsregel" des Art. 37a ist erst auf Initiative des Parlaments hinzugekommen. Sie führt dazu, dass die Vorgaben bezüglich des Umweltschutzes und im sozialen Bereich, die der Auftraggeber machen kann, auch gegenüber dem Subunternehmer gelten und von ihm zu beachten sind.

---

721) Bericht über den Vorschlag für eine Richtlinie des Europäischen Parlaments und des Rates zur Koordinierung der Auftragsvergabe durch Auftraggeber im Bereich der Wasser-, Energie- und Verkehrsversorgung v. 5. 11. 2001, A5 - 379/2001, Änderungsantrag 41.

722) Der geänderte Vorschlag für eine Richtlinie des Europäischen Parlaments und des Rates zur Koordinierung der Auftragsvergabe durch Auftraggeber im Bereich der Wasser-, Energie- und Verkehrsversorgung sowie der Postdienste v. 6. 5. 2002, 235 endg. greift diesen Abänderungsvorschlag nicht auf, so dass es bei der bisherigen Fassung des Art. 37 bleibt.

723) Art. 37 des Gemeinsamen Standpunktes des Rates im Hinblick auf den Erlass der Richtlinie des Europäischen Parlaments und des Rates zur Koordinierung der Auftragsvergabe durch Auftraggeber im Bereich der Wasser-, Energie- und Verkehrsversorgung sowie der Postdienste v. 18. 3. 2003, 12634/2/02.

Des Weiteren sind sich Kommission und Parlament nicht einig in Bezug auf die Schwellenwerte, von deren Erreichen die Anwendung der Vergaberichtlinie abhängig gemacht wird. Maßgeblich ist das Volumen des Auftrages, der vergeben werden soll. Die Kommission hatte in ihrem ursprünglichen Vorschlag Schwellenwerte von 400000 Euro bei Liefer- und Dienstleistungsaufträgen und 5300000 Euro bei Bauaufträgen vorgesehen.[724] Das Parlament hat vorgeschlagen, diese Schwellenwerte anzuheben auf jeweils 800000 Euro bzw. 10 Mio. Euro.[725] Das Parlament hat diesen Änderungsvorschlag mit den bisherigen Erfahrungen begründet, dass bei geringem Auftragsvolumen nur selten eine grenzüberschreitende Bewerbung erfolge. Außerdem sei der Verwaltungsaufwand der Kommunen bei Projekten knapp oberhalb der bisherigen Schwellenwerte unverhältnismäßig hoch und führe zu einer unangemessenen Belastung. Der Rat macht in seinem Gemeinsamen Standpunkt dagegen einen Kompromissvorschlag, in dem er als Schwellenwerte für Liefer- und Dienstleistungsaufträge 499000 Euro und für Bauaufträge 6242000 Euro ansetzt.[726]

---

724) Art. 15 des Vorschlages für eine Richtlinie des Europäischen Parlaments und des Rates zur Koordinierung der Auftragsvergabe durch Auftraggeber im Bereich der Wasser-, Energie- und Verkehrsversorgung v. 31. 8. 2000, KOM (2000) 276 endg.

725) Bericht über den Vorschlag für eine Richtlinie des Europäischen Parlaments und des Rates zur Koordinierung der Auftragsvergabe durch Auftraggeber im Bereich der Wasser-, Energie- und Verkehrsversorgung v. 5. 11. 2001, A5 - 379/2001, Änderungsantrag 20.

726) Art. 16 des Gemeinsamens Standpunktes des Rates im Hinblick auf den Erlass der Richtlinie des Europäischen Parlaments und des Rates zur Koordinierung der Auftragsvergabe durch Auftraggeber im Bereich der Wasser-, Energie- und Verkehrsversorgung sowie der Postdienste v. 18. 3. 2003, 12634/2/02.

IV. 전 망

Angesichts der anhaltenden, grundsätzlichen Meinungsver
schiedenheiten zwischen Parlament und Kommission im
Hinblick auf den Wassermarkt, ist ein Gutachten über die
Anwendbarkeit der Wettbewerbsregeln im Wassersektor von
der Kommission in Auftrag gegeben worden.[727] Ergebnis
dieser Studie ist, dass augenblicklich als Folge des Fehlens
einer speziellen Verordnung Wettbewerbsverzerrungen auf
dem europäischen Wassermarkt zu verzeichnen sind, die sich
vor allem an der unterschiedlichen Höhe der
Wassergebühren, die von den Einwohnern der einzelnen
Mitgliedstaaten zu zahlen sind, messen lassen[728]. Dieses
Ergebnis ist für die weitere Wassermarktliberalisierung von
entscheidender Bedeutung, denn ausgehend hiervon treibt die
Kommission die Liberalisierung des Wassermarktes weiter
voran. Nach dem 10-Punkte-Plan der Kommission zur
Binnenmarktstrategie vom 7. 5. 2003 sollen Maßnahmen zur
Herstellung eines Binnenmarktes im Wassersektor bis
Dezember 2004 verabschiedet werden[729]. Mit der

---

727) WRc/Ecologic, Study on the Application of the Competition Rules to the
Water Sector in the European Community, December 2002, Studie im
Auftrag der Generaldirektion Wettbewerb, abrufbar unter:
http://europa.eu.int/comm/competition/publications/studies/water   sector
report.pdf.

728) Vgl. WRc/Ecologic, Study on the Application of the Competition Rules to
the Water Sector in the European Community, derzufolge die jährlichen
Wassergebühren für eine Familie, die in einem Haus lebt und 200 m3/Jahr
verbraucht, zwischen 350 Euro in Berlin und 50 Euro in Rom schwanken
(in Irland werden überhaupt keine Wassergebühren verlangt).

729) KOM (2003) 238 endg., S. 50.

Vergaberichtlinie liegt nur ein erster Schritt hin zur Öffnung des Wassermarktes vor, der nach dem bisherigen Meinungsstand innerhalb der Kommission nicht der letzte gewesen sein wird, sondern als Kompromiss zwischen den Liberalisierungsbefürwortern und den Liberalisierungsgegnern zu werten ist. Zu rechnen ist daher mit einer Verwirklichung des Wettbewerbs und einer Angleichung der Wettbewerbsbedingungen an die Bereiche der Telekommunikation und der Gas- und Stromversorgung im Wege der Politik der kleinen Schritte - bis der Widerstand der EU-Mitgliedstaaten und des Parlaments aufgeweicht ist und es dann ohne Vorbehalte heißt: „Wasser marsch"!

III. 다양한 민영화 모델

현재 존재하는 법적 테두리 이외에도 개인을 끼여 넣는 수많은 계약 형성은 발전해 왔다. 고정된 계약 유형은 존재하지 않는다. 결정적인 것은 모든 구체적인 개별 사례에서의 이익 상황이라고 할 수 있다. 그러나 실무에서는 일정한 민영화 모델이 생성되었다.730)

이하에서는 민간 기업 및 공공 기관 간의 협력을 바탕으로 몇 가지 모델을 설명하고 있다. 여기에서의 설명은 실제로는 순수한 형태가 아니라, 오히려 개별 모델들 사이의 건널목을 유동적으로 다루는 경우가 많다.

---

730) Schmidt, LKV 2008, 198; 졸고, 같은 논문, 54-55면 참조.

1. 경영지도자 모델(또는 경영지도 모델)

경영지도자 모델(Betriebsführermodell)[731]의 경우에 공적 임무주체는 모든 공적 물 공급 시설의 소유자라고 할 수 있다. 그는 자기 계산으로 건설하고 자금을 투입하고, 직접 이용관계를 설정하기도 한다. 이렇게 경영지도 모델에서는 수탁 사인은 위탁한 지방자치단체의 이름과 계산으로 정기적으로 행동한다. 여기에 개입한 개인(경영지도자)은 이용자에 관한 법적 관계를 맺지 않고, 단지 서비스 계약이나 관리(경영지도) 계약만을 통해서 공적 주체의 계산으로 시설 경영의 경제적·기술적 조종을 떠맡을 따름이다. 사인은 정기적으로 최종소비자에 대해 직접적 계약관계를 설정하지 않는다.[732] 관리 계약은 여러 가지 변종이 가능하다. 지방자치단체는 사인과 정기적으로 특정 서비스에 관한 관리 계약을 체결한다.[733] 여기에는 개인이 예컨대 시설의 운영, 파이프라인 네트워크의 유지 보수 또는 결제 및 고객 관리 같은 각종 서비스를 위탁받는 반면에, 지방자치단체에게는 임무 책임이 남는다고 규정된다.[734] 투자의 책임은 일반적으로 지방자치단체 자체의 책임으로 남는다. 또한, 개인은 다른 분야에서의 경험들을 전수할 수 있고, 그래서 시너지 효과를 낼 수 있다.[735] 한편, 개인은 물 사용료의 계산에 산입 되는 경영지도자의 보수를 받는다. 따라서 경영지도자는 법이론적으로 전술한 행정보조자에 해

---

731) 경영지도 모델(Betriebsführungsmodell)이라고도 한다.

732) Tettinger, DÖV 1996, 764 (765).

733) Ewers/Mankel, TU Berlin Forschung Aktuell 1/2000, 25 (26).

734) http://www.oieau.fr/anglais/gest_eau/part_d.htm. IOWater - Organization of Water Management in France 참조.

735) Tettinger, DÖV 1996, 764 (765).

당한다고 볼 수 있다.[736] 경영지도 모델은 기능 민영화를 위한 모델 중 하나인 셈이다.

2. 운영자 모델

개인을 더 강하게 개입시키는 운영자 모델(Betreibermodell)의 경우,[737] 계획, 건축, 물 공급 시설의 설치·투자 및 운영이 장기간 개인에게 이전된다. 그는 건축지배권뿐만 아니라 운영기능까지도 넘겨받는다. 이때 개인은 시설운영의 경제적 리스크를 지니고 있다. 아울러 그에 의해서 운영되는 시설은 공적 주체의 통례에서 이용관계를 정하는 물 공급의 공적시설에 속한다. 또한 여기에서 운영자는 물가격의 계산에 산입 되는 사용료를 받는다. 바우첸 고등행정재판소는 운영자 모델에서 전술한 위임의 사례를 보고 있다.[738]

3. 협력 모델

협력 모델(Kooperationsmodell)[739]은 전술한 운영자 모델에 가깝다. 물론 여기에서 공적 임무 주체와 개인 공동으로 조직된 혼합 경제기업이 운영자로서 그 기능을 수행한다. 회사법상 결합으로 인하

---

736) OVG Bautzen, SächsVBl 2005, 14 = LKV 2005, 180 L = NJOZ 2005, 4490.

737) 이 모델의 설명에 관해서는 Bauer, DÖV 1998, 91.

738) OVG Bautzen, SächsVBl 2005, 14 (unter 2c bb) = LKV 2005, 180 L = NJOZ 2005, 4490.

739) Fischer/Zwetkow, NVwZ 2003, 289 참조.

여 여기에서는 공동 작업을 특별히 긴밀하고도 가장 신중하게 거듭 해결해 나갈 수 있다. 공적 업무 주체는 다수 관계의 형성을 통해 특히 강한 영향력을 가질 수 있다. 종종 이런 모델은 개인이 혼합 경제기업을 위해 경영 지도를 떠맡음으로써 상술한 경영지도자 모델과도 결합되기도 한다. 협력 모델의 경우 이용자에 관한 외부 관계를 일부는 공법상 임무 주체와 일부는 직접 혼합 경제기업과도 맺는다.

4. 특허 모델

'특허' 및 '특허 모델(Konzessionsmodell)' 개념은 법학적 토론에서 항상 똑같은 의미로 사용되지는 않는다. 가끔 운영자 모델에서도 특허로서 간주되기도 한다. 좁은 의미에서 특허란 일정한 서비스를 가져와서, 이러한 목적으로 인프라시설을 설치하고, 이것과 관련하여 공적 방식을 사용할 수 있는 배타적 권리를 부여하는 것을 말한다. 특허를 받은 자는 자기 고유의 계산과 리스크 하에서 시설을 운영한다. 또한 그는 직접 고객과 공급 관계를 맺기도 한다. 그런 진정한 특허를 전술한 실질적 민영화로 간주하고 있다. 물 공급을 의무적 임무로 행한 주에서는 특허 모델이 허용되지 않는다.

IV. 자유화의 조짐 및 네트워크와 운영 간 분리

자유화가 일반적으로 가능한지 여부와 어떤 모델 및 변형을 드러낼 수 있는지는 독일의 경우 종래에는 단지 개별적으로 산만하게 고

찰되었다.740) 여기에서도 아직 심사숙고해 보이지는 않지만 몇몇 자유화의 징후가 나타나고 있다.741)

소비자가 자기 물의 필요를 충당할 가능성을 많이 갖는다면 경쟁이 일어난다. 하나의 징후는 이용 강제의 폐지를 통해 병행 구조의 창출을 목표로 겨냥하고 있다.

우선 자기의 고유한 공급의 허용을 고려할 수 있다. 이때 물 소비자 자신은 먹는 물망의 연결을 통해서 또는 자기의 고유한 물 생산 시설을 통해서 물의 필요를 충당할 것인가를 결정한다. 물론 사적 소비자에겐 그 가능성이 사실적·경제적으로 제한된다. 왜냐하면 자기의 고유한 물에 관한 이해가 부족하고, 질적 요구가 안정되어 있지 않거나 물의 획득이 받아들일 수 없는 비용과 연관될 수도 있기 때문이다. 더 나아가 고객이 자기의 고유한 샘에 손을 대는 공급 지역에서 네트워크의 운영이 더 이상 경제적이지 않거나 더 이상 상응한 품질을 가지지 못한 채 유지될 수 있는 위험도 있다. 비경제적이거나 비위생적인 네트워크의 운영은 네트워크의 이용에 의존하는 구매자에게 그 기본공급을 위험하게 한다. 그 때문에 자기 고유한 공급은 거의 적합한 자유화 모델일 수 없다.

또한 병행하는 공급 체계가 유보되어 자유로운 연결 공사가 허용됨으로써 많은 네트워크가 생긴다면, 자유로운 경쟁이 발생한다. 물

---

740) Weiß, "Liberalisierung der Wasserversorgung", 2004; Fischer/Zwetkow, NVwZ 2003, 281; Schmidt, LKV 2008, 199.

741) 졸고, 같은 논문, 55-58면 참조

론 연결공사·유지가 더 비싸고 병행 네트워크의 건설이 거의 경제적이지 못할 수도 있다. 높은 고정 비용으로 인하여 하나의 기업은 두 개 또는 다수의 병행하는 물 공급자보다 관련 시장을 훨씬 유리하게 취급할 수도 있다[742]. 더 나아가 추가 기술 시설을 들어 올리기 위하여 도로 지층의 공백으로 인하여 어려움에 봉착하기도 한다. 그 때문에 자유로운 연결 공사의 모델도 적합하지 않아 보인다.

한편, 기존 네트워크 이용에 연결하려는 생각은 더 흥미롭다. 거기에서는 독일 통신법·에너지경제법으로부터 나오는 자유화 경험이 고려되고 있다[743].

먼저, 네트워크 공동설치·통과모델은 사실 완전하게 잘못되지는 않지만, 상이한 물의 품질과 단지 제한된 혼합능력으로 인하여 지금은 단지 조건부로만 유용할 뿐이다. 네트워크의 공동설치·통과에 반대하는 사고는 환경 정책적 이유에서도 하게 된다. 왜냐하면 물 자원을 지나치게 개발하는 것에 관하여 이웃 물 공급자의 '값싼 물'에 대피하는 일이 일어날 수 있기 때문이다. 이웃 물 공급자 사이에 동등한 기회를 갖는 경쟁은 위험에 빠질 수 있다. 왜냐하면 가격차별은 종종 자연 자원인 '물'의 상이한 품질과 그 결과 없어지는 획득 비용에 근거하기 때문이다. 그런 모델을 도입할 경우에는 어떤 질서의 테두리가 필요할 것이다. 그 테두리는 네트워크 공동 설치에 대한 차별 없는 청구권을 가지며, 공동 설치·통과에 대한 위생조건을 규율하고 가능한 수량 제한을 규정하게 된다.

---

742) Ifo Institut, a.a.O, Anh. 1, 84.
743) Weiß, a.a.O, 53f, 88; Fischer/Zwetkow, NVwZ 2003, 285 참조.

또한, 여기에서 상수도 물 공급은 통일적 현상이 아니라, 네 가지 부분임무로서 취수, 정수, 물 배분, 물 유통 등으로 쪼개질 수 있다는 점에서 출발하고 있다. '네트워크와 운영 간 분리(Trennung zwischen Netz und Betrieb)' 및 '해체(Entflechtung)'라는 단어를 보면 다양한 징후가 있어 보인다.744)

중개상을 설치하는 자유화 모델은 최근 부분적인 관점에서 물 유통에 갖다 붙이고 있다.745) 여기에는 고객이 물을 공급받는 물 공급 기업의 통일적인 공급 네트워크가 존재하고 있다. 물론 물 공급 기업에 대한 직접적인 고객관계가 아니라 중간에 설치된 중개상이 존재한다. 이들은 물 공급 기업에 의한 물 할당량을 구입한 후 고객에게 유통한다. 중개상은 소비조사, 청산, 상담, 서비스 등의 일을 처리하기도 한다. 이것과 관련해서 제정될 수 있는 질서법은 중개상이 물 할당량에 대하여 차별 없이 접근할 수 있다는 점을 보장해야 할 것이다.

다른 한편, 인위적 경쟁을 창출할 마지막 가능성은 이른바 조정 모델(Vergleichsmodell) 절차에서 엿볼 수 있다. 여기에서 지역 독점은 폐지되지 않지만, 오히려 물 공급자는 규율기관에 의해서 정해진 목표를 유지·달성하기 위해 경쟁을 한다. 규율 기관은 모든 물 공급자의 자료에 의거하여, 업종 평균이나 최선의 실무 기업에 따라

---

744) Fischer/Zwetkow, NVwZ 2003, 286f.; Storr, EuZW 2007, 233 - gesellschaftsrechtliche, operationelle, informationelle, buchhalterische, eigentumsrechtliche Entflechtung 참조.

745) Weiß, "Liberalisierung der Wasserversorgung", 2004, 36, 209, 222.

조정 척도를 마련하여 의무를 지운다. 이러한 규율의 문제는 조정 가능성에 있다. 도시의 물 공급자는 네트워크 유지비용을 고려하여 종종 시골의 물 공급자와는 조정 가능성이 없다. 또한 소득 비용도 종종 서로 다르다. 그것은 처분할 수 있는 자원의 품질에 달려 있는 것이다.

V. 규율의 필요성

현재의 경쟁정책 논의에서는, 위에서의 다양한 민영화 모델에 관해 여러 번 언급한 바와 같이, 네트워크 산업의 규제에 대한 문제가 눈에 잘 띄는 역할을 하고 있다. 다른 네트워크 관련 인프라에서의 개혁과 비교하는 것이 보여주는 바는 증가하는 경쟁과 함께 또한 국가 통제 및 조정의 필요도 증가해 왔다는 점이다746).

규율은 일반적으로 한편으로 공적 요구사항과 다른 한편으로 경제적 필요 사이의 긴장분야에서 있게 된다.747) 여기에서 물론 인프라 영역이 법률 규정을 수단으로 국가 개입을 통해 자유화를 경험해야 할지, 아니면 개별 지방자치단체의 자율적인 민영화 결정이 중요한지는 구별해야 한다. 각각의 규율 요구사항의 질문에 대해서는 완전히 다른 요건을 구상할 수 있다. "시장에서의 경쟁"과 관련해서는 가격 협상이나 합병 통제 같은 문제 외에도 특별히 네트워크 접근의

---

746) Netzwettbewerb durch Regulierung, Vierzehntes Hauptgutachten der Monopolkommission gem. § 44 I GWB, 2000/2001 (Kurzfassung), S. 45.
747) Scheele, ZögU 1997, 45.

문제가 제기되고 있다.748) 반면, "시장 범위에 관한 경쟁" 영역에서
는, 무엇보다 공공주체가 민간 파트너에 미치는 영향에서 그 문제들
이 발생한다.

특히 식수 같이 시민에게 제공하는 민감한 분야에서는 지방자치단
체가, 민간과의 연관성의 구성 및 형태와는 독립적으로, 계속해서 지
속적이며 사회적 그리고 생태적으로 수용 가능한 품질과 성능을 갖
추어야 할 의무를 부담하게 된다.749) 여기에서는 특히 공모절차에서
생태적이고 사회적인 관점이 고려될 수 있는 규율이 이미 개인의 선
택에서 나타나야 한다. 지방자치단체와 민간 사이에 체결할 수 있는
계약에서도 이미 크게 성능 및 품질 기준을 고려해야 한다. 이것은
광범위한 의무들의 카탈로그를 설정함으로써 통제권한 및 책임규정
들과 관련하여 수행할 수 있다. 이러한 요구 사항은 진정 실질적 임
무 민영화에서도 준수해야 한다. 계약을 실질적으로 구현할 때 위험
이 존재할 수도 있어서 개인 파트너가 적절한 통제 없이 필요한 수
준에서 품질 기준을 행사할 수 없기 때문에, 통제권한을 나중에 부
여해야 하는 것은 어떤 경우에도 문제가 있어 보인다.

VI. 맺는말: 시사점

위에서 살펴본 바와 같이, 독일에서는 다양한 네트워크 관련 인프

---

748) Netzwettbewerb durch Regulierung, a.a.O, S. 45.
749) Burgi, NVwZ 2001, 601 (606).

라가 자유화 및 민영화된 이후 이제는 독일 물 공급 분야에서도 시장 개방이 강력히 예상되고 있다. 물론 에너지산업, 통신 및 철도 교통 분야에서의 경쟁 모델이 물 시장에 간단히 적용될 수는 없다.

따라서 본고의 목적은 개인이 물 공급에 성공적으로 참여하는 것에 대한 법적인 입지를 규정한 것이다. "획득 - 운송 - 네트워크 분배" 등 순생산 사슬에 따라 자유화의 조짐들과 더불어 그 결과가 개방된 분리 모델을 소개하고 있다. 특히 이러한 수직적 분산에 대한 헌법적, 지방자치법적 요건을 논의하고 있다. 여기에서는 개인의 참여에서부터 완전한 임무 몰두에 이르기까지 가능한 민영화 선택에 관해서 더 큰 법적 안전성을 달성해야 할 것이다.

공기 이외에도 물은 인간의 생활에서 유일하게 어떤 방식으로든 대체할 수 없는 자원이다. 그 때문에, 물은 그의 뛰어난 의미가 인간에 대해 논란의 여지가 없는 상품이다. 물은 또한 경제적 가치의 측면에서도 항상 지속 가능한 개발의 원칙을 고려해야 하는 경제적인 자산이기도 하다. 이러한 일견 이분법의 긴장 분야에서 독일 물 공급의 미래에 대한 논의는 계속 진행되고 있다.

그런데 독일의 물 산업에서 규제 프레임 워크가 신속하게 개혁될 가능성은 없다. 반면에 민간이 물 공급에 더 강력하게 참여하고 있는 점에 대한 몇 가지 증거는 있다. 이것은 한편으로 효율성의 관점에서, 다른 한편으로 많은 지방자치단체의 팽팽한 예산 상황 때문이다. 이에 따라, 물 공급 회사의 판매가 오늘날 이미 가능하고, 그리고 어떤 경우에는 이미 실시되고 있다. 만약 어떤 지방자치단체가 해당 환경법을 준수하면서 물 공급 임무를 개인 회사에 일시적으로

넘기는 것이 유리한 것으로 간주된다면, 또한 이미 물 공급 서비스의 아웃소싱은 오늘날 법에 의해 허용될 수 있다.

따라서 네트워크 관련 인프라의 높은 환경 관련성은 그 민영화와 시장에서의 경쟁과 배치되지는 않는다. 그러나 민영화에 대한 결정은 지방자치단체에게는 민영화 과정의 준비에서 인식하고 평가할 때 중대한 결과를 초래할 수 있다. 여기에서는 경제적 조건 이외에도 건강과 환경 보호의 목표도 특히 중요하다. 물 공급 임무영역의 분산 모델은 이런 상황을 고려하고 있다. 물 획득부터 최종고객 관리에 이르기까지 잉여생산 사슬에서 그 개별적인 부분 임부를 분산함으로써 가장 광범위할 수 있는 여지가 다양한 민영화 모델에 관해서도 접근할 수 있다. 왜냐하면 민영화에 관심이 있는 지방자치단체뿐만 아니라 개인 파트너에게도 각각의 필요에 따라 특별히 맞춤형 해결책이 가능하기 때문이다.

한편, 우리나라 수도법에 의하면 국가 또는 지방자치단체는 물 공급 사업에 민간자본을 유치할 수 있다. 또한 일반 물 공급 사업자는 물 공급 시설의 운영·관리를 전문기관 또는 지방자치단체인 물 공급 사업자에게 위탁할 수 있다. 이런 수탁기관으로 한국수자원공사, 환경관리공단, 지방 직영기업·지방공사 및 지방공단, 토목건축공사업자, 엔지니어링활동주체, 기술사사무소 등을 들 수 있다. 이것은 물 공급 사업을 효율적으로 운영·관리하기 위하여 그 임무수행의 종류와 방식은 장차 새로운 형성형태를 열어 놓고 있는 것이다.

그러나 현재 지방자치단체나 한국수자원공사와 같이 제한된 물 공급 사업자로서는 물시장의 개방화와 세계화에 따르는 변화에 제대로 적응할 수 없으며, 세계의 유수한 다국적 물 공급 기업과 경쟁하기 어렵다. 또한 생산원가에도 미치지 못하는 요금수준과 낮은 유수율750)로 지방재정에 부담을 주는 지방 물 공급 사업의 대안으로 광역과의 연계운영, 인근 지역 통합운영, 유수율 제고, 수질 개선, 서비스 개선 등을 통해 적정한 가격으로 양질의 물을 공급하는 지방 물 공급 운영 효율화 사업이 추진되고 있다. 이런 여건에서는 물 공급 사업의 민영화·자유화 및 규율의 문제를 체계적으로 숙고해 볼 필요성이 있다.

따라서 물 공급의 자유화·민영화 및 규율에 관한 독일에서의 체계적인 논의로서 민영화 모델 및 자유화의 조짐들이 시사하는 점은 우리나라에서 추진하고 있는 지방 물 공급 효율화 사업의 대안으로서 커다란 보탬이 될 것으로 본다. 단지 공공부문 내의 경쟁만을 통하여 물 공급 사업의 개혁과 구조개편이 과연 어느 정도의 성과를 거둘 수 있을 것인가는 의문이다. 구조개편의 방안으로 예컨대 공사화, 출자법인, 특허계약 등의 방법은 매우 신중하고 점진적인 접근방법으로서 개혁의 과정에서 발생할 수 있는 부작용을 최소화할 수 있는 장점이 있으나, 근본적인 처방이라고 보기는 어렵다. 특히 세계적인 경쟁력을 가지는 물 공급 기업을 육성하겠다는 정부의 정책이 실효성을 가지려면 물 공급 사업을 민간에 획기적으로 개방하고 이들에게도 일정한 지원과 육성방안을 적용하는 입법론이 필요할 것이다.

---

750) '유수율'이란 수돗물 총 생산량 중 급수에 대해 금전적 수입을 발생시키는 수량의 총 생산량에 대한 비율을 말한다.

참고문헌(Literatur)

제1장 : 공공 행정에서 클라우드 컴퓨팅에 관한 법적 문제

김명호/김재우/장현춘, 클라우드 컴퓨팅의 오늘과 내일, 정보보호학회지 제20
　　권 제2호, 2010. 4.
은성경, 클라우드 컴퓨팅 보안 기술 동향, 정보보호학회지 제20권 제2호, 2010. 4.
임철수, 클라우드 컴퓨팅 보안 기술, 정보보호학회지 제19권 제3호, 2009. 6.
조인성, 행정법상 포털 사고와 네트워크 논리 - 독일에서의 이론적 논의와 우리
　　나라에의 시사점을 중심으로 -, 과학기술법연구 제14집 제2호, 2009. 2.

Arndt, Die Gemeinde SH 2004.
Becker, Öffentliche Verwaltung, 1989.
Boehme-Neßler, Volker, Auf dem Weg zum „unscharfen" Verwaltungsrecht? -
　　Portal-Denken und Netz-Logik im Verwaltungsrecht, NVwZ 2007.
Boehme-Neßler, Unscharfes Recht, 2009.
Bräutigam, Peter, OLG Frankfurt/M.: Rechtswidrigkeit des Handels mit
　　„gebrauchten" Software-Echtheitszertifikaten, MMR 2009.
Britz, Gabriele, Von der elektronischen Verwaltung zur elektronischen
　　Verwaltungsjustiz, DVBl 2007.
Burgi, ZSE 6 (2008).
Gröpl, VerwArch. 93 (2002).
Heckmann/Rau, ITRB 2009.
Hensen, VM 2006.
Hoeren, Thomas/Spittka, Jan, Aktuelle Entwicklungen des IT-Vertragsrechts - ITIL,
　　Third Party Maintainance, Cloud Computing und Open Source Hybrids,
　　MMR 2009.
Hummel, Lars, Länderkooperationen bei Schaffung und Unterhaltung von
　　Aufnahmeeinrichtungen für Ausländer, DVBl 2008.

Janssen/Joha, International Journal of Information Management 26 (2006).

Köhler, BayVBl 2007.

Lietz, in: Zechner (Hrsg.), E-Government ‒ Strategien, Lösungen und Wirtschaftlichkeit, 2007.

Maier/Gebele, DVP 2007.

Möllers, in: Oebbecke (Hrsg.), Nicht-normative Steuerung in dezentralen Systemen, 2005.

v. Mutius, Albert/v. Mutius, Felicitas, Grundsicherung für Arbeitsuchende unter einem Dach ‒ Zur Neustrukturierung der SGB II-Verwaltung ohne Grundgesetzänderung, KommJur 2008.

Niemann/Paul, K&R 2009.

Oebbecke, Die Einheit der Verwaltung als Rechtsproblem, DVBl 1987.

Paul/Preuß, K&R 2008.

Pohle, Jan/Ammann, Thorsten, Über den Wolken... - Chancen und Risiken des Cloud Computing, CR 2009.

Portz, VergabeR 2009.

Ruge, Kay, Verwaltungsmodernisierung durch E-Government, NdsVBl 2008.

Schmitt, in: Bieler/Schwarting (Hrsg.), eGovernment ‒ Perspektiven ‒ Probleme Lösungsansätze, 2007.

Schlachter/Ohler (Hrsg.), Europäische Dienstleistungsrichtlinie ‒ Handkomm., 2008.

Schliesky (Hrsg.), Die Umsetzung der EU-Dienstleistungsrichtlinie in der deutschen Verwaltung ‒ Teil I: Grundlagen, 2008.

Schliesky (Hrsg.), Die Umsetzung der EU-Dienstleistungsrichtlinie in der deutschen Verwaltung ‒ Teil II: Verfahren, Prozesse, IT-Umsetzung, 2009.

Schliesky, Die Europäisierung der Amtshilfe, 2008.

Schliesky, in: Schimanke (Hrsg.), Verwaltung und Raum, 2010.

Schliesky, in: Hill/Schliesky (Hrsg.), Herausforderung e-Government, 2009.

Schliesky, in: Gröpl/Ernst (Hrsg.), Recht und Politik, 2006.

Schliesky, ZSE 6 (2008).

Schliesky, Utz, E-Government - Schlüssel zur Verwaltungsmodernisierung oder Angriff auf bewährte Verwaltungsstrukturen?, LKV 2005.

Schmitz, Computerwoche 9/2007.

Schneider, EDV-Recht, 4. Aufl. 2009.

Schneider, Jochen, Rechnerspezifische Erschöpfung bei Software im Bundle ohne Datenträgerübergabe, CR 2009.

Schultze-Melling, CRi 2008.

Schulz, Sönke E., Cloud Computing in der öffentlichen Verwaltung - Chancen - Risiken – Modelle, MMR 2010, S. 75 ff.

Schulz, Die Gemeinde SH 2008.

Schulz, Sönke E., Kooperationsmodelle zur Umsetzung des Einheitlichen Ansprechpartners als unzulässige Mischverwaltung?, DÖV 2008.

Schulz, One-Stop Government, 2007.

Schulz/Rosenkranz, ITRB 2009.

Schuppert, in: Hoffmann-Riem/Schmidt-Aßmann/Voßkuhle, Grundlagen des Verwaltungsrechts, Bd. I, 2006.

Schuppert, Verwaltungswissenschaft, 2000.

Schütz, in: Hill (Hrsg.), Die Zukunft des öffentlichen Sektors, 2005.

Simitis/Walz, BDSG, 6. Aufl. 2006.

Söbbing, MMR 5/2008.

Spies, MMR 5/2009.

Spindler, Gerald, Der Handel mit Gebrauchtsoftware - Erschöpfungsgrundsatz quo vadis?, CR 2008.

Spindler, K&R 2009.

Spindler, in: Hoffmann/Leible (Hrsg.), Vernetztes Rechnen – Softwarepatente – Web 2.0, 2007.

Sydow, Verwaltungskooperation in der Europäischen Union, 2004.

Thom/Ritz, Public Management, 4. Aufl. 2008.

v. Unruh, DVBl 1979.

Weber, Wirtschaft und Gesellschaft, 1964.

Weiss, netWorker 11 (2007).

Wettner, Die Amtshilfe im Europäischen Verwaltungsrecht, 2005.

제2장: 독일 유전공학법 20년 회고와 전망

조인성, 독일 유전공학법의 2005년 개정과 그 시사점 - 유전자변형(GM) 작물과 전통·유기농(non-GM) 작물의 공존방안, 공법연구, 제34집 제4호 제2권, 2006. 6.

조인성, 유전공학법의 최근 동향 - 2008년 독일 유전공학법(GenTG)의 개정을
중심으로, 과학기술법연구 제15집 제2호, 2009. 12.
한국생명공학연구원, 바이오 안전성백서, 2003년.
한국생명공학연구원, 바이오 안전성백서, 2008년.
한국생명공학연구원, 바이오 안전성백서, 2009년.

Appel, NuR 1996.

Bergfeld/Lang, AUR 2006.

Breuer, NVwZ 1988.

Burchardi, Jan-Erik, Die Novellierung des Gentechnikrechts, ZUR 2009.

Burchardi, Jan-Erik, Die Vereinbarkeit der europäischen Vorschriften zur
Kennzeichnung gentechnisch veränderter Lebensmittel mit dem
Welthandelsrecht, 2007.

Calliess, Christian/Korte, Stefan, Das neue Recht der Grünen Gentechnik im
europäischen Verwaltungsverbunden, DÖV 2006.

Deutsch, MMG 7 (1982).

Eberbach/Lange/Ronellenfitsch(Hrsg.), Recht der Gentechnik und Biomedizin, C.F.
Müller, sechs Ordner, auch mit Gerichts- und Zulassungsentscheidungen,
2009.

R. Flöhl in der FAZ v. 23. 2. 2000.

García, JEEPL 2006.

Härtel, AUR Beilage 2007.

Hartmannsberger, R., Das Eckpunktepapier zur weiteren Novellierung des
Gentechnikrechts vom 28. 2. 2007 - (notwendige) Änderungen der
Haftung für den Anbau gentechnisch veränderter Pflanzen, DVBl 2007.

Helmschrott, Ursula, Das neue Gentechnikgesetz vom 1. April 2008 - Ein
effektiver Beitrag zur Beförderung der Anwendung der Gentechnik in
Deutschland?, DVBl 2009.

Palme, Christoph, Die Novelle zur Grünen Gentechnik, ZUR 2005.

Palme, Christoph, UPR 2005.

Palme, Christoph, Das neue Gentechnik-Gesetz, NVwZ 2005.

Pohlmann, Neuere Entwicklungen im GentechnikR, 1990.

Lukes/Scholz(Hrsg.), Rechtsfragen der Gentechnologie, 1986.

Roller, Gerhard, Die Genehmigung zum Inverkehrbringen gentechnisch veränderter

Produkte und ihre Anpassung an Änderungen des Standes der Wissenschaft, ZUR 2005.

Ronellenfitsch, VerwArch 2002.

Sander, AUR 2008.

Schubert, Gernot, Zwanzig Jahre Gentechnikgesetz - eine Erfolgsgeschichte? NVwZ 2010.

Schubert und Zeitler, Bio- und Gentechnik, ein Ordner, Erich Schmidt Verlag, 2005.

Wegener, AUR Beilage 2007.

Winter, Grundprobleme des GentechnikR, 1993.

제3장: 환경규제의 경제화에 대한 의의와 전망 - 독일에서의 실질적·절차적·제도적·조직적 경제화 차원을 중심으로

강운산, 법경제학적 연구에 기초한 현행 경제적 유인제도의 문제점과 개선 방안, 환경법연구 제25권 2호, 2003.

김인환, 환경관리제도에 관한 경제학적 접근, 환경법연구 제7권, 1985.

박정훈, 경제적 유인제도 도입확대를 위한 환경법상 환경정책수단의 비교연구, 환경법연구 제25권 1호, 2003.

중원무수, 최환용(역), 교토메카니즘과 일본의 환경법 - 경제적 수법을 중심으로 -, 환경법연구 제30권 2호, 2008.

오준근, 기후변화협약에 따른 환경산업관련법제의 개선에 관한 입법론적 고찰, 환경법연구 제30권 3호, 2008.

이기한, 환경법제의 경제적 유인수단 연구, 환경법연구제24권 1호, 2002.

조인성, 독일 지방 상수도사업의 민영화에 관한 법정책적 과제, 법학연구 제12집 제2호, 2009. 8. 31.

데트레프 치블카, 김현준(역), 유럽과 독일의 기후변화대책법 - 배출권거래제도 이외의 법제도를 중심으로 -, 환경법연구 제30권 2호, 2008.

프란츠 요셉 파이네, 김명용/김현준(역), 독일의 배출권거래법의 최근 동향, 환경법연구 제30권 2호, 2008.

한귀현, 지구온난화와 배출권거래 - 독일의 배출권거래법제를 중심으로 -, 환경법연구 제29권 2호, 2007.

허성욱, 지속 가능한 발전의 원칙에 대한 법경제학적 고찰 - 효율성과 형평성

을 함께 고려하는 환경법의 일반원리로서의 가능성에 관하여, 환경법
연구 제27권 4호, 2005.

Altrock/Eder, Verordnung zur Weiterentwicklung des EEG-Ausgleichsmechanismus,
ZNER 2009.

Beckmann, Martin A./Fisahn, Andreas, Probleme des Handels mit Verschmutzungsrechten
˗ eine Bewertung ordnungsrechtlicher und marktgesteuerter Instrumente in der
Umweltpolitik, ZUR 2009.

Beyerlin, Umweltvölkerrecht, 2000.

Böhm, Das Abgabenrecht als Mittel des Umweltrechts, IUR 1991.

Ekardt, Felix, Nachhaltigkeit und Recht, ZfU 2009.

Ekardt, Felix/Hennig, Bettina, Die Biomassestrom-Nachhaltigkeitsverordnung ˗
Chancen und Grenzen von Nachhaltigkeits-Kriterienkatalogen, ZUR 2009.

Enders, Christoph, Ökonomische Prinzipien im Dienste des Umweltrechts?, DÖV
1998.

Epiney/ Scheyli, Strukturprinzipien des Umweltvölkerrechts, 1998.

Feist, Christian, Von Rio nach Berlin: Die Aktivitäten der Vereinten Nationen auf
den Gebieten des Umwelt- und Klimaschutzes, JuS 1997.

Fenner, Erdrosselnde Abgaben als staatliches Interventionsinstrument, 2004.

Franzius, Die Herausbildung der Instrumente indirekter Verhaltenssteuerung im
Umweltrecht der Bundesrepublik Deutschland, 2000.

Frenz, Walter, Selbstverpflichtungen der Wirtschaft, 2001.

Frenz, Walter, Wirtschaftskrise und nachhaltiger Umweltschutz, UPR 2009.

Groß, Thomas, Welche Klimaschutzpflichten ergeben sich aus Art. 20a GG?, ZUR
2009.

Himmer, Energiezertifikate in den Mitgliedstaaten der Europäischen Union, 2004.

Kachel, Markus, Das Energieeffizienzgesetz ˗ Scheitern als Chance, ZUR 2009.

Klement, Jan Henrik, Die Kumulation von Grundrechtseingriffen im Umweltrecht,
AöR 2009.

Klemm, Das Erneuerbare-Energien-Wärmegesetz, CuR 2008.

Kloepfer, Michael, Zur Geschichte des deutschen Umweltrechts, 1994.

Kloepfer, Michael, Umweltrecht, 3. Aufl. (2004).

Kloepfer, Michael, Über die Flexibilisierung staatlichen Handelns, in:
Appel/Hermes, Mensch ˗ Staat ˗ Umwelt, 2008.

Knopp, Lothar/Piroch, Ingmar, Umweltschutz und Wirtschaftskrise, ZUR 2009.

Koch,,Hans-Joachim/Mielke, Christin, Globalisierung des Umweltrechts, ZUR 2009.

Kopp-Assenmacher, Stefan, Abfallwirtschaft: Respice finem!, ZUR 2009.

Kramer, Dennis R., Energieeinsparung im Mietwohnsektor durch Wärme-Contracting, ZUR 2007.

Krohn, Susan/Näckel, Antje/Schlacke, Sabine/Wustlich, Guido, Editorial zur ZUR-Aufsatzserie zur Deregulierung und Verfahrensbeschleunigung im Umweltrecht, ZUR 2006.

Lehnert, Wieland/Vollprecht, Jens, Neue Impulse von Europa: Die Erneuerbare-Energien-Richtlinie der EU, ZUR 2009.

Lee/Bückmann/Haber, Bio-Kraftstoff, Nachhaltigkeit, Boden- und Naturschutz, NuR 2008.

Lübbe-Wolff, Gertrude, Instrumente des Umweltrechts – Leistungsfähigkeit und Leistungsgrenzen, NVwZ 2001.

Ludwig, Grit, Nachhaltigkeitsanforderungen beim Anbau nachwachsender Rohstoffe im europäischen Recht, ZUR 2009.

Mikešić, Ivana/Strauch, Boris, Die EEG-Clearingstelle – Alternative Streitbeilegung auf dem Gebiet des Rechts der Erneuerbaren Energien, ZUR 2009.

Menzel, Hans-Joachim, Das Konzept der »nachhaltigen Entwicklung« – Herausforderungen an Rechtsetzung und Rechtsanwendung, ZRP 2001.

Müller, Das neue Wärmegesetz als Instrument deutscher Klimaschutzpolitik, ZNER 2008.

Rengeling, Kooperationsprinzip, Kooperationsinstrumente und Instrumentenverbund im Umweltrecht, in: Eberle/Ibler/Lorenz, Der Wandel des Staates vor der Herausforderungen der Gegenwart, FS Brohm, 2002.

Schendel, Frank Andreas, Selbstverpflichtungen der Industrie als Steuerungsinstrument im Umweltschutz, NVwZ 2001.

Schmidt, Marlene, Energieeffizienz im Mietrecht: Der neue Energieausweis, ZUR 2008.

Schneider, Jens-Peter, Zur Ökonomisierung von Verwaltungsrecht und Verwaltungsrechtswissenschaft, Die Verwaltung Bd. 34(2001).

Schneider, Jens-Peter, Umweltschutz im Vergaberecht, NVwZ 2009.

Schomerus, Thomas, Rechtliche Instrumente zur Verbesserung der Energienutzung, NVwZ 2009.

Schröder, Sustainable Development – Ausgleich zwischen Umwelt und Entwicklung als Gestaltungsaufgabe der Staaten, AVR 1996.

Stock, Jürgen, Zur geplanten Novellierung des Energieeinsparungsgesetzes und der Energieeinsparverordnung, ZfBR 2008.

Stöhr, Günter, Vereinfachung der abfallrechtlichen Überwachung, ZUR 2007.

Thoms, Europäisches Klimaschutzpaket unter dem Diktat der Finanzkrise?, ZNER 2009.

Trute, Vom Obrigkeitsstaat zur Kooperation, in: Hendler/Marburger/Reinhardt/Schröder, Rückzug des Ordnungsrechtes im Umweltschutz, UTR Bd. 48.

Wegener, Bernhard W., Zukunftsfähigkeit des europäischen Umweltrechts, ZUR 2009.

Wegener, Bernhard W., Die Freiheit stirbt mit der Glühbirne (wieder ein Stück), ZUR 2009.

Wegener, Bernhard W., Die Novelle des EU-Emissionshandelssystems, ZUR 2009.

Wenzel, Überlassungspflichten für Verwertungsabfälle aus privaten Haushaltungen – Regel oder Ausnahme?, ZUR 2008.

Winter, Gerd, Das Klima ist keine Ware - Eine Zwischenbilanz des Emissionshandelssystems, ZUR 2009.

World Commission on Environment and Development, Our common future, 1987.

Wustlich, Guido, Die Atmosphäre als globales Umweltgut, 2003.

Wustlich, Guido, Das Erneuerbare-Energien-Wärmegesetz, NVwZ 2008.

Wustlich, Guido, »Erneuerbare Wärme« im Klimaschutzrecht, ZUR 2008.

Wustlich, Guido, Ökonomisierung im Umweltrecht, ZUR 2009.

제4장: 금융시장·경제위기의 시대에 환경보호와 경제 사이의 긴장 관계 - 독일에서의 논의를 중심으로 -

김광수, 다양한 환경법 분야의 과제; 지속 가능한 사회를 위한 폐기물법제, 환경법연구, 1999.

김현준, 통합환경법전 - 독일의 이른바 "전문가위원회案"에 대한 검토를 중심으로 -, 법학논고 제15집, 1999.

고문현, 한국 환경법의 발전과 바람직한 개정방향, 공법학연구 제9권 제3호, 2008. 8.

문병효, 친환경적 조세체계로의 전환과 환경세에·관한 법적 고찰, 환경법연구 제30권 3호, 2008.
소병천, 환경법상 지속 가능한 발전과 시민소송제도에 대한 담론, 환경법연구 제27권 2호, 2005.
안수현, 기업의 지속 가능성 공시제도화를 위한 시론(試論): 사회적 책임(Corporate Social Responsibility, CSR)정보와 그 외 비재무정보 유형화에 기초하여, 환경법연구 제29권 1호, 2007.
오준근, 기후변화협약에 따른 환경산업관련법제의 개선에 관한 입법론적 고찰, 환경법연구 제30권 3호, 2008.
이종영, 지속 가능한 하천수개발과 유지를 위한 현행 제도와 그 개선방안, 환경법연구 제25권 1호, 2003.
데트레프 치블카, 김현준(역), 유럽과 독일의 기후변화대책법 - 배출권거래제도 이외의 법제도를 중심으로 -, 환경법연구 제30권 2호, 2008.
프란츠 요셉 파이네, 김명용/김현준(역), 독일의 배출권거래법의 최근 동향, 환경법연구 제30권 2호, 2008.
한귀현, 지구온난화와 배출권거래 - 독일의 배출권거래법제를 중심으로 -, 환경법연구 제29권 2호, 2007.
허성욱, 지속 가능한 발전의 원칙에 대한 법경제학적 고찰 - 효율성과 형평성을 함께 고려하는 환경법의 일반원리로서의 가능성에 관하여 -, 환경법연구 제27권 4호, 2005.

Bohne, EurUP 2006, 276 ff.
Corbach, Die deutsche Stromwirtschaft und der Emissionshandel, 2007
Donner/Magoulas/Simon/Wolf (Hrsg.), Umweltschutz zwischen Staat und Markt, 1989.
Douglas R. Porter, et al, The Practice of Sustainable Development, Washington, D.C: ULI-the Urban Land Institute, 2000, p.1
Epiney, Astrid, Zur Einführung - Umweltvölkerrecht, JuS 2003, 1066 ff., 1067.
Calliess, Christian, Integrierte Vorhabengenehmigung und Rechtsschutz im aktuellen Entwurf des UGB I, ZUR 2008, 343 ff.
Di Fabio, Udo Das Kooperationsprinzip - ein allgemeiner Rechtsgrundsatz des Umweltrechts, NVwZ 1999, 1153 ff.
Erbguth/Schubert, NuR 2008, 474 ff.
Frank, Daniel, Umweltrecht und Wirtschaft - Zu den Anforderungen der Wirtschaft

an das Umweltrecht, NordÖR 2000, 487 ff.

Frenz, Walter, EWS 2007, 337 ff.

Frenz, Walter, Wirtschaftskrise und nachhaltiger Umweltschutz UPR 2009, 48 ff.

Frenz, Walter, Perspektiven für den Umwelt- und Klimaschutz, EuR Beiheft 1/2009, 232 ff.

Glaser, Nachhaltige Entwicklung und Demokratie, 2006, S. 47

Grandjot, Renć, NuR 2005, 679 ff.

Grandjot, René, Zur Konzeption eines Kompetenztitels "Recht der Umwelt", DÖV 2006, 511 ff.

Guckelberger, NuR 2008, 369 ff.

Held, Eine teure Illusion, Die Welt v. 10. 1. 2009, S. 8.

Kahl, Wolfgang, Staatsziel Nachhaltigkeit und Generationengerechtigkeit DÖV 2009, 2 ff.

Kahl, Wolfgang (Hrsg.), Nachhaltigkeit als Verbundbegriff, 2008.

Kloepfer, Michael, Umweltrecht, 3. Aufl. 2004, § 4 Rn. 31.

Kloepfer, Michael, Sinn und Gestalt des kommenden Umweltgesetzbuchs UPR 2007, 161 ff.

Kloepfer, Michael, Verw 41 (2008), 195 ff.

Knopp, Lothar, REACh - ungeklärte Rechtsfragen und aktuelle Entwicklung UPR 2008, 248 ff.

Knopp, Lothar, Umweltgesetzbuch - ein Trauerspiel ohne Ende? UPR 2009, 121 ff.

Knopp, Lothar/Piroch, Ingmar, Umweltschutz und Wirtschaftskrise, ZUR 2009, S. 409 ff.

Lorenz, Stephan, Schuldrechtsreform 2002: Problemschwerpunkte drei Jahre danach, NJW 2005, 1889 ff.

Lottermoser, UPR 2007, 401 ff.

Mrusek, Die unendliche Reformgeschichte, FAZ v. 3. 2. 2009, S. 2

Murswiek, Dietrich, Das so genannte Kooperationsprinzip - ein Prinzip des Umweltschutzes? ZUR 2001, 7 ff.

Murswiek, Dietrich, in: Sachs (Hrsg.), GG, 5. Aufl. 2009, Art. 20a Rn. 32.

Nowotny, Wirtschaftpolitik und Umweltschutz, 1974; Michaelis/Scholz, ET 1984, 421 ff.

Peine/Knopp/Radcke, Das Recht der Errichtung von Biogasanlagen, 2009.

Peters, Umweltrecht, 3. Aufl. 2005, Rn. 17

Rehbinder, Eckard, Das deutsche Umweltrecht auf dem Weg zur Nachhaltigkeit, NVwZ 2002, 657 ff.

Sanden, Joachim, Die Prinzipien des Umweltgesetzbuchs － eine kritische Betrachtung aus rechtstheoretischer Sicht, ZUR 2009, 3 ff.

Sangenstedt, Christof, Umweltgesetzbuch und integrierte Vorhabengenehmigung, ZUR 2007, 505 ff.

Sieben, Peter, Was bedeutet Nachhaltigkeit als Rechtsbegriff?, NVwZ 2003, 1173 ff.

Stoffe (REACh), zur Schaffung einer Europäischen Agentur für chemische Stoffe, zur Änderung der Richtlinie 1999/45/EG und zur Aufhebung der Verordnung (EWG) Nr. 793/93 des Rates, der Verordnung (EG) Nr. 1488/94 der Kommission, der Richtlinie 76/769/EWG des Rates sowie der Richtlinien 91/155/EWG, 93/67/EWG, 93/105/EG und 2000/21/EG der Kommission, ABl. EU L 396 v. 30. 12. 2006, S. 1.

Sukhdev, The Economics of Ecosystems and Biodiversity, TEEB, interim report, erster Zwischenbericht einer mittlerweile unter der Schirmherrschaft von UNEP stehenden Studie, vorgestellt am 29. 5. 2007 auf der UN-Naturschutzkonferenz in Bonn.

BMU/UBA (Hrsg.), Umweltwirtschaftsbericht 2009.

BMU, Erneuerbare Energien in Zahlen － nationale und internationale Entwicklung, 2008.

Report of the World Commission on Environment and Development v. 4. 8. 1987, UN Doc. A/42/427.

Rio Declaration on Environment and Development v. 12. 8. 1992, ILM 31 (1992), S. 874.

Rat von Sachverständigen für Umweltfragen (SRU), Umweltgutachten 2002, BT-Drs. 14/8792, S. 58 ff. (Tzn. 6 ff.).

Rat von Sachverständigen für Umweltfragen (SRU), Das Umweltgesetzbuch als erstes Opfer des Vorwahlkampfes, Pressemitteilung v. 3. 2. 2009

Rat von Sachverständigen für Umweltfragen (SRU), Klimaschutz in der Finanzkrise, Kommentar zur Umweltpolitik (Nr. 6), Dezember 2008, S. 10 f.

Bundesregierung, Fortschrittsbericht 2008 zur nationalen Nachhaltigkeitsstrategie, Berlin 2008, S. 11.

Koalitionsvertrag zwischen CDU, CSU und SPD v. 11. 11. 2005, Unterabschnitt B

Nr. 7.3, S. 56

NKR, Jahresbericht 2009, S. 18

FAZ v. 8. 12. 2008, S. 11.

http://www.bmu.de/erneuerbare_energien/downloads/doc/2720.php.

http://www.bmu.de/wirtschaft_und_umwelt/downloads/doc/42923.php.

http://www.bmu.de/files/pdfs/allgemein/application/pdf/sukhdev_interim_report.pdf.

http://www.un-documcnts.nct/wccd-ocf.htm.

http://www.bmu.de/umweltgesetzbuch/downloads/doc/40448.php.

http://www.cducsu.de/upload/koavertrag0509.pdf.

http://www.welt.de/welt_print/article3130923/das-Projekt-Umweltgesetzbuch-endet-i
    n-Schuldzuweisungen.html; vgl. auch Fried, Süddt. Zeitung v. 3. 2. 2009,
    S. 1.

http://www.umweltrat.de.

http://www.normenkontrollrat.bund.de/Webs/NKR/DE/Publiktionen/publikationen.html.

http://www.bmu.de/klimaschutz/downloads/doc/40514.php.

http://www.bundesfinanzministerium.de/nn_69120/DE/Buergerinnen_und_Buerger/Gesel
    lschaft_und_Zukunft/themenschwerpunkt_konjunkturpakete/Stellschrauben-des-
    Konjunkturpakets-2/075_in_Bewegung_halten.html.

http://www.vcd.org/fileadmin/user_upload/redakteure/themen/auto_und_motorrad/Kf
    z_Steuer/090209_Stellungnahme_Kfz_Steuer.pdf.

http://www.dradio.de/dlf/sendungen/interview-dlf/908621/.

http://www.europarl.europa.eu/news/expert/infopress_page/064-44858-350-12-51-91
    1-20081216IPR44857-15-12-2008-2008-false/default_de.htm.

http://www.europarl.europa.eu/news/expert/background_page/064-44005-343-12-50-
    911-20081208BKG44004-08-12-2008-2008-false/default_p001c002_de.htm.

제5장: 물 공급의 자유화, 민영화 및 법적 규율 - 독일에서의 논의를
    중심으로 -

조인성, 독일 지방 상수도사업의 민영화에 관한 법정책적 과제, 법학연구(인하
    대학교) 제12집 제2호, 2009.

v. Arnim, Rechtsfragen der Privatisierung, Grenzen staatlicher Wirtschaftsfähigkeit
    und Privatisierungsgebot, 1995.

Borchmann/Breithaupt/Kaiser, KommunalR in Hessen, 2. Aufl. 1997.

Breuer, "Öff. u. priv. WasserR", 3. Aufl. 2004.

Burgi, Kommunales Privatisierungsfolgenrecht: Vergabe, Regulierung und Finanzierung, NVwZ 2001.

Büscher(Hrsg.), Wasserwirtschaft im Aufbruch, 2001.

Cronauge, in: Daseinsvorsorge durch Privatisierung - Wettbewerb oder staatliche Gewährleistung, 2001.

Ewers/Mankel, TU Berlin Forschung Aktuell 1/2000.

Gern, KommunalR BadWürtt., 1999.

Fischer, Martin/Zwetkow, Katrin, Systematisierung der derzeitigen Privatisierungsmöglichkeiten auf dem deutschen Wassermarkt - Trennung von Netz und Betrieb als zusätzliche Option?, NVwZ 2003.

Hendler/Grewing, ZUR 2001.

Hendler/Marburger/Reinhadt/Schäfer(Hrsg.), Wirtschaft und kommunale Selbstverwaltung, 16. Trierer Kolloquium zum Umwelt- und Technikrecht 2000, 2001, Privatisierung der Wasserversorgung und Abwasserbeseitigung.

Heun, TelekommunikationsR, 1999.

Himmel, RhPfWassG/WHG, 1999.

Karasek, Zeitschrift für Neues Energierecht(ZNER) 2001.

Kluge/Lux, Privatisierung in der Wasserwirtschaft, Sozialökologische Forschungsperspektiven, ISOE Diskussionspapiere 17, 2001.

Körner, NWGO, 1980.

Löwer, Energieversorgung zwischen Staat, Gemeinde und Wirtschaft, DVBl 1991.

Mankel/Schwarze, Zeitschrift für öffentliche und gemeinschaftliche Unternehmen(ZögU) 2000.

Mehlhorn, in: Liberalisierung - Deregulierung - Privatisierung - Europäische Wassermärkte im Umbruch, 2001.

Oldiges(Hrsg.), in: Daseinsvorsorge durch Privatisierung - Wettbewerb oder staatliche Gewährleistung, Dokumentation des 6. Leipziger Umwelt-Symposions 2001.

Peters, in: Staatsbürger und Staatsgewalt II, Die Gemeinde in der Rspr. des BVerfG und des BVerwG, 1963.

Pielow, Grundstrukturen örtlicher Versorgung, Typoskript der Bochumer Habilitationsschrift, April 2000.

Quaas, Michael, Aktuelle Rechtsfragen des Benutzungsgebührenrechts unter besonderer Berücksichtigung der Privatisierung kommunaler Infrastruktureinrichtungen, NVwZ 2002.

Ruttloff, Marc, Die Gesetzgebungskompetenz für das Wasserwirtschaftsrecht nach der Föderalismusreform, UPR 2007.

Frenz, Walter, Föderalismusreform im Umweltschutz, NVwZ 2006.

Hünnekens, Georg/Wittmann, Antje, Die Umsetzung und Anwendung des europäischen Umweltrechts in Deutschland, UPR 2007.

Scheele, Auf dem Weg zu neuen Ufern? - Wasserversorgung im Wettbewerb, Nr.V.-214-2000.

Scheele, ZögU 1997.

Schoch, Privatisierung von Verwaltungsaufgaben, DVBl 1994.

Schmalz, ZUR 2001.

Schmidt, Torsten, Liberalisierung, Privatisierung und Regulierung der Wasserversorgung, LKV 2008.

Schmidt-Aßmann(Hrsg.), Bes. VerwR., 1999.

Schmidt-Jortzig, Gemeinde- und Kreisaufgaben, DÖV 1993.

v. Steinaecker, Flussgebietsmanagement - Zukünftige Organisationsstrukturen und deren Aufgaben in Teileinzugsgebieten aus der Sicht der norddeutschen Wasser- und Bodenverbände als Ausfluss der EU-WRRL, Vortrag ATV-DVWK Congress v. 20./21. 11. 2001 in Essen.

Tettinger, Peter J., Die rechtliche Ausgestaltung von Public Private Partnership, DÖV 1996.

Thiele, NdsGO, 1987.

Turowski, Das Gas- und Wasserfach(GWF) 2001.

Vogelsang/Lübking/Jahn, Kommunale Selbstverwaltung, Rechtsgrundlage - Organisation - Aufgabe, 2. Aufl. 1997.

Wachter, KommunalR, 1999.

Wieland, Joachim/Hellermann, Johannes, Das Verbot ausschließlicher Konzessionsverträge und die kommunale Selbstverwaltung, DVBl 1996.

사항색인(Sachverzeichnis)

법률용어색인

<가>	
가장적 이유제시	Scheinbegründung
가구제	einstweiliger Rechtsschutz
가상 행정	Virtualisierung der Verwaltung
강학상허가 (통제허가)	Kontrollerlaubnis
개괄수권조항	Generalermächtigungsklausel
개념법학	Begriffsjurisprudenz
게마인데규칙	Gemeindeordnung
(기초지방자치단체법)	
결과제거청구권	Folgenbeseitigungsanspruch
경쟁자소송	Konkurrentenklage
계속확인소송	Fortsetzungsfeststellungsklage
계약적 자연보호	Vertragsnaturschutz
계획	Planung
계획재량	Planungsermessen
계획확정절차	Planfeststellungsverfahren
공공발주	Vergabe öffentlicher Aufträge
공무수탁사인	Beliehene
공법상 계약	öffentlich-rechtlicher Vertrag
공사협력	öffentlich-private Partnerschaften
공용지정	Widmung
공적 목적	Öffentlicher Zweck
공존	Koexistenz
과학기술수준	Stand der Wissenschaft und Technik
규율	Regulierung
국가로서의 지위	Staatlichkeit
국가임무	Staatsaufgaben
급부책임	Leistungsverantwortung
급부행정	Leistungsverwaltung
기밀성	Vertraulichkeit
기본권 보호의무	grundrechtliche Schutzpflicht
기속결정	gebundene Entscheidung
기후변화	Klimawandel

<다>
대상적격   Statthaftigkeit
데이터보호   Datenschutz
데이터보호감독관   Datenschutzbeauftragter
디엔에이(DNA)분석   DNA-Analyse

<라>
리스크사전배려   Risikovorsorge
리스크판단여지   Risikobeurteilungsspielraum

<마>
무효   Nichtigkeit
민영화   Privatisierung
민주주의   Demokratie

<바>
바이오 안전성위원회   Kommission für die Biologische Sicherheit(KBS)
바이오의학   Biomedizin
배아보호법   Embryonenschutzgesetz
법규(법명제)   Rechtssatz
법률   Gesetz
보호목적   Schutzzweck
불확정법개념   unbestimmter Rechtsbegriff
비례성의 원칙   Verhältnismäßigkeitprinzip
비유전공학(non-GMO)농업   Gentechnikfreie Landwirtschaft

<사>
생명공학제품 미사용   Ohne Gentechnik
생명·유전공학   Bio- und Gentechnik
생명·유전공학법   Bio- und Gentechnikrecht Gentechnikgesetz
승인된 유전작물   zugelassene Gen-Pflanzen
시설개념   Anlagenbegriff
시설계획   Anlagenkonzeption
시설허가   Anlagengenehmigung

시장경제	Marktwirtschaft
실권, 행정권한의	Verwirkung
실권, 제소권의	Präklusion
심사강도(통제밀도)	Kontrolldichte
심사척도	Kontrollmaßstab

<아>

억압적 위험방지	Repressive Gefahrenabwehr
우수생산물생산	gute fachliche Praxis
유전공학법	Gentechnikrecht; Gentechnikgesetz(GenTG)
유전공학리스크	Risiken der Gentechnologie
유전공학시설 및 작업	gentechnische Anlagen und Arbeiten
유전공학유용성	Chancen der Gentechnologie
유전자변형생물체	gentechnisch veränderter Organismus(GVO);
유전자변형(GM)작물	Genetically Modified Organism(GMO)
유전작물	GM Pflanzen
원고적격	Gen-Pflanzen
원리	Klagebefugnis
위치등록	Prinzip
위험방지	Standortregister
인간존엄성	Gefahrenabwehr
일반적 인격권	Menschenwürde
	allgemeine Persönlichkeitsrecht

<자>

자기구속	Selbstbindung
자기규율	Selbstregulierung
전통 · 유기농작물	non-GM Pflanzen
정보자기결정권	Recht auf informationelle Selbstbestimmung

<차>

청구권	Anspruch
체세포유전자치료	Somatische Gentherapie
취소소송	Anfechtungsklage
촉진목적	Förderzweck

조인성 ───

서울대학교 정치학과 졸업(1990)
독일 튀빙겐(Tübingen) 대학교 법과대학(법학박사; Dr. iur.)
공정거래위원회 전문위원
양산시 인사위원회 위원
경남 지방공무원교육원·명지대·협성대·충남대 법학전문대학원(행정학과)·배재대 등 외래교수(강사)
영산대학교 법과대학 교수

현) 한남대학교 법과대학 교수
　　법무부 대전지방교정청 행정심판위원회 위원
　　대전광역시 규제개혁위원회 위원
　　한국공법학회·한국토지공법학회·한국환경법학회 이사
　　행정안전부, 국회, 국방부, 경찰청, 전북 도청, 강원교육청, 경남교육청, 울산교육청, 인천교육청 및
　　한국산업인력공단 위촉: 행정고시·세무사·군무원·5급 승진·경감승진·7급·8급·9급 등 국
　　가·지방직 시험 출제위원

Zur Einfuhrungsnöglichkeit des deutschen Gentechnikrechts in Korea, SOFORT-DRUCK, Tübingen(2005)
『알기 쉬운 기업법무』(영산대학교 기업법무지원센터, 2006)
『행정법총론』(2007)
『행정법각론』(2007)
『독일 유전공학법의 이해 I - 유전공학법(GenTG)·배아보호법(ESchG) 및 줄기세포법(StZG)을 중심으로 -』
　(2008)
『독일 유전공학법의 이해 II - 유전공학법(GenTG)·배아보호법(ESchG) 및 줄기세포법(StZG)을 중심으
　로 -』(2009)
『현대인의 생활법률』(2010)
『지방자치와 과학기술의 이해 - 최근 독일에서의 법적 논의를 중심으로 -』(2010)

「생명공학분야에 있어서 시설물허가의 기원과 법적 성질」, 토지공법연구(한국연구재단 등재지) 제25
　집, 2005
「독일 유전공학법의 최근 동향, - 소비자, 농업종사자 그리고 환경보호를 위하여 -」, 환경법연구(한국연
　구재단 등재지) 제27권 1호, 2005
「독일법상 유전자변형생물체에 대한 검토, - 인간을 중심으로 -」, 토지공법연구(한국연구재단 등재지)
　제26집, 2005
「독일 지방자치행정에 있어서 지방임무의 민영화에 대한 법적 한계」, 지방자치법연구(한국연구재단
　등재지) 제5권 제1호(통권 제9호), 2005
「독일 유전공학법상 공존의 보장」, 영산법률논총 제2권 제1호, 2005. 12
「생명공학 시설물개념에 관한 법적 고찰 - 독일 연방임미시온보호법과 유전공학법을 중심으로 -」, 공
　법연구(한국연구재단 등재지) 제34집 제3호, 2006
「독일 유전공학법의 2005년 개정과 그 시사점 - 유전자변형(GM) 작물과 전통·유기농(non-GM) 작물의
　공존방안 -」, 공법연구(한국연구재단 등재지) 제34집 제4호 제2권, 2006. 6
「독일 유전공학법상 시설물개념」, 법정책논총 제2집, 2006. 8
「독일법상 DNA분석에 있어서 데이터보호」, 공법연구(한국연구재단 등재지) 제35집 제4호, 2007

「유전공학법상 리스크 판단의 여지 - 독일에서의 논의를 중심으로 -」, 환경법연구(한국연구재단 등재지) 제29권 2호, 2007

「Die Entwicklung des deutschen Gentechnikrechts im nicht-menschlichen Bereich」, Hannam Journal of Law & Technology(한국연구재단 등재후보지), Vol. 14 No. 1, 2008. 8

「공적 시설로서 지방자치단체의 인터넷사이트에 대한 법적 문제」, 토지공법연구(한국연구재단 등재지) 제41집, 2008. 8

「지방자치단체의 공적 시설의 이용청구권에 대한 기초로서 공용지정」, 지방자치법연구(한국연구재단 등재지) 제8권 제3호 (통권 제19호), 2008. 9

「행정법상 포털 사고와 네트워크 논리」, 과학기술법연구(한국연구재단 등재후보지) 제14집 제2호, 2009. 2

「학제적 문제로서 리스크규율(Risikoregulierung) 및 리스크의사소통(Risikokommunikation)의 흠결 및 해결방안」, 토지공법연구(한국연구재단 등재지) 제43집 제2호, 2009. 2

「새로운 IT 기본권의 대상으로서 무선주파수 인식(RFID) - 독일에서의 논의를 중심으로 -」, 홍익법학(한국연구재단 등재후보지) 제10권 제2호, 2009. 6

「독일 지방 상수도사업의 민영화에 관한 법정책적 과제」, 법학연구(한국연구재단 등재후보지) 제12집 제2호, 2009. 8

「유전자변형(GM)작물과 전통·유기농(non-GM)작물의 공존문제」, 대청법학 제2호, 2009. 1

「지방자치단체의 공적시설로서 인터넷사이트에 대한 지방자치단체의 책임」, 서강법학(한국연구재단 등재후보지) 제11권 제2호, 2009. 12

「유전공학법의 최근 동향 - 2008년 독일『유전공학법』(GenTG)의 개정을 중심으로」, 과학기술법연구(한국연구재단 등재후보지) 제15집 제2호, 2009. 12

「기후보호법의 체계적 법역과 그 수단들 - 독일에서의 논의를 중심으로 -」, 과학기술법연구(한국연구재단 등재후보지) 제16집 제1호, 2010. 6

「금융시장·경제위기의 시대에 환경보호와 경제 사이의 긴장관계: 독일에서의 논의를 중심으로」, 법학논총(한국연구재단 등재후보지) 제17집 제2호, 2010. 8

「공공 행정에서 클라우드 컴퓨팅에 관한 법적 문제」, 홍익법학(한국연구재단 등재후보지) 제11권 제3호, 2010. 10

「물 공급의 자유화, 민영화 및 법적 규율 - 독일에서의 논의를 중심으로 -」, 과학기술법연구(한국연구재단 등재후보지) 제16집 제2호, 2011.1

「환경규제의 경제화에 대한 의의와 전망 - 독일에서의 실질적·절차적·제도적·조직적 경제화 차원을 중심으로 -」, 과학기술법연구(한국연구재단 등재후보지) 제17집 제1호, 2011. 6

「독일 유전공학법 20년 회고와 시사점」, 강원법학(한국연구재단 등재후보지) 제33권, 2011.6

「인터넷상 지방자치단체의 공공시설에 관한 법적 문제」, 과학기술법연구(한국연구재단 등재후보지) 제17집 제2호, 2011. 12

주요 연구분야
공법(행정법·헌법), 환경법, 과학기술법, 생명·유전공학법(BT법), 미디어법(IT법)
지방자치법, 경제행정법, 공공시설법, 인프라법, 계획법, 교통법, 기후보호법, 신재생에너지법
규제행정법(보장행정법) 등

E-mail : ischo@hnu.kr   ischo777@hanmail.net

환경보호와 과학기술의
법적 이해

초판인쇄 | 2011년 12월 30일
초판발행 | 2011년 12월 30일

지 은 이 | 조인성
펴 낸 이 | 채종준
펴 낸 곳 | 한국학술정보㈜
주　　소 | 경기도 파주시 문발동 파주출판문화정보산업단지 513-5
전　　화 | 031) 908-3181(대표)
팩　　스 | 031) 908-3189
홈페이지 | http://ebook.kstudy.com
E-mail | 출판사업부 publish@kstudy.com
등　　록 | 제일산-115호(2000. 6. 19)

ISBN　　978-89-268-3020-8 93360 (Paper Book)
　　　　　978-89-268-3021-5 98360 (e-Book)